KB271411

이
도
세
종
대
왕

이도
세종대왕

조선의 크리에이터
creator

이상각 지음

추수밭

| 차 례 |

책머리에 – 대왕 세종에서 인간 이도까지, 그 위대한 여정   007

intro 세종, 스물여덟 자로 천하를 꿈꾸다 – 언문에서 한글까지   011

【 1부 웅크린 잠룡, 승천하다 】

준수방에서 눈을 뜨다 – 이도의 탄생   040
만세의 대들보를 세워라 – 양녕대군 폐세자 사건   046
외척세력을 말살하라 – 세종의 장인 심온의 비극   083
대마도를 정벌하라 – 풍운아 태종의 한풀이   096
조선 창업의 기수 잠들다 – 진정한 세종시대의 개막   107

【 2부 조선의 마스터플랜을 세우다 】

어짊으로 나라를 다스린다 – 세종의 통치 철학   112
국가의 뼈대를 바로 세우자 – 통치체제의 정비   121
민심이 천심이다 – 경제정책의 개혁   130
만대불변의 법률을 만들자 – 법제의 정비   145
우리 겨레의 뿌리를 찾아라 – 단군 추숭 사업   153
북방의 경계를 확정하다 – 4군 6진 개척   158

【 3부 찬란한 문화시대를 열다 】

수성의 열쇠는 학문에 있다 – 세종의 해결사 집현전　176
역사를 오늘의 거울이 되게 하라 –《고려사》다시 쓰기　189
조선의 소리를 만들어라 – 예악의 정비　198
조선의 시간을 찾아라 –《칠정산 내외편》의 완성　206
조선의 산하를 그려라 – 지리지의 편찬　214
네가 아프냐, 나도 아프다 – 조선 한의학의 정립　224
사람은 금수와 다르다 – 윤리의식의 전파　230

【 4부 고독한 임금의 초상 】

한 겨레의 글자를 만들다 – 비밀 프로젝트 훈민정음　238
조선은 하늘이 세운 나라이다 – 건국신화《용비어천가》　248
나는 며느리 복도 없구나 – 세자빈 김씨와 봉씨 퇴출 사건　254
그리운 사람을 그리워하자 – 불경의 편찬　262
누가 내 마음을 달래주리요 – 내불당 투쟁기　268

【 5부 세종과 그의 신하들 】

나는 왕위를 양보하지 않았다 – 양녕대군 이제　282
누가 그를 대신할 수 있겠는가 – 집현전의 터줏대감 최만리　294

영원한 일인지하 만인지상의 재상 – 황금시대의 주역 황희 302

원수가 세운 나라, 그 백성을 위하여 – 청백리 맹사성 310

언제 어디서든 무엇이든 – 멀티 플레이어 이천 317

눈을 들어 하늘을 보라 – 조선 최고의 이론천문학자 이순지 325

신분의 한계에 도전하다 – 노비 출신 발명가 장영실 332

아홉 켤레의 구두로 남은 사내 – 일그러진 천재 신숙주 342

outro 세종 그 이후 – 문종에서 세조까지 351

세종행장 – 대왕 세종 359

참고자료 363

주석 365

도움 주신 분들 374

대왕 세종에서 인간 이도까지, 그 위대한 여정

세종대왕은 우리나라 역사상 최고의 성군이다. 그는 개인적으로 훌륭한 군왕의 자질을 갖추었을 뿐만 아니라 황희, 맹사성, 김종서 등 기라성 같은 신하들의 보좌를 받으며 신생국가였던 조선을 반석 위에 올려놓았다.

그는 아버지 태종이 원하는 수성군주의 역할을 십분 이해하고 있었고, 그에 걸맞은 조선의 마스터플랜을 짠 다음 차곡차곡 실천해나갔다. 여기에는 집현전이라는 지식인 양성소가 커다란 역할을 했지만, 기실 그들은 세종이라는 크리에이터의 하드디스크일 뿐이었다. 세종은 집현전 설립 초기 10년 동안 온갖 데이터를 입력하고, 후기 10년 동안 그 데이터를 활용해 향후 수백 년 동안 쓸 수 있는 통치 시스템을 만들어냈다.

세종의 업적은 일일이 손으로 꼽을 수 없을 정도로 많다. 그 가운데서도 최고의 작품은 역시 훈민정음이라는 것을 누구도 부인하지 못할 것이다. 그것은 한민족의 문자생활을 바꾸어놓은 위대한 혁명이었다. 본래 훈민정음은 한자음 정리에서 출발했지만, 세종은 특유의 병렬적 사고방식을 발휘해 백성이 쉽게 소통할 수 있는 문자로 탈바꿈시켰다. 이로 인해 우리 겨레는 내 나라, 내 땅, 내 자연을 내 글자, 내 정서로 노래할 수 있 게 되었다.

객관적으로 보았을 때 이도란 인물은 큰형 이제에 비해 그리 멋진 사람 은 아니었다. 함께 술 한 잔 편히 마시지 못하는 책상물림, 더군다나 힘들 때 격려의 말은커녕 주변 사람들에게 자신의 존재감을 은근히 과시하던 사람, 그가 만일 왕이 되지 않았다면 퇴계나 율곡 같은 대학자라도 되기 는 했을까.

임금 세종의 삶은 인간 이도의 그것과는 양립할 수 없는 것이었다. 외 면적으로는 어떤 허점도 없을 것 같은 그의 내면에는 이루 형용할 수 없 는 시름과 고통이 자리하고 있었기 때문이다. 세종에게는 평생을 괴롭힌 병마보다도 더욱 고통스러웠던 두 개의 커다란 흉터가 있었다. 첫 번째는 아버지 태종이 왕권 확립의 차원에서 외가인 민씨 일문을 도륙해버린 일 이다. 사랑하는 어머니를 경원하다 못해, 외삼촌들까지 모두 죽음으로 몰 고 간 비극. 그것이 어린 이도에게 주었을 충격이 얼마나 컸을지는 충분 히 가늠해볼 수 있다.

두 번째는 직접적으로 세종 자신에게 다가온 문제였다. 자신을 보위에 올려준 아버지가 하루아침에 열두 살 때부터 함께 살아온 아내 심씨의 가 문을 역모로 몰아 멸문시키고 장모까지 종으로 만들어버렸던 것이다. 그 와중에도 아버지는 허울뿐인 임금인 자신에게 후궁을 들이밀며 자손을 번 창시키라고 한다. 보통 사람이라면 실로 견디기 힘든 상황이었을 것이다.

고려의 수많은 충신을 학살하고 세운 할아버지의 나라, 형제와 친척을 말살하면서까지 지키려 했던 아버지의 나라, 세종이 물려받은 나라는 바로 그런 나라였다. 어쩌면 세종은 가문 처처에 배어 있는 피 냄새를 씻어 내는 일이야말로 평생의 사명이라고 믿었던 것은 아닐까.

대왕 세종의 위대함은 그런 인간적인 고뇌를 저 연산군처럼 활활 토해 낸 것이 아니라 처절한 자기 수련을 통해 극복했다는 데 있다. 재위 기간 동안 그가 이룬 수많은 치적은 뛰어난 재능뿐만 아니라 투철한 자기의지의 소산이었던 것이다.

그렇지만 세종은 말년에 이르러 조상의 신격화를 시도하고, 국정 운영을 놓고 신하들과 잦은 논쟁을 벌일 만큼 고집스런 모습을 보인다. 친위 세력인 집현전 학사들과의 정음 논쟁, 급기야 내불당 문제로 표출된 불교 논쟁을 보면 인간 이도에게 연민의 정까지 느끼게 된다.

그렇기에 이 책에서는 훈민정음 이후 말년의 업적들을 대왕 세종의 업적보다는 인간 이도의 개인적인 염원과 집착이 담긴 쪽으로 바라보았다. 이것이 수백 년 동안 민족의 심장에 각인된 대왕의 성명에 흠결이 되리라고는 믿지 않는다. 이 책 역시 그분께서 만드신 한글로 쓰인 것이 아닌가. 삼가 대왕의 영전에 고개 숙인다.

세종,
스물여덟 자로 천하를 꿈꾸다

언문에서 한글까지

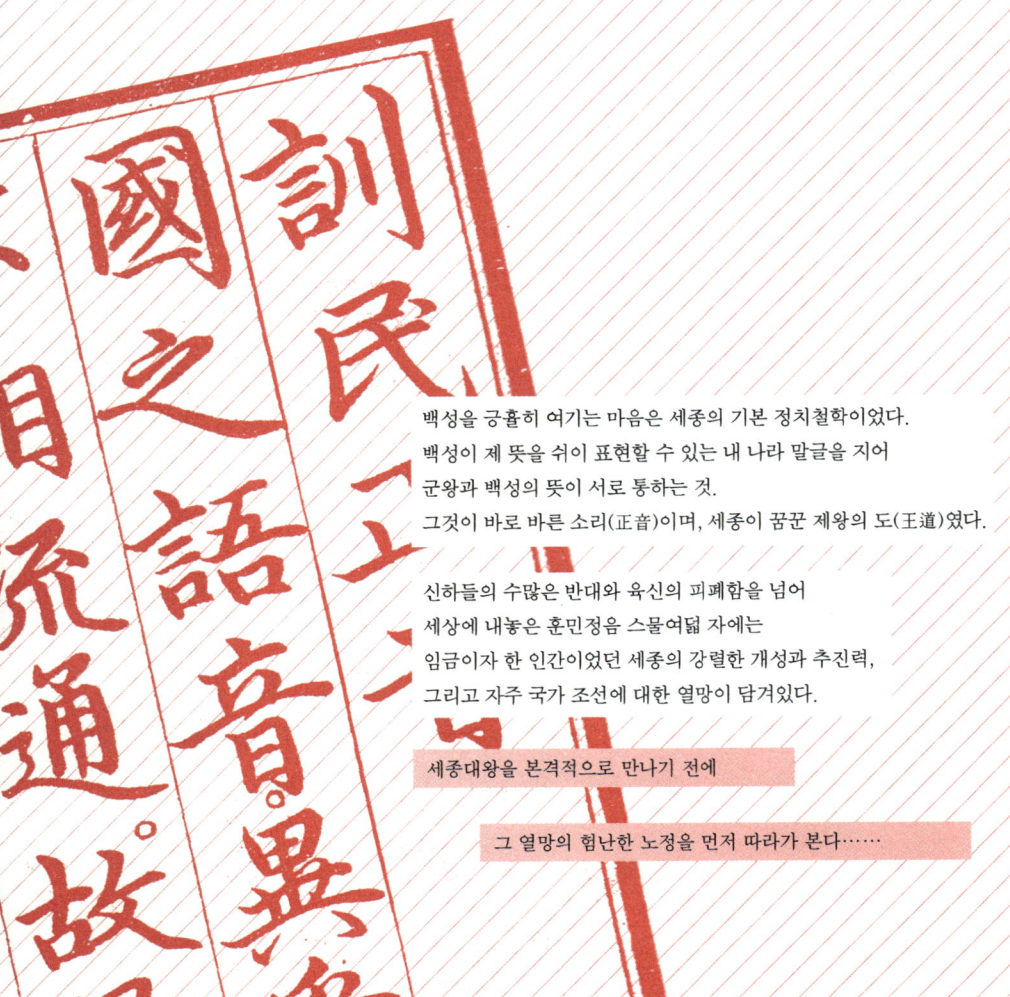

백성을 긍휼히 여기는 마음은 세종의 기본 정치철학이었다.
백성이 제 뜻을 쉬이 표현할 수 있는 내 나라 말글을 지어
군왕과 백성의 뜻이 서로 통하는 것.
그것이 바로 바른 소리(正音)이며, 세종이 꿈꾼 제왕의 도(王道)였다.

신하들의 수많은 반대와 육신의 피폐함을 넘어
세상에 내놓은 훈민정음 스물여덟 자에는
임금이자 한 인간이었던 세종의 강렬한 개성과 추진력,
그리고 자주 국가 조선에 대한 열망이 담겨있다.

세종대왕을 본격적으로 만나기 전에

그 열망의 험난한 노정을 먼저 따라가 본다……

조선의 성군 세종대왕의 최고 업적은 단연 훈민정음이다. 하지만 정음 창제 초기에 세종은 최만리를 필두로 한 당대 최고의 두뇌집단인 집현전 학자들과 치열한 논쟁을 벌여야만 했다. 그 논의의 계기는 언문(諺文)이었다. 세종은 중국의 육조 이후 정립된 음운 지식을 바탕으로 언문을 만들어낸 뒤, 세자와 수양대군을 비롯해 최항, 박팽년, 신숙주 등 신진 학자들과 함께《고금운회거요》《동국정운》《홍무정운역훈》등을 언해함으로써 조선의 한자음을 바로잡겠다는 의욕에 불타고 있었다.

이 단계에서 세종과 집현전 학자들은 심각한 견해차를 보인다. 세종은 언문을 이용하여 충분히 조선과 중국의 한자음을 통일할 수 있으리라 여겼지만, 최만리 등의 집현전 학자들은 언문이라는 새로운 발음기호에 문제가 있을 뿐만 아니라 운서 번역 같은 국가적인 사업을 졸속으로 시행해서는 안 된다는 입장을 견지하고 있었다. 그런데 세종은 한술 더 떠 이 언문을 훈민정음이라는 정식 문자로 만들겠다고 선언한다. 이는 우리 겨레의 언어생활을 한문의 틀 속에서 해방시키겠다는 파천황의 결단이었다. 그로 인해 세종의 치세에 가장 밀접한 파트너였던 집현전 학자들과의 극한 대결이 시작되었고, 그 싸움은 이후 불교문제에 이르기까지 치열하게 전개된다.

창제 당시부터 조정에 거센 회오리바람을 몰고 왔던 훈민정음은 그 후 왕실과 민간에서 힘겹게 그 명맥을 이어갔다. 또 오랜 시간 동안 암글, 중글, 반절 등으로 평가 절하했던 많은 지식인들의 편견과 우리말과 글 자체를 말살하려 했던 일제의 횡포에 이르기까지 그 모든 시련을 꿋꿋하게 견뎌냈다.

그 결과 훈민정음은 갑오개혁 이후 대한제국의 정식 국문으로 제정되었고, 최남선과 주시경 등 선각자들에 의해 한글이란 아름다운 옷으로 갈아입었다. 이후 수많은 학자들에 의해 개선되고 정리된 우리 겨레의 문자 한글은 21세기 디지털 시대를 맞아 세계 최고의 실용적인 문자로 인정받고 있다. 이제 이도 세종대왕의 업적을 살펴보기에 앞서 그분의 자주정신과 애민정신이 담긴 한글의 긴 여정을 들여다보자.

ㄱ 使 爲 而 不 國 訓

1443년(세종 25년)

>>>>>>>>>>>>>>

-

12월 30일. 세종이 친히 언문 28자를 만들었다.

글자는 옛 전자(篆字)를 모방했는데, 초성·중성·종성으로 나누어 합하면 글자가 이루
어진다. 무릇 문자는 물론이고 방언도 모두 쓸 수 있다. 글자는 비록 간단명료하지만
전환이 무궁하니, 이를 훈민정음이라고 한다.

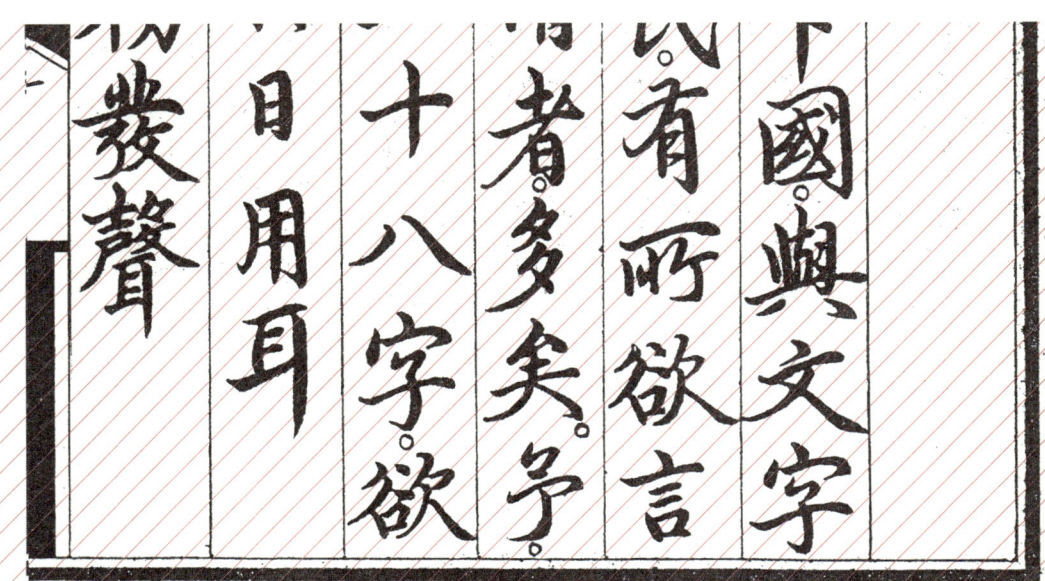

훈민정음 〉〉〉〉
조선 세종 28년(1446)에 훈민정음 28자를 세상에 반포할 때 찍어 낸
판각 원본. 세종이 훈민정음 창제의 취지를 밝힌 서문인 예의(例義)와
정인지 등이 지은 해례와 정인지 서(序)로 되어 있다. 국보 제70호.

1444년(세종 26년)

-

2월 16일. 세종은 집현전 교리 최항, 부교리 박팽년, 부수찬 신숙주·이선로·이개, 돈녕부 주부 강희안 등을 의사청으로 불러 언문으로 《운회》를 번역하게 하고, 동궁과 진양대군 이유, 안평대군 이용으로 하여금 그 일을 관장하게 했다.

-

2월 20일. 집현전 부제학 최만리 등이 임금에게 상소했다.

'전하께서 언문을 만드신 일은 지극히 신묘하여 그 지혜가 천고에 견줄 바가 없습니다. 하지만 저희의 좁은 소견으로 볼 때 의심스러운 면이 많아 감히 아룁니다.

첫째, 우리 조선은 예로부터 지성으로 대국(大國)을 섬겨 한결같이 중화의 제도를 따랐습니다. 그런데 이제 중국과 문자나 법도가 같아졌는데, 갑자기 새로 언문을 만들다니 참으로 놀랍습니다. 전하께서는 언문이 새로 만든 게 아니라 옛 글자를 본떴다고 하지만, 음을 쓰고 글자를 합하는 것은 옛 글자와 전혀 다른 것이 분명합니다. 만일 이 일로 중국에서 비난한다면 대국을 섬기고 중화를 사모하는 데 부끄럽지 않겠습니까?

둘째, 예로부터 중국의 여러 지방은 풍토가 달라도 지방의 말에 따라 따로 문자를 만들지 않았습니다. 몽고·서하·여진·일본과 서번 등지에 각기 글자가 있는데, 이는 바로 오랑캐들의 일입니다. 옛 글에 중화가 오랑캐를 변화시킨다는 말은 있어도 중화가 오랑캐가 된다는 말은 없었습니다. 우리나라는 예로부터 기자의 풍속이 전해졌고 문물과 예악이 중화에 견줄 만한데, 따로 언문을 만드는 것은 스스로 오랑캐가 되겠다는 뜻이니 참으로 비통한 일이 아닐 수 없습니다.

셋째, 설총이 만든 이두는 한자와 전혀 다르지 않으므로 하급관리라도 한자를 배워야 이두를 익힐 수 있습니다. 또 이두로 인해 문자를 알게 되는 사람도 있으니 학문을 진흥하는 데 도움이 됩니다. 만약 우리나라가 원래부터 문자를 알지 못하는 미개한 나라라면 언문을 잠깐 쓸 수는 있을 것입니다. 하지만 생각이 있는 자라면 비록 더디고 느릴지라도 대국에서 통용되는 한자를 습득해 만세의 계책으로 삼는 것이 낫다고 할 것입니다. 현재 이두로도 관청에서 백성을 다스리는 데 아무런 하자가 없는데, 지금 전하께서는 왜 갑자기 새 문자를 만드시는 겁니까.

앞으로 언문을 시행하게 되면 관리들은 오로지 언문만 습득하고 한자를 배우지 않아 관리들의 성향이 둘로 갈리게 될 것입니다. 그러면 후학들은 언문만 익혀 관리가 된 사람을 보면 27자의 언문으로도 출세할 수 있다고 여기지 않겠습니까. 결국 힘들게 성리학을 배우려 하지도 않을 것이고, 수십 년 후에는 마침내 문자를 아는 자가 줄어들어 성현의 가르침을 알지 못하게 되니 문치를 숭상하는 종사의 뜻이 땅에 떨어지고 말 것입니다.

대저 옛 것을 싫어하고 새 것을 좋아하는 것은 고금의 우환거리입니다. 따지고 보면 이번에 전하께서 만드신 언문은 새롭고 기이한 한 가지 기예에 지나지 않습니다. 아무리 되풀이해 생각해봐도 학문을 방해하고 정치에도 유익함이 없습니다.

넷째, 혹자는 백성이 소송을 할 때 이두를 쓰면 문자의 착오로 원통한 일을 당할 수 있지만 언문으로 쓰면 아무리 어리석은 백성이라도 내용을 다 알아들어 억울해 하지 않을 것이라 합니다. 그러나 말과 글이 같은 중국에서도 억울하고 원망스런 송사는 부지기수입니다. 이것은 말과 문자의 같고 다르고의 문제가 아니라 소송을 다루는 수령들의 공평한 처결에 문제가 있는 것입니다. 그러니 언문으로써 옥사를 공평하게 한다는 말은 도저히 이해할 수 없습니다.

다섯째, 무릇 공을 세울 때는 가깝고 빠른 것을 귀하게 여기지 않는 법입니다. 그런데 전하께서는 근래 모든 국사를 서두르니 이는 정치하는 바른 도리가 아닙니다. 만일 언문이 반드시 필요한 것이라면 이는 한 나라의 풍속을 바꾸는 큰일이므로, 재상을 필두로 만조백관과 함께 의논해야 할 것입니다. 또 온 나라 사람이 옳다 해도 역사를 살피고 후세에 미칠 영향을 감안하여 세 번 더 생각해야 하는 일입니다. 그리하여 백세가 지나도 부끄러움이 없다고 판단되어야 비로소 시행할 수 있는 것 아닙니까.

그런데도 전하께서는 여러 사람의 의견은 들어보지도 않고 갑자기 몇몇 신하에게만 언문을 가르쳐 익히게 하고, 옛 사람이 심사숙고하여 만든 운서를 가볍게 고치고 있으니 너무나 성급합니다. 게다가 그렇게 언문으로 번역한 운서를 장인들을 시켜 인쇄한 다음 널리 반포하려 하니 후세에 이 일을 두고 뭐라 하겠습니까.

전번에 전하께서 청주 초수리 냉천에 가실 때 나라 안이 흉년이라 수행원들을 줄이셨고, 공무도 의정부에 맡기실 정도로 몸도 좋지 않으셨습니다. 그런데도 전하께서는 국가의 급한 일도 아니고 기한이 정해진 일도 아닌 운서 자료를 가져가 연구하면서 건강을 돌보지 않으시니 참으로 이해할 수 없는 행사입니다.

여섯째, 옛 성현이 이르기를 취미생활은 큰 뜻을 빼앗는다 했고, 독서는 선비의 본분이지만 외곬으로 치달으면 역시 큰 뜻을 잃는다 했습니다. 이제 세자 저하의 덕성이 오롯하더라도 아직은 학문에 매진해야 할 때입니다. 아무리 언문이 유익하다 해도 선비가 갖춰야 할 육예(六藝)의 일부일 뿐입니다. 하물며 언문이 정사에 있어 만에 하나도 유익함이 없는데, 그로 인해 시간을 낭비하고 정심을 빼앗기는 것은 큰 문제입니다. 통촉해주십시오.'

세종이 상소를 보고 최만리 등을 부른 다음 이렇게 말했다.

"너희는 음을 사용하고 글자를 합한 것이 모두 옛 글에 위반된다고 했다. 따지고 보면 설총의 이두 역시 음이 다르지 않으냐. 또 이두를 만든 뜻이 백성을 편리하게 하려 함이라면 언문 역시 마찬가지다. 어찌하여 설총은 옳다 하면서 내가 하는 일은 그르다 하는가.

또 너희가 운서를 아느냐. 사성칠음(四聲七音)에 자모(字母)가 몇이나 있는지 아느냐. 만일 내가 그 운서를 바로잡지 아니하면 누가 이를 바로잡을 것이냐.

너희는 또 언문을 새롭고 기이한 하나의 기예라 했다. 그 말은 너무 지나치다. 내 늘그막에 날을 보내기 어려워 서책을 읽고 깊이 연구하는 것인데 어찌 옛 것을 싫어하고 새 것을 좋아하는 것이라고 매도하는가. 이는 들판에 나가 매사냥하는 것과는 다르지 않은가.

또 내가 늙어서 국가의 서무를 세자에게 맡겼으니, 세자는 비록 세세한 일이라도 참여하여 결정하는 것이 마땅하다. 언문사업도 마찬가지다. 이제 와서 세자에게 동궁에만 머물게 하고 환관에게 일을 맡기란 말이냐. 너희는 나를 시종하는 신하로서 내 뜻을 잘 알면서도 이러는 것은 옳지 않다.'

그러자 최만리 등이 대답했다.

'설총의 이두는 비록 음이 다르지만, 음과 해석에 따라 어조와 문자가 원래 서로 떨어지지 않습니다. 하지만 언문은 여러 글자를 합하여 함께 써서 그 음과 해석을 바꾼 것이라 글자의 형상이 아닙니다. 또 새롭고 기이한 한 가지의 기예라 한 것은 특히 한문의 세력을 보아 표현한 것이지 다른 뜻으로 말한 것이 아닙니다. 어쨌든 세자 저하께서 공무보다 시급하지 않은 일에 참여하는 것은 잘못된 일입니다.'

세종이 답했다.

"전번에 김문은 내게 언문을 만드는 것은 아무 문제도 없다고 말했다. 그런데 지금은 불가하다 하니 괴이하다. 또 정창손은 《삼강행실》을 반포한 후에도 충신·효자·열녀가 잘 나오지 않는 것은 사람의 자질 문제이지 언문에 있지 않다고 말했다. 이게 어찌 선비로서 할 말이냐. 실로 아무 짝에도 쓸모없는 인간이 아닌가. 이번에 내가 너희를 부른 것은 벌을 주기 위해서가 아니라 상소문을 읽고 몇 가지를 묻기 위해서다. 그런데 너희가 사리를 돌보지 않고 말을 바꾸니 용서할 수 없다."

드디어 세종은 상소에 동참한 부제학 최만리, 직제학 신석조, 직전 김문, 응교 정창손, 부교리 하위지, 부수찬 송처검, 저작랑 조근 등을 모조리 의금부에 하옥시켰다. 그 후 정창손을 파직시키고, 말을 바꾼 김문을 국문하게 했다. 나머지 사람들은 이튿날 모두 석방했다.

聲 聲 聲 聲 聲 聲 聲

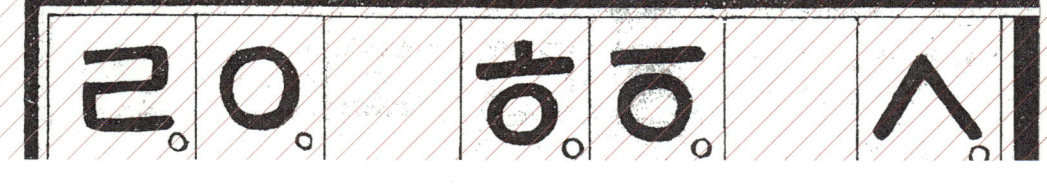

-

1월 7일. 집현전 부수찬 신숙주와 성균관 주부 성삼문, 행사용 손수산을 요동에 보내
운서를 알아보고 오게 했다.

-

4월 5일. 의정부 우찬성 권제, 우참찬 정인지, 공조 참판 안지 등이 《용비어천가》10권
(총125장)을 지었다.

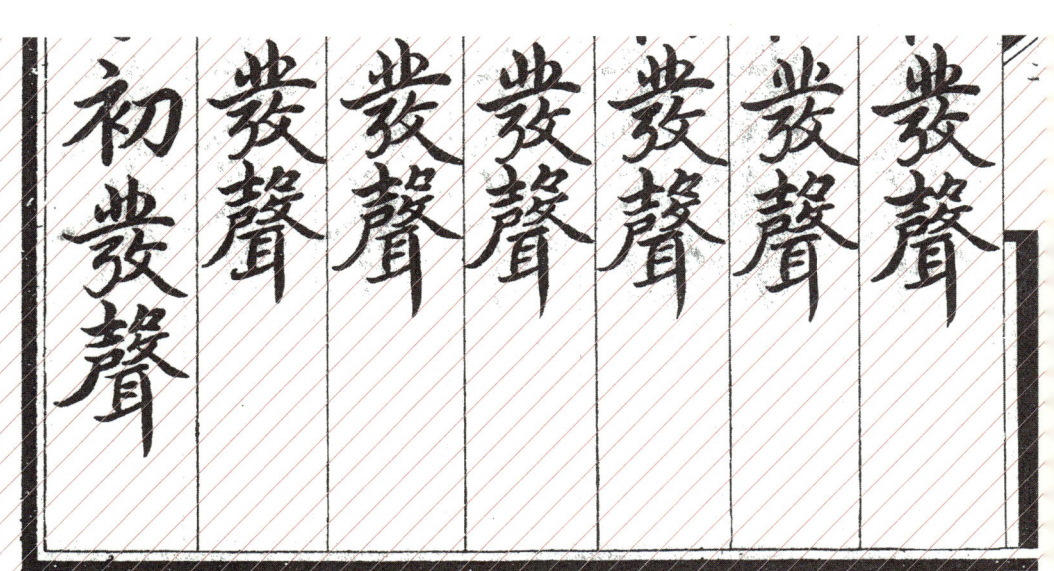

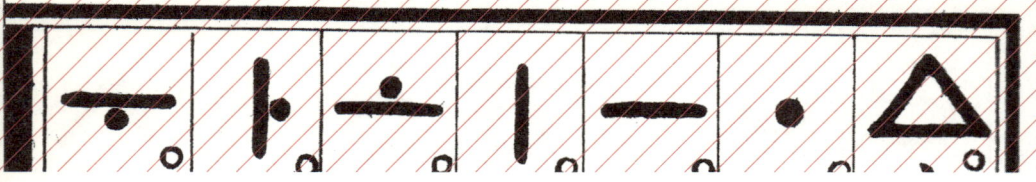

1446년(세종 28년)
>>>>>>>>>>>>>

　나랏말이 중국과 달라 한자와 서로 통하지 아니하므로, 우매한 백성이 말하고 싶은 것이 있어도 마침내 제 뜻을 잘 표현하지 못하는 사람이 많다. 내 이를 딱하게 여겨 새로 28자를 만들었으니, 사람들로 하여금 쉬 익혀 날마다 쓰는 데 편하게 할 뿐이다.

　ㄱ은 아음(牙音)이니 군(君)자의 첫소리와 같은데, 가로 나란히 붙여 쓰면 규(虯)자의 첫소리와 같다. ㅌ은 설음(舌音)이니 탄(呑)자의 첫소리와 같고, ㄴ은 설음(舌音)이니 나(那)자의 첫소리와 같고, ㅋ은 아음(牙音)이니 쾌(快)자의 첫소리와 같고, ㆁ은 아음(牙音)이니 업(業)자의 첫소리와 같고, ㄷ은 설음(舌音)이니 두(斗)자의 첫소리와 같은데 가로 나란히 붙여 쓰면 담(覃)자의 첫소리와 같고, ㅂ은 순음(脣音)이니 별(彆)자의 첫소리와 같은데, 가로 나란히 붙여 쓰면 보(步)자의 첫소리와 같고, ㅍ은 순음(脣音)이니 표(漂)자의 첫소리와 같고, ㅁ은 순음(脣音)이니 미(彌)자의 첫소리와 같고, ㅈ은 치음(齒音)이니 즉(卽)자의 첫소리와 같은데, 가로 나란히 붙여 쓰면 자(慈)자의 첫소리와 같고, ㅊ은 치음(齒音)이니 침(侵)자의 첫소리와 같고, ㅅ은 치음(齒音)이니 술(戌)자의 첫소리와 같은데, 가로 나란히 붙여 쓰면 사(邪)자의 첫소리와 같고, ㆆ은 후음(喉音)이니 읍(挹)자의 첫소리와 같고, ㅎ은 후음(喉音)이니 허(虛)자의 첫소리와 같은데, 가로 나란히 붙여 쓰면 홍(洪)자의 첫소리와 같고, ㅇ은 후음(喉音)이니 욕(欲)자의 첫소리와 같고, ㄹ은 반설음(半舌音)이니 려(閭)자의 첫소리와 같고, ㅿ는 반치음(半齒音)이니 양(穰)자의 첫소리와 같다.

　·은 탄(呑)자의 가운뎃소리와 같고, ㅡ는 즉(卽)자의 가운뎃소리와 같고, ㅣ는 침(侵)자

ㄱㅋㆁ

ㄴㄷㅌㄹ

ㅁㅂㅍ

ㅅㅈㅊㅿ

ㅇㆆㅎ

자음 제자 원리

의 가운뎃소리와 같고, ㅗ는 홍(洪) 자의 가운뎃소리와 같고, ㅏ는 담(覃) 자의 가운뎃소리와 같고, ㅜ는 군(君) 자의 가운뎃소리와 같고, ㅓ는 업(業) 자의 가운뎃소리와 같고, ㅛ는 욕(欲) 자의 가운뎃소리와 같고, ㅑ는 양(穰) 자의 가운뎃소리와 같고, ㅠ는 슐(戌) 자의 가운뎃소리와 같고, ㅕ는 별(彆) 자의 가운뎃소리와 같다.

끝소리는 다시 첫소리로 사용하며, ㅇ을 순음(脣音) 밑에 연달아 쓰면 순경음(脣輕音)이 되고, 첫소리를 합해 사용하려면 가로 나란히 붙여 쓰고, 끝소리도 같다. ㅡ·ㅗ·ㅜ·ㅛ·ㅠ는 첫소리의 밑에 붙여 쓰고, ㅣ·ㅓ·ㅏ·ㅑ·ㅕ는 오른쪽에 붙여 쓴다. 무릇 글자는 반드시 합하여 음을 이루게 되니, 왼쪽에 1점을 가하면 거성(去聲)이 되고, 2점을 가하면 상성(上聲)이 되고, 점이 없으면 평성(平聲)이 되고, 입성(入聲)은 점을 가하는 것은 같은데 촉급(促急)하게 된다.

정인지의 서문(序文)

천지자연의 소리가 있으면 반드시 천지자연의 글이 있다. 옛날 사람이 소리로 글자를 만들어 만물의 정을 통해 삼재(三才)[1]의 도리를 넣었으니 후세에 바꿀 수 없게 되었다. 그러나 사방의 풍토가 다르니 소리의 기운 또한 다르다. 대개 외국의 말은 그 소리는 있어도 그 글자는 없으므로, 중국의 글자를 빌려서 일상생활을 하는 것은 둥근 장부가 네모진 구멍에 들어간 것처럼 어긋나서 소통할 수가 없다. 그러므로 각자의 처지에 따라 편안하게 해야지 억지로 같게 할 수는 없는 것이다.

우리 동방의 예악 문물이 중국과 비슷하지만 방언과 사투리가 다르므로 글을 배우는 사람은 그 뜻을 이해하기 어려웠고, 옥사를 다루는 사람은 그 곡절을 통하기 어려워 괴로웠다. 옛날 신라의 설총이 처음으로 이두를 만들어 관부와 민간에서 지금까지 쓰고 있지만, 모두 한자를 빌려 쓰는 까닭에 뜻이 잘 통하지 않았다.

계해년 겨울 우리 전하께서 정음 28자를 처음으로 만들어 예의(例義)를 간략하게 들어 보이고 명칭을 훈민정음이라 했다. 물건의 형상을 본떠서 글자는 옛 글자를 모방하고,

1) 천(天)·지(地)·인(人)
2) 칠음(七音). 곧 궁(宮)·상(商)·각(角)·치(徵)·우(羽)의 다섯 음과 반치(半徵)·반상(半商)의 일곱 음계
3) 천(天)·지(地)·인(人)
4) 음양(陰陽)

모음 제자 원리

소리에 인하여 음은 칠조(七調)²)에 합하여 삼극(三極)³)의 뜻과 이기(二氣)⁴)의 정묘함이 구비·포괄되지 않은 것이 없어서, 28자로써 전환하여 다함이 없이 간략하면서도 요령이 있고 자세하면서도 통달하게 되었다.

그런 까닭으로 지혜로운 사람은 아침나절이 되기 전에 이를 이해하고, 어리석은 사람도 열흘 만에 배울 수 있게 된다. 글을 해석하면 그 뜻을 알 수가 있으며, 송사에 임하면 그 실정을 금세 알아낼 수 있다. 글자의 운은 청탁을 능히 분별할 수 있고, 음악과 노래는 율려(律呂)가 능히 화합할 수 있으므로 사용하여 구비하지 않은 적이 없으며 어디를 가더라도 통하지 않는 곳이 없어서 바람 소리와 학 울음소리, 닭 울음소리, 개 짖는 소리까지도 모두 표현할 수 있게 되었다.

전하께서 이 정음의 해석을 자세히 설명해 여러 사람들을 이해시키라고 명하셨다. 이에 집현전 응교 최항, 부교리 박팽년과 신숙주, 수찬 성삼문, 돈녕부 주부 강희안, 행 집현전 부수찬 이개·이선로 등과 더불어 삼가 모든 해석과 범례를 지어 그 경개를 서술했다. 이를 본 사람은 스승이 없어도 스스로 깨달을 수 있으리라. 하지만 그 연원의 정밀한 뜻의 오묘한 것은 우리가 능히 발휘할 수 없다.

실로 우리 전하께서는 하늘이 낳으신 성인이다. 전대의 것을 본받은 바도 없이 자연적으로 정음을 만드셨으니 그 지극한 이치가 닿지 않는 곳이 없다. 동방에 나라가 생긴 지는 얼마 되지 않았지만 오늘에 이르러서야 전하께서 진실로 인간의 도리를 깨달아 그 이치를 세상에 드러낸 것이다.

-

10월 10일. 세종이 대간들의 죄를 일일이 들어 훈민정음으로 쓴 다음 환관 김득상에게 명해 의금부와 승정원으로 보냈다.

-

11월 8일. 언문청을 설치했다.

-

12월 26일. 세종이 이조에 명하여, 이과(吏科)와 이전(吏典)을 뽑을 때 훈민정음 시험을 치르게 했다. 비록 완전히는 모르더라도 능히 글자를 조합할 수 있는 사람을 뽑도록 했다.

1447년 (세종 29년)

-

3월. 《용비어천가》를 주해했다.

-

4월 20일. 관리 시험 때 먼저 훈민정음을 시험해 합격한 자에게만 다른 시험을 보게 했다.

-

7월. 《석보상절》과 《월인천강지곡》을 완성했다.

-

9월 29일. 《동국정운》 6권을 편찬했다.

석보상절 ›

조선 세종 29년(1447)에 수양대군이 세종의 명에 따라 소헌왕후 심씨의 명복을 빌기 위하여 쓴 책. 한글로 풀이한 석가모니의 일대기로, 조선 초기 국어국문학의 귀중한 자료이다. 24권 24책. 보물 제523호.

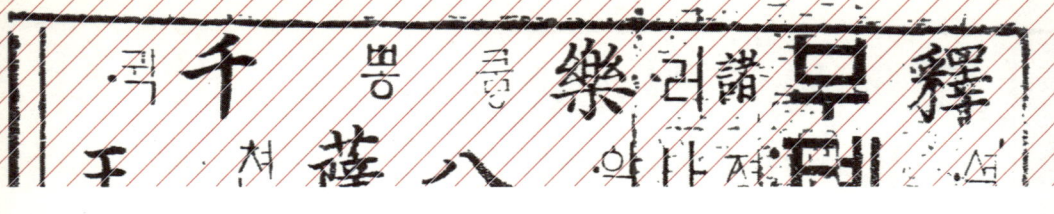

1448년(세종 30년)

-

3월 28일. 집현전에서 어명을 받아 김구에게 언문으로 사서(四書)를 번역하게 했다.

-

7월 27일. 좌의정 하연 등을 빈청에 불러 환관 김득상과 최읍으로 하여금 언문서 두어 장을 가져오게 한 다음, 사관을 물리치고 비밀히 의논했다.

1450년(세종 32년)

-

윤 1월 3일. 직집현전 성삼문, 응교 신숙주, 봉례랑 손수산에게 명해 중국 사신에게 운서에 대해 묻게 했다.

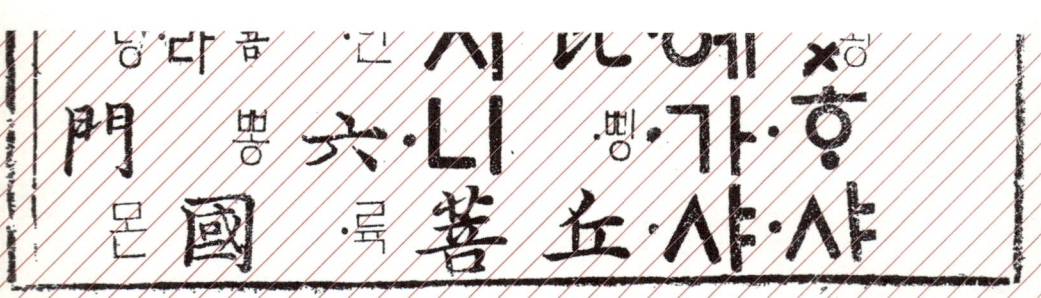

1455년(단종 3년)

>>>>>>>>>>>>

-

《홍무정운역훈》을 간행했다.

1460년(세조 6년)

>>>>>>>>>>>>>

-

5월 28일. 세조가 예조의 건의에 따라 경연에서 《훈민정음》을 강의하게 했다.

1481년(성종 12년)

>>>>>>>>>>>>

-

3월 24일. 성종이 언문으로 된 《삼강행실열녀도》 3,000질을 찍어 민간에 배포하게 했다.

·린 ·가 ㅌ이긴 ·뇌
잇 :사 ·다·드 어

월인천강지곡
조선 세종 31(1449)에 세종이 석가모니의 공덕을 찬양하여 지은 노래를 실은 책. 《월인석보》에 따르면 500여 수의 노래로 추정되나 그 일부만을 알 따름이고 오늘날은 상권(上卷) 한 권만 전한다.

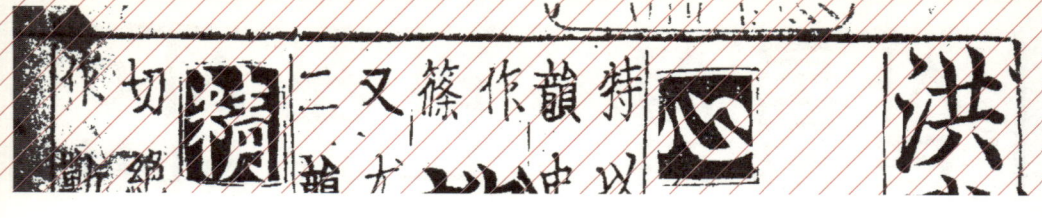

1504년(연산군 10년)

-

7월 20일. 연산군이 자신을 비난한 언문벽서로 인해 분개하며 앞으로 언문을 가르치지도 말고 배우지도 말며, 이미 배운 자도 쓰지 못하게 했다. 아울러 모든 언문을 아는 자를 한성의 오부(五部)로 하여금 적발하여 고하게 하되, 알고도 고발하지 않는 자는 이웃 사람도 함께 벌을 주게 했다.

-

7월 22일. 언문으로 구결을 단 책을 불사르게 했다. 다만 한어(漢語)를 언문으로 번역한 책은 그대로 두게 했다.

1506년(중종 1년)

-

9월 4일. 언문청이 폐지되었다.

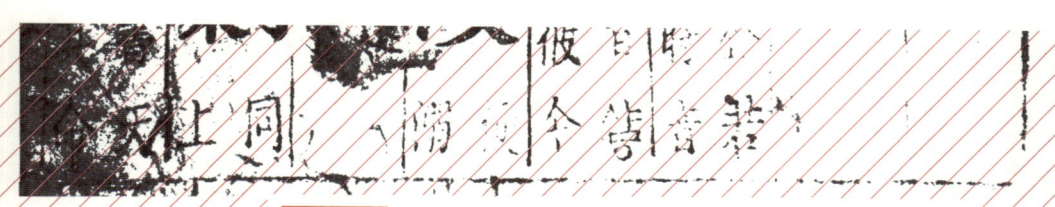

홍무정운역훈
조선시대에, 중국의 운서인 《홍무정운》을 한글로 풀이한 책. 세종 31년(1449)에 신숙주, 성삼문, 조변안 등이 중국 음운에 대한 표준을 세우고자 편찬한 것이며, 한자 밑에 한글로 정음(正音)과 속음(俗音)을 달았다. 단종 3년(1455)에 완성하였다. 16권 8책의 활자본.

1511년(중종 6년)

>>>>>>>>>>>>

-

채수(蔡壽)가 쓴 최초의 한글소설《설공찬전(薛公瓚傳)》이 유포되었다. 이 책은 허균의 작품인《홍길동전》보다 100년이 앞선 것이다. 이 소설은 당시 승지였던 이문건의《묵재일기(默齋日記)》의 낱장 속면에 '셜공찬이'라는 제목으로 필사되어 있는데 총 13쪽 4,000여 자이다. 충북 괴산 성주 이씨 문중문고에서 나왔다. 채수는 성종 때 성균관 대사성, 호조 참판을 지냈는데, 폐비 윤씨를 옹호하다 벼슬에서 물러났다. 중종반정 이후 병을 핑계로 경상도 상주에 은거하며 이 소설을 썼다. 내용은 훈구세력인 정국공신들과 신흥사림 사이의 갈등이 본격화하는 당시 상황에 저승을 다녀온 주인공 설공찬이 정치적 인물들에 대한 염라대왕의 평가를 전하는 것이다. 이 소설은 중종 때 수거해 불태우고 소장자는 처벌하는 등 조선조에서 필화를 일으켰던 유일한 소설이다.

1517년(중종 15년)

>>>>>>>>>>>>

-

유숭조가 중종의 명에 따라 7서(주역·시경·서전·대학·중용·논어·맹자)를 번역했다. 그 외에도《농서언해》《잠서언해》《벽온방언해》《우마양저염역병치료방》등 백성의 생활에 필요한 서적을 번역 배포했다.

간이벽온방언해 〉
조선 중종 20년(1525)에 김순몽(金順夢), 유영정(劉永貞), 박세거(朴世擧) 등이 편찬한 의서(醫書)를 한글로 풀이한 책. 1권 1책. 가천박물관 소장.

1527년(중종 22년)

>>>>>>>>>>>>>>>>

-

역관 최세진이 어린이 한자학습서인《훈몽자회(訓蒙字會)》를 발간했다. 이 책에서는 오늘날과 유사한 한글 자모의 명칭을 정했고, 한글을 반절이라 칭했으며, 8종성법을 정착시켜 민간의 한글 보급에 커다란 공헌을 했다. 이 책의 특징은 다음과 같다.

첫째, 속소위반절이십칠자(俗所謂反切二十七字), 즉 훈민정음의 28자 중에서 'ㆆ'가 빠진 체계를 보여준다.

둘째, 이 27자를 초성종성통용팔자(初聲終聲通用八字), 초성독용팔자(初聲獨用八字), 중성독용십일자(中聲獨用十一字)로 나누었다.

셋째, 각 글자 밑에 기역(其役), 니은(尼隱), 디귿(池末), 리을(梨乙), 미음(眉音), 비읍(非邑), 시옷(時衣), 이응(異凝) 등 자모의 이름을 실었는데, 이는 당시의 한글 발음을 표시한 것이다.

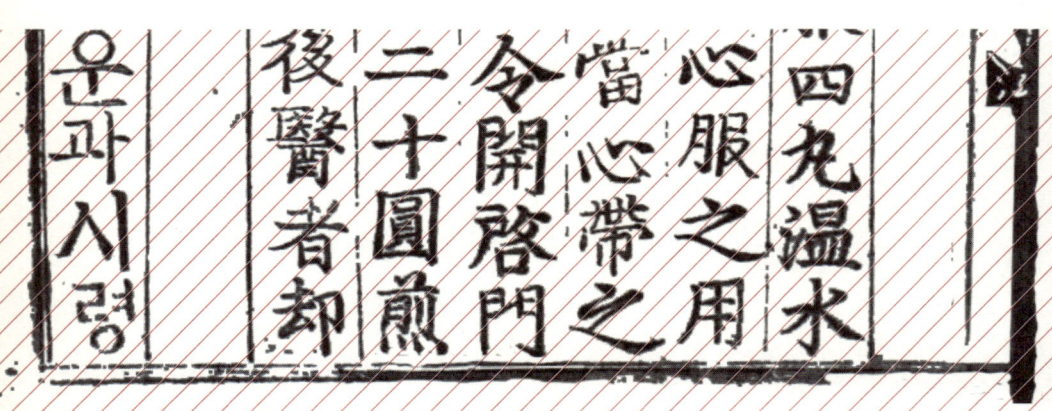

1613년(광해군 5년)

>>>>>>>>>>>>

한 궁녀가 《계축일기》를 완성했다. 광해군에게 죽임을 당한 영창대군의 생모 인목대비의 슬픈 생애를 일기체로 썼다.

이후 인조 때도 궁녀의 손에 의해 병자호란 당시의 치욕적인 상황을 《산성일기》에 담았다. 순조 때는 혜경궁 홍씨가 《한중록》을, 함흥 판관 이의찬의 아내 의유당 김씨가 《의유당일기》를 한글로 썼다.

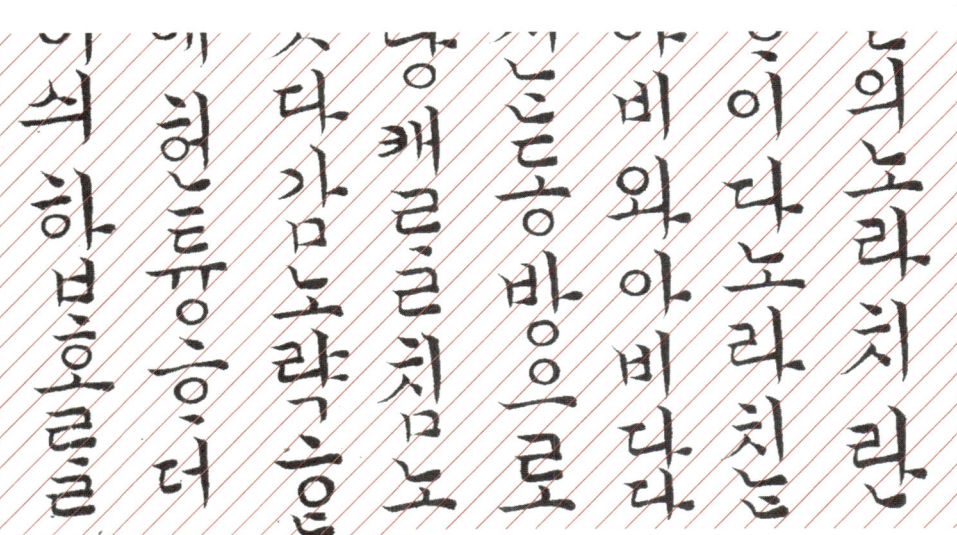

산성일기
조선 인조 때, 어느 궁녀가 쓴 일기체 수필. 병자호란 때 인조를 모시고 남한산성으로 피난하면서 생긴 여러 가지 일을 사실적으로 서술하고 있으며, 아울러 인조반정 때의 일까지도 상세하게 기록하고 있다.

1750년(영조 26년)

>>>>>>>>>>>>

-

신경준이 《훈민정음운해》를 펴냈다. 이 책에서는 한글의 초성 자모를 36자로 하고, 글자의 원리를 오행, 발음기관, 입술과 혀의 작용을 본뜬 것으로 해설했으며, 된소리를 ㄲ, ㄸ처럼 병서할 것을 주장했다. 또 'ㅣ'와 'ㆍ'의 겹소리는 'ㆍㆍ'으로 표기하는 것이 좋다는 등 주목할 만한 연구 성과를 남겼다.

1783년(정조 7년)

>>>>>>>>>>>>

-

7월 18일. 홍양호가 상소문에서 훈민정음을 극찬했다.

'한인들의 말은 곧 중화의 정음(正音)인데 5호16국 이후 중국말이 어지러웠다. 다만 우리나라의 말이 가장 중국에 가까웠는데 신라와 고려 이래 음이 변해 서로 통하지 않았다. 그런데 우리 세종대왕께서 신묘한 능력을 발휘해 만드신 훈민정음으로 인해 중국인들과 말과 글이 통하게 되었다.'

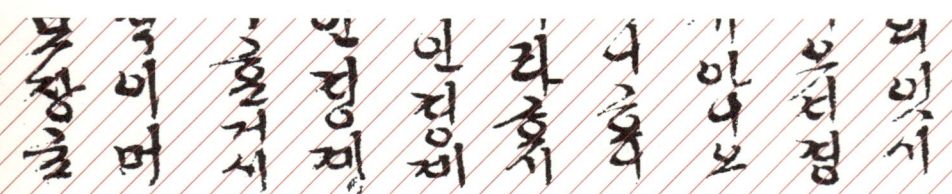

한중록

사도세자의 빈 혜경궁 홍씨가 지은 자전적 회고록. 홍씨가 만년에 남편 사도세자의 일을 중심으로 자기의 일생을 돌아보면서 쓴 기록물로, 《인현왕후전》과 함께 궁중 문학의 쌍벽을 이룬다.

1824년(순조 24년)
>>>>>>>>>>>>

-

유희가 《문통(文通)》을 지었는데 그 안에 《언문지》가 실렸다. 그는 이 책에서 한글의 기원을 몽골 문자라 하고, ㆁ과 ㅇ의 혼용은 잘못임을 지적했다. 사성점은 우리말 표기에 필요하지 않으며 된소리는 ㄲ, ㄸ 등으로 써야 한다고 주장했다.

1894년(고종 31년)
>>>>>>>>>>>>>>

-

11월 21일. 갑오경장과 함께 대한제국 정부는 칙령 제1호 공문식(公文式)을 공포하여 한문(漢文) 대신에 국문(國文)을 공문으로 바꾸었다. 훈민정음이 창제된 지 450년 만에 언문이 비로소 공식적인 나라 문자의 지위를 얻은 것이다.

언문지 ›
조선 순조 24년(1824)에 유희가 지은 한글 연구서. 훈민정음의 자모(字母)를 초성·중성·종성의 세 가지로 나누어 해설한 것으로, 종래의 한자음 위주의 연구 방법을 지양하고 우리말 위주로 훈민정음을 다룬 첫 연구서이다. 1권 1책.

1896년(고종 33년)

>>>>>>>>>>>>

-

4월 7일. 서재필이 순국문지 〈독립신문〉을 창간했다. 종래의 국한문혼용체에서 벗어나 최초의 띄어쓰기를 선보인 이 신문은 사설에서 한자 폐지와 국문 전용을 주장했다. '우리 신문이 한문은 아니 쓰고 다만 국문으로만 쓰는 것은 상하귀천이 다 보게 함이다. 또 국문을 이렇게 구절을 떼어 쓰면 누구라도 신문 보기가 쉽고 신문 속에 있는 말을 자세히 알아보게 된다. 각국에서는 사람들이 남녀 불문하고 본국의 국문을 먼저 배워 능통한 뒤에야 외국 글을 배우는 법인데, 조선에서는 조선 국문은 아니 배우고 한문만 공부하기 때문에 국문을 잘 아는 사람이 드물다. 조선 국문과 한문을 비교해보면 무엇이 나은가 하면 첫째, 배우기가 쉬우니 좋은 글이다. 둘째, 이 글이 조선 글이니 조선 인민들이 알아서 모든 일을 한문 대신 국문으로 쓰면 상하귀천이 모두 보고 알아보기가 쉬우니 좋은 글이다. 한문만 늘 써버릇하고 국문은 폐한 까닭에 국문만 쓴 글을 조선 인민이 도리어 잘 알아보지 못하고 한문만 잘 알아보니 참으로 한심하다.'

-

7월. 학부(學部)에서 국어교과서인 《신정심상소학(新訂尋常小學)》을 간행해서 반절표로 한글 교육을 시켰다. 민간에서도 이 표를 인쇄한 방각본이 유행했다.

1910년(순종 3년)
>>>>>>>>>>>>>>

-

최남선·박은식 등이 고전 간행 및 보급을 위한 조선광문회를 설립했다. 이듬해인 1911년부터 주시경과 제자 권덕규, 이규영, 김두봉이 《말모이》 편찬을 시작했다. 이 책은 국어사전의 효시로, 고유어 및 외래어에 전문어를 포함시켜 언어 사전의 성격을 지니고 있었으나 출간되지못했고 일부 원고가 전해진다. 1915년에는 주시경과 김두봉이 대역사전인 《신자전(新字典)》을 편찬했다.

-

19세기 민족정신의 대두와 함께 국문(國文)으로 불리던 훈민정음이 드디어 한글이란 이름을 얻었다. 조선광문회에서 최남선이 한글이란 명칭을 고안해내자 주시경이 찬동했다. '한'은 '크다' '우리나라'의 두 가지 뜻이 있다. 고대 삼한(三韓)과 대한제국(大韓帝國)의 '한(韓)'과도 통한다. 1913년 9월 창간된 〈아이들 보이〉지의 '한글풀이'란에 처음 나왔다.

주시경은 1907년부터 하기국어강습소를 운영하다가, 1908년에 현재 한글학회의 전신인 국어연구학회를 창립했다. 1911년에는 일제의 압력으로 국어란 말을 쓰지 못하게 되자 학회의 이름을 배달말글몯음으로 바꾸었다가 1913년에는 다시 한글모로 바꾸었다. 1927년, 기관지인 〈한글〉을 펴내기 시작하면서 민간에 한글이란 명칭이 널리 전파되었다.

독립신문
건양(建陽) 1년(1896)에 독립 협회의 서재필, 윤치호가 창간한 우리나라 최초의 민간 신문. 순 한글 신문으로 영자판과 함께 발간하여 처음에는 격일간으로 펴내던 것을 1898년 7월부터 매일 발간하다가 광무 3년(1899)에 폐간되었다.

1920년
>>>>>>>>>>>>

-

조선총독부 학무국 주관으로 《조선어사전》이 간행되었다. 일본인을 대상으로 만들어진 최초의 국어사전이다. 1911년부터 현은을 비롯한 네 명의 조선인의 손으로 편찬되었고, 일본인 학자 오구라 신페이(小倉進平)의 품사 분류와 주석 심사와 수정, 그리고 1918~1919년 원고 정정을 통해서 간행되었다. 당시는 일본어가 국어였으므로 이 사전은 일종의 방언사전, 한일대역사전이라고 볼 수 있다.

1925년
>>>>>>>>>>>>>

-

10월 20일. 심의린이 이문당에서 《보통학교 조선어사전》을 간행했다. 백과사전의 성격을 일부 지니고 있는 언어 사전에 속하는 것으로, 현재의 초등학교에 해당하는 일제 강점기의 보통학교 학생들을 위한 한국어 학습 사전이다. 조선인이 주도적으로 편찬하고, 단행본으로 출판한 최초의 조선어 교육용 학습 사전이자, 조선어 단일어 사전이다.

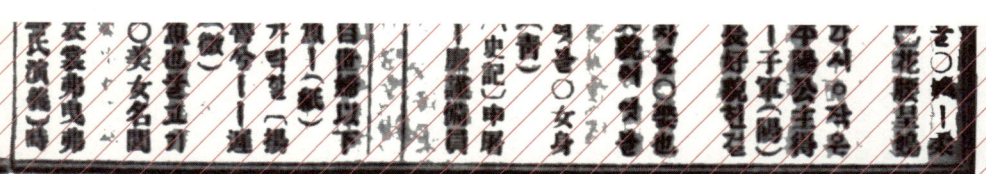

신자전 ›
최남선이 유근(柳瑾) 등과 함께 펴낸 자전. 중국의 《강희자전》을 토대로 종래의 《전운옥편》을 새 시대에 맞게 개편한 것이다. 한글로 자음(字音)과 새김을 달았고, 맨 끝에는 속자(俗字), 신자(新字)를 부록으로 엮었다. 1915년에 발간하였다. 4권 1책.

1933년

>>>>>>>>>>>>>>

-

10월 19일. 한글맞춤법통일안이 최초로 완성되었다. 1930년 조선어학회에서 한글맞
춤법통일안을 제정키로 한뒤 주시경의 연구성과를 신명균·이병기·이희승·이윤재·
장지영·정인승·최현배 등이 이어받아 완성한 것이다. 이후 조선어학회는 사정한조
선어표준어모음, 외래어표기법통일안을 차례로 공표하고 조선어대사전 발간 작업을
착수했다. 하지만 일제의 탄압으로 학자들이 대거 투옥되어 사전 간행이 무산되었다.
조선어대사전은 1957년《큰 사전》이라는 이름으로 을유문화사에서 간행되었다.

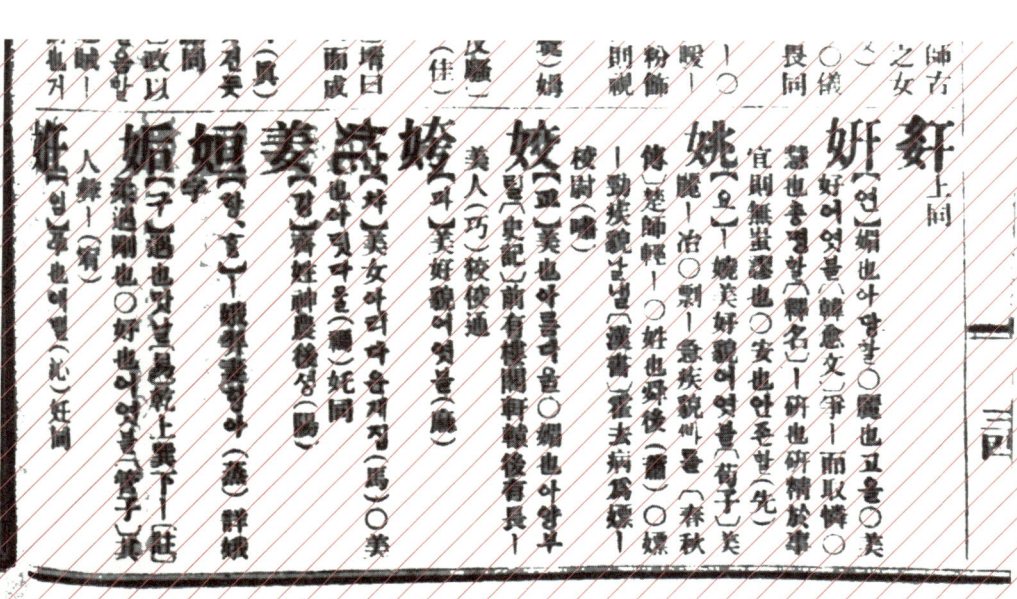

〈세종대왕 영정〉
운보문화재단 소장.

1부
웅크린 잠룡, 승천하다

준수방에서 눈을 뜨다

- 이도의 탄생 -

"막둥아, 막둥아! 아, 얘가 또 어디 갔지?"

한여름 녹음이 우거진 인왕산 아래 어느 대갓집, 한 젊은 어머니가 안뜰에서 걱정스러운 표정으로 막내아들을 찾고 있었다. 활달한 성격의 맏이 제(禔)야 어딜 가도 제 앞가림은 했고, 둘째 보(補)는 샌님 같아서 아무 문제도 없었지만, 어린 막내 도(祹)는 무슨 호기심이 그리 많은지 종종 새나 벌레를 따라 숲 속으로 사라지곤 해서 애를 태웠다.

이도(李祹)는 1397년(태조 6년) 4월 10일, 정안군 이방원의 셋째아들로 한성부 북쪽에 자리한 준수방에서 태어났다. 어머니는 여흥 민씨로 개국공신 민제의 딸이었는데 지혜가 뛰어나고 성품이 강인한 여장부였다.

도는 자라나면서 어머니를 닮아 행동이 늘 신중하고 조심스러웠다. 그렇지만 한번 마음먹은 일은 반드시 해내는 고집쟁이이기도 했다. 무골인 할아버지나 아버지 이방원처럼 성격이 호방하고 활달한 큰형 제와는 딴판이었다.

당시 서른한 살의 장년이었던 아버지 이방원은 도가 태어난 지 1년여 뒤 제1차 왕자의 난[5]을 일으켜 배다른 형제인 세자 방석과 방번을 비롯해 정도전과 남은 등 반대파를 제거했다. 일거에 권력을 움켜쥔 그는 찬탈이란 오명을 쓰지 않기 위해 둘째형 방과를 왕위에 추대했다.

"형님께서 잠깐 옥좌를 좀 맡아주시지요."

"알았네. 마음 내키면 언제든지 가져가게."

1399년 정종이 도읍을 개성으로 옮기고 나서 1년도 안 되어 이방원은 제2차 왕자의 난을 통해 넷째 형 방간을 비롯한 위험세력을 완전히 제거했다. 비로소 거칠 것이 없어진 이방원은 정종에게 양위를 받아 옥좌에 올랐다. 이때부터 4세의 도는 가족과 함께 대궐에 들어가 살게 되었다.

1405년(태종 5년), 태종은 도읍을 다시 한양으로 옮긴 다음 본격적인 통치를 시작했다. 도는 12세 때인 1408년(태종 8년) 2월 11일, 충녕군에 봉해졌고, 그달 16일에 우부대언 심온의 딸과 혼인했다. 이때 심씨는 경숙옹주에 봉해졌다. 그해 5월 24일에는 태조 이성계가 세상을 떠났다. 일세를 풍미했던 해동 일룡의 승천이었다. 17세 때인 1413년(태종 13년)에는 충녕대군에 봉해졌다.

맏형 제는 이미 1404년(태종 4년)에 세자로 책봉되어 서연을 통해 체계적인 후계자 수업

준수방 표석 서울 종로구 통인동에 위치한 준수방 표석. 정확한 위치는 알려지지 않았으나 이 근방에 태종의 잠저가 있었던 것으로 추정된다. photo ⓒ 모덕천

을 받고 있었다. 그러나 외향적인 성격의 세자는 사부들의 고지식한 교육방법이 지겨웠고, 제약이 많은 대궐생활이 답답하기만 했다. 그래서 틈만 나면 궐 밖으로 나가 사냥과 여흥으로 뜨거운 피를 식혔다.

"무릇 사내대장부는 이렇게 살아야 되는 거 아냐?"

이런 세자를 보고 충녕은 조용히 충고했다.

"형님, 너무 무리하지 마세요. 그러다 아버지 눈에 나면 어쩌려고 그래요?"

"인마, 걱정하지 마라. 이래봬도 내가 효자인 건 아버지가 더 잘 아신다. 게다가 나는 대조선의 세자가 아니냐?"

세자는 충녕의 충고에 그저 공부벌레의 잔소리려니 하고 웃어넘겼다.

'둘째 보는 부처님에게 빠져들어 정신 못 차리고, 셋째 도는 입만 열면 공자 말씀이군. 그래, 임금이 되지 못하는 처지의 왕자라면 죽을 때까지 공부에 빠져 사는 것도 복이지. 평생 살림살이야 이 형님이 다 책임져줄 것이니…….'

그렇듯 세자는 맏이답게 동생들을 생각하고 있었다. 하지만 그는 자신감이 넘친 나머지 아버지 태종조차 무서워하지 않았다.

"할아버지나 아버지는 언제 세자 교육을 받고 임금이 되었나? 자리에 앉았을 때 잘하면 되는 거지. 당신들처럼 칼부림만 안 하면 성군 소리 들을 텐데 뭘."

충녕은 이런 형이 적이 걱정스러웠다. 이미 수많은 사서와 경전을 섭렵한 그로서는 신생국가가 창업 후 기틀을 잡기 위해서는 뼈를 깎는 수성의 과정을 거쳐야 한다는 것을 알고 있었다. 비록 형이 오랫동안 세자 자리에 앉아 있었지만, 역사에 비추어보면 그것은 절대적인 것이 아니었다. 더군다나 조선을 궤도에 올려놓겠다는 사명감에 사로잡힌 부왕의 성정으로 미루어볼 때 세자의 그런 행태는 불안하기 짝이 없었다.

'만일 내가 왕[6]이 된다면 뭘 할 수 있을까?'

언젠가 충녕은 이런 생각을 했다가 흠칫 놀라며 고개를 저었다. 그것은 도저히 있을 수 없는 일이었다. 자신의 앞에는 둘째 형인 효령대군보도 있지 않은가. 딴생각하지 말고 열심히 책이나 읽자. 공자께서도 '배우고 때로 익히면 기쁘지 아니한가. (學而時習之 不亦悅乎)' 라고 하지 않았던가.

어느덧 충녕의 나이 스무 살이 되었다. 그해 7월, 태종은 경회루에서 상왕 정종을 모시고 연회를 열어 여러 신료들의 노고를 위로했다. 그 자리에서 임금은 세자를 보고 안색을 흐렸다. 그때까지도 세자는 종종 문제를 일으켜 태종의 심기를 건드리고 있었던 것이다.

"세자, 이젠 너도 나이가 들었으니 정신을 좀 차려라. 충녕을 보거라. 요즘에도 밤낮으로 책을 읽는다는구나."

"하하, 아바마마. 걱정 마십시오. 초(楚)나라 장왕의 고사를 아시잖습니까. 대붕은 날기 전에 오래 웅크리는 법입니다."

"이런, 말은 정말 청산유수로고. 그것도 여항에서 배운 것이냐? 쯧쯧."

태종은 혀를 찼다. 아무리 봐도 이놈은 자신을 꼭 빼닮았던 것이다. 타고난 무술 솜씨에다 지기 싫어하는 성격, 여자 문제까지…….

'어쩌면 이 아이는 요동 벌판을 누비는 일세의 영웅이 되는지도 모른다. 하지만 그것이 넘치면 어떻게 되는가. 내가 숱한 내외의 원성을 감내하며 이룩한 이 나라는 어떻게 되는가.'

경복궁 자선당 조선 왕실은 왕세자의 품성과 학문을 기르기 위해 일찍부터 왕세자 교육에 심혈을 기울였다. 경복궁 안의 자선당은 동궁의 서연이 열리는 곳으로, ‘자선(資善)’은 착한 품성을 기른다는 뜻이다. photo ⓒ 모덕천

스쳐가는 상념으로 인해 태종의 안색이 얼어붙었다.

“어럽쇼? 전하께서 딴생각을 하고 계신 것 같다.”

길바닥의 장기판에서도 훈수꾼들의 눈이 빠른 법이다. 이런 태종의 심기를 세자빈객 변계량이 알아차렸다. 그는 태종의 오랜 친구이며 공신이었던 세자빈객 이래(李來)에게 달려가 말했다.

“세자의 훈육을 강화해야 되겠습니다. 전하께 확실한 믿음을 심어줘야 해요.”

“물론 그래야겠지요. 하지만 세자는 머리는 좋은데 영 공부를 안 하려고 하니 원.”

“그러니까 우리가 공부를 하게 해야지요. 오늘 주상께서 충녕대군을

언급했으니 서연에 대군을 불러 함께 가르치면 세자가 자극을 받을 겁니다."

"좋은 생각이오. 그럼 우선 대군에게 우리의 뜻을 알려줍시다."

변계량은 곧 이래와 함께 충녕대군을 찾아갔다. 자초지종을 들은 충녕이 물었다.

"그럼 세자 저하와 함께 공부할 과목은 뭔가요?"

"일단《중용》으로 정했습니다. 좀 더 쉬운 거로 할까요?"

"아닙니다.《중용》이라면 외우고 있으니 토론하기 좋겠군요."

"넷? 그렇습니까? 그럼 다른 경전으로 바꿀까요?"

세자의 사부인 이래와 변계량이 깜짝 놀라 묻자 충녕은 미소 지으며 대답했다.

"아무래도 좋습니다. 제가 사서오경(四書五經)을 오래전에 독파했지만, 요즘 다시 읽는 중입니다. 공자처럼 위편삼절(韋編三絶)[8]은 아니더라도 흉내나 내보려고요. 대군인 제가 할 수 있는 게 그것밖에 더 있겠습니까?"

"이런, 저희가 큰 실수를 한 것 같습니다."

두 사람은 고개를 절레절레 흔들며 밖으로 나왔다. 이미 충녕의 학문은 대학자로 칭송받고 있던 자신들조차 무시할 수 없는 수준이었다. 망나니 세자가 자나 깨나 임금의 신경을 건드리고 여항을 시끄럽게 할 때, 구중궁궐 깊은 곳에서 봉황 한 마리가 조용히 날개를 퍼덕이고 있었던 것이다. 그들은 감히 큰 소리로 내뱉지는 못했지만 속으로 이렇게 중얼거렸다.

"아아, 충녕대군이야말로 하늘이 낸 왕재(王才)가 아닌가."

만세의 대들보를 세워라

- 양녕대군 폐세자 사건 -

고려 말 성리학으로 무장한 신진 사대부들은 자신들의 이념에 걸맞은 새로운 국가를 건설하고자 했다. 그 과정에서 이성계는 얼굴마담으로 적격이었다. 일찍이 탁월한 무용으로 천하에 이름을 떨쳤지만, 따지고 보면 그는 동북지방에 웅크린 일개 무장에 불과했다. 게다가 개경의 내로라하는 중앙 귀족들과도 별다른 연줄이 없었다. 그리하여 정도전과 조준 등 개혁세력은 이성계를 앞세워 최영, 정몽주 등 고려의 충신들을 제거한 다음 성리학을 국가이념으로 하는 국가, 조선(朝鮮)을 출범시켰다.

"새 나라에서 우리의 야망을 마음껏 펼쳐보자."

하지만 이들의 장밋빛 구상은 이방원이라는 사나운 호랑이에 의해 철저히 무너지고 말았다. 이방원은 이성계의 여러 자식들 가운데 유일하게 정통 문관의 길을 걸었던 인물이다. 그는 정도전이 주도하는 유교국가 건설이라는 대명제에는 아무런 이의가 없었다. 하지만 누가 조선의 정치 주체가 되어야 하는가에 대해서는 전혀 다른 시각을 가지고 있었다.

"우리 선비답게 행동하자고. 우리는 뜻이 같으면 누구라도 껴안을 수 있어."

혁명의 주역인 정도전은 그렇게 여말선초의 인물들을 화합하여 새 왕조를 안정시키려 했다. 하지만 이방원의 생각은 전혀 달랐다.

"새 술은 새 부대에 담아야 해. 고려의 충신 따위 필요 없어."

그의 눈에는 망국 고려를 꿈꾸는 왕족들과 변화를 거부하고 충신불사 이군(忠臣不事二君)을 외치는 선비들, 혁명의 단물을 빠는 공신들이 환히 보였다. 이들을 제거하지 않고서는 혁명이란 공염불에 불과했다. 더군다나 정도전과 남은 등 태조의 측근들은 강비의 자식인 방석을 세자로 삼고 자신과 형제들을 호시탐탐 노리고 있었다. 그리고 보니 국가의 미래보다 먼저 자신들의 운명이 백척간두에 놓여 있었다.

"죽 쒀서 개 줄 수는 없다. 우리가 먼저 살고 볼 일이다."

그 후 이방원은 두 차례의 정변을 통해 정도전 일파를 비롯해서 정권 유지에 장애가 될 만한 인물들을 깨끗이 제거해버렸다. 그것은 조금 앞서 명나라 태조 주원장이 개국 이후 참혹한 옥사를 통해 왕권을 세웠던 전례를 되밟은 것이기도 했다.

"이 나라는 내 힘으로 건설했다. 그러니 내 손으로 반석 위에 올려놓겠다."

그렇게 해서 왕위에 오른 태종은 인의예지(仁義禮智)라는 유교이념을 실현시키기 위해 총력을 기울였다. 그 목적을 달성하기 위해서는 강력한 왕권이 필수적이었다. 태종이 꿈꾸는 군왕은 절대고독 속에 완벽한 카리스마로 신하들 위에 군림하는 존재였다. 결코 정도전 같은 킹메이커의 손바닥 위에서 움직이는 꼭두각시여서는 안 되는 것이었다.

"우리는 고려 말의 숱한 허수아비들을 실컷 보았다. 그런 나라는 미래가 없다."

그런 면에서 외향적이면서도 총명한 맏아들 제는 태종의 후계자로서 나무랄 데가 없었다. 게다가 유교의 장자승계원칙[9]의 원리에도 꼭 들어맞았다.

이런 태종의 믿음과 사랑이 과도한 탓이었을까. 세자는 점점 고삐 풀린 말처럼 제멋대로 행동하고 있었다. 그 와중에 언뜻언뜻 충녕의 뛰어난 학문과 예리한 판단력이 눈에 들어왔다. 마음씨 좋은 둘째 보는 눈에 띄지도 않았다. 태종은 깊은 상념에 빠지는 시간이 잦아졌다.

"과연 누가 이 나라 조선을 바로 세우고 피에 젖은 내 손을 씻어줄 수 있을까."

호방한 세자 이제

이제는 이방원이 28세 때인 1394년(태조 3년)에 태어났다. 태종은 늦게 얻은 장남을 몹시 사랑하여 즉위한 지 3년째인 1402년 4월 18일에 9세가 된 제를 원자로 삼았다. 그런 다음 지신사 박석명에게 명하여 성균관에 별도의 학궁을 지어 교육을 시키게 했다. 태종은 이미 1년 전에 대사헌 이원의 건의에 따라 서연(書筵)[10] 제도를 만들어두었지만 그때까지 명확하게 행해지지는 않았던 것이다. 그리하여 2년 뒤 모든 준비가 갖춰지자 태종은 11세가 된 원자를 세자로 책봉했다.

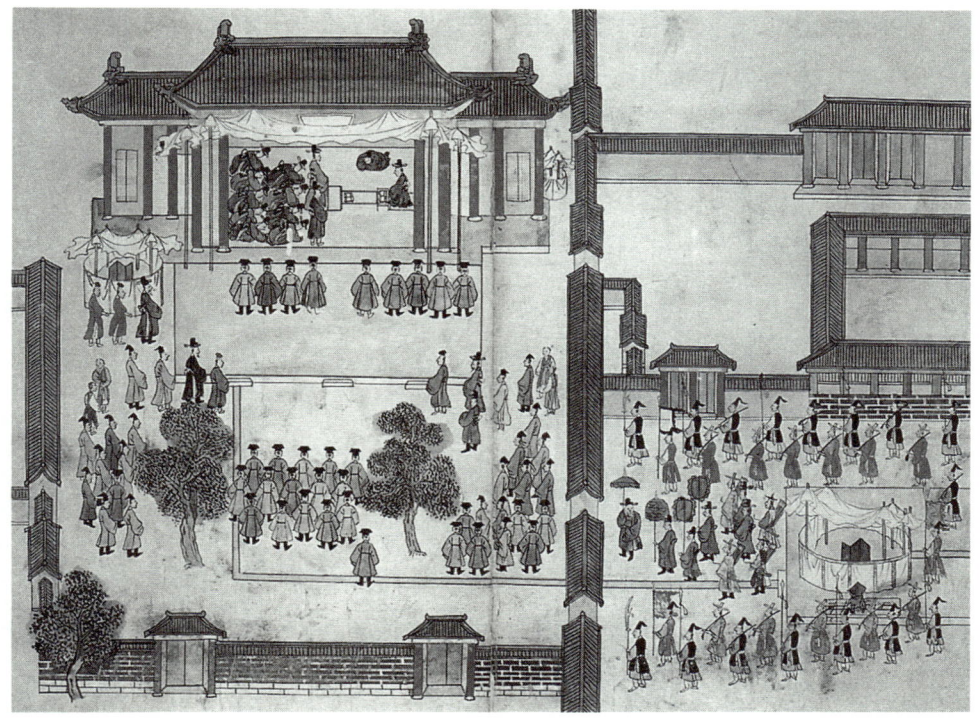

〈왕세자 입학도〉 조선시대 왕세자의 성균관 입학례는 미래의 국왕인 세자가 국시인 유학을 존중한다는 상징적인 의미가 있었다. 1401년 원자(양녕대군)가 여덟 살이 되자 태종은 원자를 승려에게 보내 교육을 시키려 했으나 박석명 등의 건의로 성균관 입학식을 거행했다. 규장각 소장.

"네가 조선과 나의 미래다. 부디 학문에 힘써 기대에 부응해주기 바란다."

그때부터 이제는 명실상부한 태종의 후계자로 인정받았다. 한데 그는 한곳에서 진득하게 공부하지 않고 놀기를 좋아해서 태종의 애를 태웠다. 세자시강원에서 스승을 대하는 태도 역시 방만했다. 그래서 태종은 틈만 나면 세자를 불러 다그쳤다.

"너는 일국의 세자가 아니냐? 공부하면서 스승에게 예의를 차리고 겸손하게 대하는 일은 여항의 장삼이사도 다 하는 것이다. 그래가지고

서야 장차 어찌 이 나라를 떠맡을 수 있겠느냐?"

"잘못했습니다. 다시는 그런 일이 생기지 않도록 조심하겠습니다."

태종의 잔소리를 들으면 세자는 늘 머리 숙여 사죄했지만 그것은 잠깐이었다. 며칠만 지나면 책을 집어던지고 대궐 밖으로 나가 마음껏 뛰놀기 일쑤였다. 이에 세자시강원의 사부 이래가 간곡한 말로 달랬지만 들은 척도 하지 않았다.

"아, 사람이 어떻게 책만 보고 살아요? 세자는 사람도 아닌가요?"

1407년(태종 7년) 2월, 사간원에서 세자좌필선 김주에 대한 상소가 올라왔다. 그는 평소 환관과 함께 술을 마시고 흥청댈 뿐만 아니라 틈만 나면 세자에게 칭찬하고 아부하여 교만함을 키워주었다. 더군다나 그는 세자가 열심히 《맹자》를 공부하면서 자중하는 모습을 보이자 '책의 뜻만 알면 되지 부지런히 할 이유가 없다.'면서 말리기까지 했다는 것이다. 이에 대노한 태종은 김주를 즉시 파직시켜버렸다.

"벌써부터 세자에게 꼬리를 치는 자들이 있구나."

세자 웨딩 프로젝트

1403년(태종 3년), 명나라 사신 황엄이 태종의 즉위를 승인하는 황제의 고명을 들고 조선에 들어왔다. 이때 태종은 연회를 베풀면서 황엄의 노고를 치하했다. 그리고 취기가 거나해지자 마음에 감추어두었던 말을 꺼냈다.

"우리 세자와 황제의 공주를 혼인시킨다면 두 나라 간에 우의가 더욱 돈독해지지 않겠소?"

"참으로 좋은 생각이십니다. 제가 귀국하면 폐하께 반드시 주청을 드리겠습니다."

태종의 말에 황엄은 흔쾌히 찬동했다. 하지만 3년 뒤인 1406년(태종6
년)에 다시 사신으로 조선 땅을 찾아온 황엄은 그 일에 대해 일언반구도
언급하지 않았다. 이에 기분이 상한 태종은 서둘러 고려 때 문과 동기
생이었던 김한로의 딸을 세자빈으로 간택해버렸다.

"사람을 무시해도 분수가 있지. 내가 언제까지 기다려줄 줄 아느냐."

이런 태종의 마음을 아는지 모르는지 황엄은 별다른 내색을 하지 않
고 명나라로 돌아갔다. 그로부터 1년 뒤인 1407년 5월, 황엄이 세 번째
로 조선에 들어왔다. 태종은 그가 세자의 혼인문제를 꺼내면 한 방 먹
여줄 심산이었지만 그는 의외의 소식을 가져왔다.

"폐하께서 전하의 등극을 축하하며 조만간 금릉(金陵 : 명나라 초기 수도, 현
재의 난징)을 방문해달라고 하십니다."

"허어, 참으로 은혜로운 말씀이시구려. 하지만 과인은 건강이 좋지
않으니 세자를 대신 보내겠소. 괜찮지요?"

"그야 금상첨화입니다. 제가 속으로 바라던 바입니다."

황엄은 몹시 기뻐했다. 조선의 세자가 황제를 배알한다면 그야말로
국제사회에 조선이 명나라의 속국임을 자인하는 것이었다. 하지만 태
종도 황제로부터 세자를 일찌감치 인정받아두면 왕권이 그만큼 안정되
기에 손해 볼 일이 전혀 아니었다.

그런데 그해 6월, 엉뚱한 일이 터졌다. 검교 한성 부윤 공부가 명나라
사신과의 회담장에서 통역을 맡았던 우군 동지총제 이현과 함께 세자의
외조부인 여흥부원군 민제를 찾아가 세자와 명나라 공주와의 혼담을 거

론했던 것이다.

"전하께서 전에 말씀을 꺼낸 적도 있고 하니, 이참에 대감께서 그 일을 한번 추진해보시지요. 세자께서 곧 명나라에 가게 될 테니 분위기도 좋지 않습니까?"

"어허, 나는 그 말을 듣지 않은 것으로 하겠소. 썩 물러가시오."

조심성이 많았던 민제는 일언지하에 거절하고 그들을 쫓아버렸다. 사위 태종의 심리상태를 꿰뚫고 있던 그는 어떻게든 외척을 제거할 명분을 주지 않으려고 애썼다. 그는 평소에도 태종 등극에 큰 공을 세워 공신이 된 두 아들 민무구와 민무질에게 자중하라고 충고하곤 했다. 그러니 뜬금없이 찾아온 공부와 이현의 말에 귀 기울일 리 만무했다.

"거참, 살 만큼 산 노인네가 뭔 겁이 저리 많은가?"

혀를 차면서 그 집에서 나온 두 사람은 그길로 의정부 참찬사 조박과 형조 참의 안노생을 찾아가 같은 일을 상의했다. 조박이 눈을 동그랗게 뜨고 물었다.

"아니, 세자께서는 이미 혼처를 정하지 않았소?"

"걱정도 팔자요. 아무리 주상이라도 황제가 공주를 며느리로 주겠다고 하면 어쩔 수 없이 정부인으로 삼을 수밖에 없어요. 그러면 지금 세자빈 내정자는 자동으로 후궁이 되는 거지 뭐."

"하긴 그렇군."

"이 일만 성사되면 우리는 대국에서도 인정받게 될 거요. 잘 추진해보십시다."

"그럽시다. 이건 한번 해볼 만한 일이군."

조박과 안노생의 동의를 받은 두 사람은 신이 나서 세자 웨딩 프로젝트를 밀어붙였다. 그들은 민무구, 민무질 형제를 비롯해 하륜, 영의정 성석린과 우정승 조영무까지 찾아가 상의했다. 하지만 사공이 많으면 배가 산으로 올라가는 법, 그들은 각자의 이해관계에 따라 갑론을박을 펼쳤다. 그러는 사이에 두 사람의 행각이 세자의 예비 장인인 김한로에게 전해졌다.

"이런 역적놈들이 있나. 내 딸이 세자빈으로 간택된 걸 뻔히 알면서도 그런 흉계를 꾸미다니……."

분개한 김한로는 평소 가까웠던 병조 판서 윤저와 이숙번을 통해 태종에게 그 사실을 알렸다.

"전하, 저들이 세자 저하를 명나라의 사위로 만들려고 광분하고 있습니다."

"말세로다. 고려 말에 기씨가 원나라 황후가 되고 나서 그 가문이 멸문지화를 당한 일을 진정 모른단 말인가. 지금 우리 조정은 군신이 하나 되어 정사에 힘쓰고 있는데, 뒤에서 생쥐처럼 엉뚱한 짓을 하고 있었다니 한심하다. 하물며 세자는 이미 혼처를 정한 몸이 아닌가?"

태종은 곧 주모자인 공부와 이현을 비롯해 연루된 조박, 조희민, 안노생 등을 모조리 잡아들여 순금사에 가두었다. 하지만 그런 논의가 싫지만은 않았던 듯 크게 문제 삼지 않고 며칠 뒤에 풀어주었다. 더군다나 사돈 민제와 심복 하륜, 민무구, 민무질 등은 공신이라 하여 아무런 죄를 묻지 않았다.

"뭔 일을 꾸미려면 나와 함께 하란 말이다. 내가 임금 아닌가?"

당시 사건은 그렇게 유야무야 넘어갔다. 그러나 태종은 이미 민씨 일문을 제거해야겠다는 결심을 굳히고 있었다. 훗날 외척이 설치면 나라를 망칠 것이라고 예단했던 것이다. 그런 와중에 후궁[11] 문제로 원경왕후 민씨와의 사이가 벌어졌다. 얼마 뒤 민무질 형제가 밖으로 나도는 세자에게 매를 선물했다는 보고가 들어왔다. 이윽고 태종은 칼을 뽑아 들었다.

"세자를 끼고 도는 자들은 사돈에 팔촌이라도 용서하지 않겠다."

결국 혼사문제가 터진 지 한 달 만에 민무구, 민무질 형제가 체포되었다. 두 사람은 억울함을 호소했지만 구실은 많았다. 태종은 1년 전 자신이 세자에게 선위하겠다고 했을 때 보였던 그들의 모호한 태도를 문제 삼았다.

"너희는 내가 왕위를 넘겼으면 하고 바랐지? 그러고 보니 전혀 안타까운 기색이 없었어."

"그게 전하의 진심이 아니었던가요?"

"무슨 소리! 너희 같은 역적들을 가려내려고 그랬지."

태종은 두 사람을 제주도로 귀양 보낸 뒤, 3년 뒤에는 목숨을 빼앗아버렸다. 그나마 다행이라면 장인 민제가 그들의 죽음을 보지 않고 먼저 세상을 뜬 것이다. 여흥 민씨 일문은 태종 자신의 등극에 결정적인 공을 세웠던 가문이었으므로 태종의 조치는 은혜를 원수로 갚은 폭거였다. 그러고도 모자랐던지 태종은 두 형의 죽음에 불만을 품었다는 이유로 동생 민무휼, 민무회까지 제거함으로써 자신의 처가이자 세자의 외가를 멸문시켜버렸다.

"짐승 같은 인간, 우리가 어찌 한 하늘을 이고 살 수 있겠소?"

중전 민씨가 손톱을 세우고 달려들었지만 태종은 눈도 꿈쩍하지 않았다.

"나는 조선에 올인한 사람이니 자식들을 생각해서 자중하시오. 오버하면 당신과도 남남이오."

그러면서 태종은 세자를 불러 준엄하게 경고했다.

"왕권을 무시하는 자들은 다 저렇게 된다. 너도 함부로 냄새피우지 마라."

"물론입니다. 저들은 저들끼리 김칫국 마신 겁니다."

세자는 짐짓 태연하게 대처했지만 가슴이 서늘했다. 하지만 그는 걱정하지 않았다. 잠깐 동안 환관 황도의 충고에 따라 근신하는 척했을 뿐이다.

"어찌 저리 독불장군인지 원."

"그래도 자중하십시오."

"괜찮아. 저런 깜짝쇼가 다 나를 임금 만들려고 하는 일이니까."

탄탄대로를 걷다

1407년 9월 25일, 14세의 세자는 하정사로 명나라 황제[12]에게 하례하기 위해 한양을 떠났다. 세자는 금릉에 도착한 뒤 서각문에서 황제를 배알했다. 이때 황제는 그를 보고 몹시 기뻐했다.

"용모는 아버지와 같은데 키만 좀 작구나. 글은 읽느냐?"

"평소에 늘 서책을 가까이하고 있습니다."

"장하다. 역시 조선의 세자로구나."

황제는 세자를 칭찬하며 《인효황후권선서》와 《효자왕후전》을 주었다. 세자는 명나라에 머무는 동안 조천궁과 영곡사, 천희사 등을 두루 구경하고 생불이라 불리던 서역 승려 갈니마(曷尼摩)까지 만났다. 얼마 뒤 황제는 세자를 불러 어제시[13] 한 편을 써주고 낭송하게 한 다음 마음에 들었던지 흐뭇한 미소를 지으며 말했다.

"나는 네 아비와 같다. 편히 머물다 가도록 해라."

이는 황제가 세자를 조선의 차기 임금으로 인정해준 것이나 다름이 없었다. 이듬해 4월 2일 세자는 의기양양한 태도로 귀국했다. 태종은 매우 기뻐하며 며칠 후 광연루에서 연회를 베풀어 그 공을 치하했다.

"네가 몇 달 동안 아주 달라진 것 같구나. 몸도 좀 불어난 것 같고……."

"다 아바마마의 은덕입니다."

그날 태종은 세자를 수행했던 관원을 모두 승진시켜주기까지 했다. 사이가 좋아진 태종과 세자는 이튿날 함께 모화루의 공사를 돌아보고 매사냥까지 즐겼다. 훗날 세자를 퇴진시키는 빌미 가운데 하나였던 매사냥은 사실 왕실의 공공연한 놀이였던 것이다.

그런데 이틀 뒤 기묘한 일이 벌어진다. 태종이 세자를 수행했던 전 호군 이지성을 은밀히 불러 뭔가 물어보더니 다음 날 용궁현으로 귀양 보낸 것이었다. 그러자 사간원에서 그를 심문하여 죄를 명백히 밝히자고 요구했다. 하지만 태종은 고개를 저었다.

"이지성의 죄는 나와 세자만 아는 것이다. 굳이 알려고 하지 마라. 다친다."

이 일화는 세자가 명나라에서까지 엽색행각을 벌이지 않았을까 하는 추측을 가능케 한다. 때문에 사간 김자지가 물고 늘어지자 화가 나서 벌을 주려다가 병조 판서 유양의 간청으로 용서해주기까지 했던 것이다.

"역시 아버지는 내 편이야. 더군다나 나는 이미 황제에게 인정받은 몸이 아닌가."

이런 세자의 믿음은 점차 교만과 방종으로 이어졌다.

1410년(태종 10년) 11월, 17세의 혈기방장한 세자 이제는 중국 사신을 접대하던 자리에서 기생 봉지련을 보고 한눈에 반한 나머지 환관에게 명해 그녀의 집을 알아보게 한 다음 궁중으로 데려와 함께 살기까지 했다.

"일국의 세자가 어찌 기생과 놀아난단 말이냐."

그 일을 전해듣고 대노한 태종은 환관에게 곤장을 치고 봉지련을 옥에 가두어버렸다. 그러자 이에 반발한 세자는 음식을 거절하고 방에 틀어박혀 꼼짝도 하지 않았다. 단식투쟁을 했던 것이다. 태종은 세자가 정에 이끌려 근심하다 몹쓸 병이라도 걸릴까 염려가 되었다. 그래서 봉지련에게 비단을 주고 잘 달래 집으로 돌려보냈다.

"자식 이기는 부모 없다더니 내가 그 꼴이로구나."

태종은 혀를 찼다. 그 후 태종은 세자를 강무(講武)[14]에 데려가 활쏘기를 권하고 매사냥을 함께하는 등 매우 다정하게 지냈다. 그런데 이듬해 10월 4일 세자빈객 이래가 태종에게 호소했다.

"전하께서는 세자를 제발 강무에 데려가지 마십시오. 버릇이 나빠집니다. 요즘 서연에도 자주 빠지고 있습니다."

"알았소. 경의 충심이 대단하구려."

태종은 이렇게 말했지만 적이 입맛이 썼다. 마음을 다잡았다고 여겼던 세자는 하나도 변한 것이 없었던 것이다. 10월 17일 좌사간 정준이 지신사 김여지를 찾아가 따졌다.

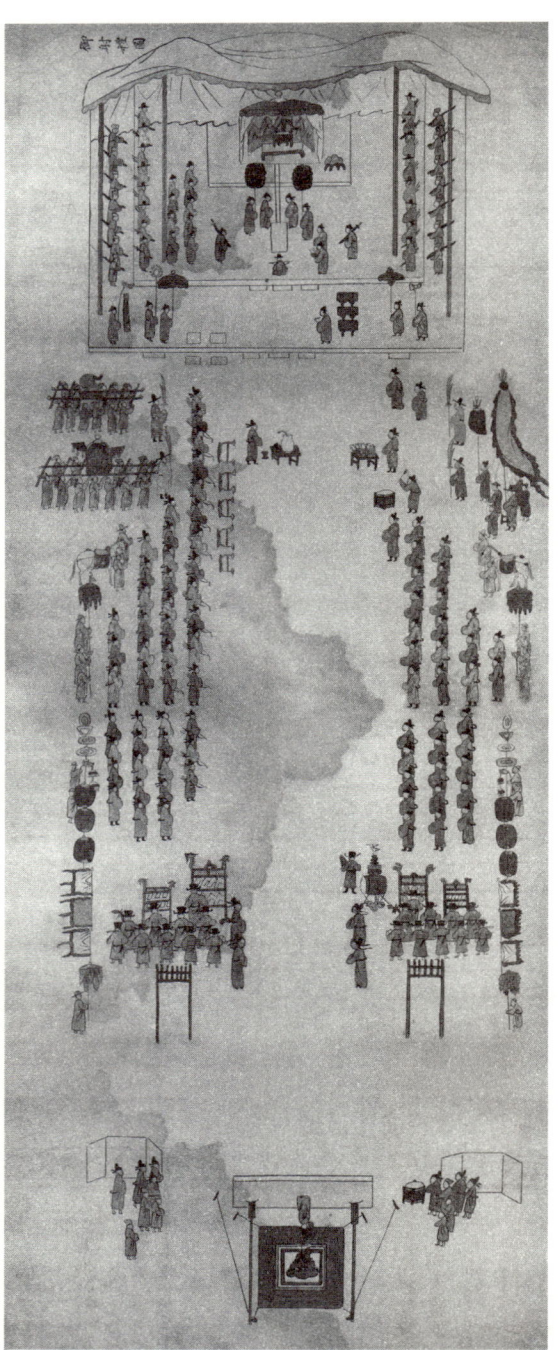

《대사례의궤》 중 〈어사례도〉 대사례
는 국왕과 신하가 한자리에 모여서 활
을 쏘고 맞힌 수에 따라 상벌을 행하
는 의식이다. 그 가운데 〈어사례도〉는
왕이 활 쏘는 모습을 그린 의궤. 활
쏘기는 유교의 권장 항목인 육예에 속
했기 때문에 궁중에서도 널리 행해졌
다. 양녕대군은 활쏘기에 능했고 글에
만 몰두했던 충녕대군과 달리 무인 기
질이 강했다. 규장각 소장.

"오방과 은아리란 자가 은밀하게 세자궁을 드나들고 있습니다. 전하
께서 아시면 불호령이 떨어질 것이니 잘 단속해주십시오."

이에 김여지는 두 사람을 불러 크게 꾸짖었다. 그러자 세자가 환관을
통해 압력을 가해왔다.

"두 사람은 나를 위해 드나든 것이다. 내가 벌써 궐 밖으로 내보냈으
니 전하께 고하지 말라."

그런데 같은 날 세자빈객 이래가 세자를 추궁했다.

"궐 안에서 풍류를 즐기거나 매 키우는 일을 삼가십시오."

"아니, 취미생활도 하지 말란 것입니까?"

"그런 뜻이 아니란 거 잘 아시잖습니까. 공부를 해야지요, 공부!"

"어휴, 알았습니다. 거문고는 효령에게 돌려주고 매도 치우겠습니
다."

세자는 이래가 워낙 강경하게 나오자 한발 물러섰다. 하지만 그는 조
금도 변하지 않았다. 언젠가는 매사냥을 말리던 환관들을 채찍으로 치
기까지 했다. 먼발치에서 이런 세자의 행태를 지켜보던 태종은 어느 날
지신사 김여지와 서연관 김자지 형제를 앞에 두고 탄식했다.

"세자 때문에 종친들과 신료들이 고초를 겪는구나. 내가 너무 풀어줘
서 그런 걸까? 너희는 부디 세자에게 아첨하지 말고 학문에 정진하도
록 다그쳐라."

태종은 부자간에 의가 상할까 봐 직접 조처를 내리지 못하고 서연관
들에게 더 엄격하게 훈도해줄 것을 당부했을 뿐이다. 하지만 세자의 방
탕한 행각과 잦은 매사냥 문제는 계속 조정을 들썩였다.

1413년 8월 13일 태종은 세자에게 매사냥을 부추겼던 환관 박유와

유문의를 순금사에 가두었다. 또 몰래 동궁에 드나들던 그들의 양자 강민과 한용봉을 잡아들여 귀양 보내는 한편, 4월 이후 대궐문을 지킨 병사들을 잡아 태형을 내렸다.

"대궐이 네놈들 놀이터인 줄 알았느냐?"

그때부터 태종은 세자의 주변을 강하게 단속했다. 9월에는 호서지방으로 사냥을 떠나는데 세자가 배웅하려 하자 매몰차게 거절했다.

"이제 와서 무슨 예의를 차리려 하느냐. 네가 나를 임금으로 알긴 아는 거냐?"

"이크, 아버지의 태도가 좀 이상해졌다."

그 일로 인해 위기의식을 느낀 세자는 공부에 몰두하더니 《대학연의》를 금세 독파해버렸다. 그 책을 앞에 둔 지 무려 6년 만의 일이었다. 서연관으로부터 그 소식을 전해들은 태종은 흐뭇한 미소를 지었다.

"자식, 마음만 먹으면 잘하면서 그런단 말이야."

그해의 마지막 날인 12월 30일, 경회루에서 연회가 열렸다. 세자와 여러 대군, 공주들이 한데 모여 태종의 만수무강을 빌면서 노래를 부르고 시를 지었다. 그때 태종은 충녕에게 시를 풀이하게 한 다음 세자를 돌아보며 말했다.

"애가 장차 너를 도와 큰일을 할 것이다."

"물론입니다. 충녕은 참으로 학문이 뛰어납니다."

그러자 태종은 충녕에게 말했다.

"그래, 너는 달리 할 일이 없으니 평안하게 즐기면서 살아라."

이때 충녕은 가슴 한쪽이 허전했지만 어쩔 수 없는 일이었다.

이렇듯 태종은 굳은 신뢰를 보였지만 세자는 자꾸만 말썽을 일으켰다. 해가 바뀐 1414년(태종 14년) 1월 2일, 세자는 궁중의 노복을 시켜 장인 김한로의 집에서 말을 빌린 다음 기생을 태워 궁궐 안으로 데려왔다. 보고를 받은 태종은 눈살을 잔뜩 찌푸렸다. 9월 12일, 사헌부에서는 동궁에 매와 개를 몰래 바친 상호군 황상을 처벌하라고 상소했다. 하지만 태종은 그 일을 거론하지 말라고 엄명했다.

"이놈이 마음을 잡은 듯하더니 또 사고치고 다니네."

10월 26일, 세자와 대군들은 누이인 정순공주의 남편 청평군 이백강이 부친 이거이의 삼년상을 마친 것을 위로하기 위해 연회를 마련했다. 이때 효령과 충녕은 일찍 대궐로 돌아갔지만 세자는 청평군의 집 대청마루에서 기생 초궁장과 함께 늦도록 술을 마셨다. 그러다 문득 생각난 듯이 정순공주에게 말했다.

"누님, 충녕은 정말 보통 사람이 아니지요?"

며칠 후 정순공주로부터 그 말을 전해들은 태종은 혀를 끌끌 찼다.

"너는 입 조심 좀 해야겠다. 세자는 여러 동생들과 비할 바가 아니다. 그 애가 예의를 차려야 할 자리에서 방종하게 놀았구나."

그때까지 세자 이제는 숱한 구설수에 올랐음에도 꼿꼿한 태종의 후계자였던 것이다.

충녕을 바라보다

1415년(태종 15년) 을미년이 밝았다. 태종은 해가 바뀌어도 전혀 행동이 나아지지 않는 세자에 대해 짜증이 났다. 참는 데도 한계가 있었던 것이다.

1월 26일 태종은 경승부 소윤 조종생의 직책을 파면하고 경승부 승신숙화를 사섬시 직장으로 좌천시켜버렸다. 모두가 동궁에 몰래 출입하는 자들을 막지 못한 죄였다. 다음 날에는 서연관과 시위들을 본래 직책으로 돌려보냈다. 갑작스레 동궁이 텅 비자 세자는 걱정이 되었는지 저녁식사도 걸렀다. 다음 날인 28일, 태종은 세자빈객 이래와 변계량을 경연청으로 불러 강하게 질책했다.

"요즘 세자가 소인배들과 가까이하는데 경들은 어찌하여 이를 방관하고 있는 것이오? 내 눈에 효제충신(孝悌忠信) 중에 하나도 보이지 않으니 한심하오. 혹시 그 애가 차기 임금이라 눈치를 보고 있는 것 아니오? 그대들은 이미 재상이라 더 이상 올라갈 자리도 없지 않소?"

"황공합니다, 저희가 미욱한 탓입니다."

"그게 말이나 되는 소리요? 당신들만 한 스승이 조선 팔도에 어디 있단 말이오. 제발 세자를 바른 길로 인도해주시오."

태종의 질책과 호소에 두 사람은 고개를 들지 못했다. 어전에서 물러나온 그들은 세자시강원의 이사 유창과 빈객 민여익 등을 대동하고 세자를 찾아가 임금의 근심을 알렸다. 갑작스런 시위에 세자는 어리둥절한 표정이었다.

"요즘에는 내가 잘못한 일이 없는데 주상께서는 왜 그러신답니까?"

"어찌 그리 말씀하십니까. 그게 바로 저하의 병근(病根)입니다. 정신을 차리십시오. 그동안 저하는 실수를 너무나 많이 해서 동궁의 지위마저 위태롭게 되었습니다. 혹시 전하의 아들이 저하밖에 없다고 생각하시는 건 아니겠지요? 지금이라도 전하의 기대에 부응하여 성인의 길을 가주십시오. 그러지 않으면 저희는 더 이상 저하를 뵐 수가 없습니다."

늙은 신하 이래의 간곡한 설득이었다. 그러자 세자는 낯을 붉히며 그를 달랬다.

"스승님, 내가 잘못했습니다. 다 알아들었으니 제발 진정하세요."

그 일을 전해들은 태종은 서연관들과 시위들을 동궁으로 돌려보냈다.

"이젠 그놈이 정신을 차리려나 보다."

그러나 세자의 조신한 행동은 잠시뿐, 곧 예의 엽색행각을 재개했다. 작년에 청평군 이백강의 집에서 알게 된 기생 초궁장을 궁 안으로 불러들여 사통했던 것이다. 그녀는 일찍이 상왕 정종이 가까이하던 여자였다. 보고를 받은 태종은 대노해서 초궁장을 궐 밖으로 내쫓았다.

"해도 해도 너무한다. 이젠 왕실을 콩가루 집안으로 만드는구나."

태종은 한숨을 내쉬었다. 점점 마음이 세자로부터 떠나가고 있었다. 그와 함께 셋째아들 충녕대군의 재기가 점점 눈에 들어왔다.

"저 아이라면 어떨까. 정말 깨끗한 녀석인데……."

그해 12월 30일, 충녕대군은 의령부원군 남재의 집에서 열린 연회에 참석했다. 그 자리에서 남재는 충녕과 이야기를 나누어보고는 몹시 감탄했다.

"옛날 주상께서 잠저에 계실 때 제가 학문을 권하니 '왕자는 참여할 데가 없으니 학문을 해서 무엇 하리오.'라고 해서, 저는 '군왕의 아들이면 누군들 임금이 되지 못하겠습니까.'라고 했지요. 지금 대군을 뵈니 그때의 주상 말씀이 생각나는군요."

"과분하신 말씀입니다. 못 들은 것으로 하겠습니다."

충녕은 안색을 흐리며 그의 입을 막았다. 측근으로부터 그 말을 전해들은 태종은 빙그레 미소를 지으며 중얼거렸다.

"예전 같으면 경을 칠 일인데, 정말 과감한 늙은이로군."

그때 만일 세자의 자리가 튼튼했다면 남재는 역모혐의로 죽임을 당해도 할 말이 없는 상황이었다. 이런 그가 무사했다는 것은 태종은 물론 여러 대신들로부터 충녕대군이 세자의 대안으로 인정받고 있었다는 증거이다.

그 사실을 영특한 충녕이 눈치 채지 못할 까닭이 없었다. 드디어 기회가 오고 있는 것이었다. 이젠 자신의 모든 능력을 드러내야 했다. 자신 못잖은 책상물림인 둘째 형 이보가 앞에 있었기 때문이다.

1416년(태종 16년) 1월 9일, 세자는 화려한 복장으로 곁에 있는 대신에게 폼을 잡았다.

"내 옷매무새가 어떤가? 오랜만에 세자 같아 보이지 않나?"

그러자 곁에 있던 충녕이 조용히 타일렀다.

"형님, 옷은 겉치레일 뿐입니다. 우선 마음을 바로잡아야지요."

세자의 얼굴이 금세 붉어졌다. 아무리 동생이라도 세자를 앞에 두고 감히 할 수 없는 말이었다. 그런데 곁에 있던 대신이 맞장구를 쳤다.

"대군의 말에 틀린 데가 없습니다. 저하께서 명심해야 할 말입니다."

이 말을 들은 세자는 꿀 먹은 벙어리가 되었다. 화가 났지만 대꾸할 수가 없었다. 자신의 편이 되어줄 만한 사람이 주변에 아무도 없었던 탓이리라. 얼마 뒤 세자는 어머니 민씨를 찾아가 말했다.

"충녕은 참으로 똑똑해요. 제가 보위에 오르면 국가 대사를 함께해야겠어요."

그것은 충녕을 견제하기 위한 발언이었다. 그 말을 중전으로부터 전해들은 태종은 안색이 변했다. 점점 두각을 드러내는 동생의 약진을 경계하게 된 세자는 며칠 뒤 태종 앞에서 은근히 충녕을 깎아내리기까지 했다.

"아무래도 충녕은 용맹스럽지 못합니다."

하지만 태종의 반응은 기대 밖이었다.

"그래도 큰일에 맞서 해결하는 능력은 충녕이 당대 제일이니라."

그 일로 인해 세자는 부왕의 마음이 충녕에게 기울었음을 알았다. 얼마 뒤인 2월 9일, 태종은 충녕을 데리고 사냥터에 갔는데 갑자기 비가 내렸다. 그는 궁궐에서 걱정할까 염려되어 이렇게 중얼거렸다.

"집에 있는 사람은 비가 오면 반드시 길 떠난 사람의 노고를 생각하게 마련이지."

그러자 충녕이 답했다.

"《시경》에 이르기를 황새가 언덕에서 우니 부인이 집에서 탄식한다고 했습니다."

"아, 네 학문이 그 정도였느냐? 정말 세자와는 비교할 수가 없구나."

태종은 감탄했다. 이제 충녕은 공공연히 세자와 비교대상이 되었던 것이다. 세자는 명나라 황제가 인정한 조선의 후계자인 자신을 젖혀두고 충녕만 추어주는 부왕이 원망스러웠다. 그런 내심을 아는지 모르는지 충녕은 만나기만 하면 잔소리를 해서 세자의 심사를 긁어놓았다.

3월 20일, 상왕이 연회를 베풀고 임금과 여러 종친들을 불렀다. 잔치가 파하고 태종이 궁으로 돌아가자 세자는 청평군 이백강의 첩인 기생 칠점생을 궁으로 데려오려 했다. 그러자 충녕이 가로막고 나섰다.

"형님, 종친의 여인인데 그래서야 쓰겠습니까?"

"뭐? 그래, 알았다. 네 말이야 다 옳지."

세자는 몹시 분개했지만 꾹 참았다. 충녕이 이제는 대놓고 자신을 힐난했던 것이다. 그 이후 세자는 충녕 보기를 몹시 꺼려했다.

"까짓것 어떻게 되겠지 뭐."

점차 자포자기의 심사가 된 세자는 한동안 끊었던 매사냥에 나섰다. 피곤하다는 이유로 서연관들을 물리치는 일도 잦아졌다. 들끓는 심사를 삭히기 위해 활을 쏘기도 했고, 어떤 날은 세자빈객들을 동궁에 들어오지 못하게 하기도 했다.

그 울분이 태종의 심금을 울렸음인가. 1416년 5월, 태종은 세자를 정사에 참여토록 했다. 군사권과 인사권을 제외한 제반 국정에 대한 현장실습이었다. 세자를 앞에 두고 태종은 수시로 고전을 인용하며 인사의 중요성을 강조했다. 그런데 태종은 매사에 충녕과 자신을 비교하는 것이었다.

"네 의견은 그렇단 말이지? 충녕이라면 이럴 때 어떻게 했을지 생각해보거라."

이로 인해 자존심이 상한 세자는 정사에 아무런 재미도 느낄 수 없었다. 임금이고 뭐고 다 소용없다는 생각이 들었다. 세자는 다시 방황하기 시작했다. 동궁에서 매를 키우고 대궐 밖으로 나가 쏘다녔다.

"저하께서 마음을 잡지 못하고 계십니다. 전하께서 직접《중용》을 가르쳐 훈계하시면 어떻겠습니까?"

세자의 마음을 돌려놓기 위해 세자빈객 변계량은 태종에게 달려가 이렇게 건의했다. 하지만 태종의 반응은 싸늘했다.

"세자는 이미 성인인데 내가 어찌하겠는가. 그대들이나 열심히 가르치시오."

어리간통사건

"세자가 아직도 그런 고약한 자들과 놀아나고 있단 말이냐?"

1416년 9월 24일, 의금부에서는 선공감의 관리 구종수와 악공 이오 방 등을 체포하여 하옥시켰다. 토목기술자인 구종수가 대나무로 사다 리를 만들어 이오방과 함께 담을 넘어 대궐 안으로 들어와 세자와 어울 리다가 발각된 것이었다. 심문 과정에서 그들이 세자에게 매와 개를 선 물해 놀음을 부추긴 일까지 드러났다.

당시 태종은 세자가 자주 궐 밖에서 여색을 탐하고 취하여 들어온다 는 말을 듣고 밤이 되면 궐문을 굳게 걸어 잠그라고 명해놓은 상태였다. 보고를 받은 태종은 분개했다. 그래서 황희에게 물었다.

"대체 세자를 어찌하면 좋은가? 나도 할 만큼 하지 않았나."

이때 황희는 적극적으로 세자를 변호했다.

"전하, 구종수 등의 일은 매와 개의 일에 지나지 않습니다. 세자가 아 직 어린 탓이니 용서해주십시오."

그는 당장 불어닥칠 왕실의 분란을 막고자 했던 것이다. 그런데 곁에 있던 하륜은 생각이 달랐다.

"저하는 장차 종사를 주관할 분인데 너무나 거칠고 음란합니다. 마땅 히 구종수의 목을 베어 본보기를 보인 다음, 대궐문을 굳게 닫아 저하 의 궐 밖 출입을 막으십시오."

"오, 과연 내가 듣고 싶은 말이었소."

곧 의금부에서는 구종수가 궁궐의 담을 넘은 것은 큰 죄이니 국문한 다음 교수형에 처하라고 상소했다. 그런데 태종은 또 망설였다. 그를 극형으로 다스리면 세자의 책임을 묻지 않을 수 없었던 것이다. 아직 그는 세자에 대한 미련을 놓지 않고 있었다. 그리하여 구종수에게 장 100대를 치게 한 다음 경성군으로 귀양 보내고, 이오방은 공주의 관노가 되게 했다.

"세자야, 너는 내 마음을 그렇게도 모른단 말이냐."

1417년(태종 17년) 1월 1일, 창덕궁 인정전에서 신년하례회가 열렸다. 태종은 물론 세자와 만조백관들이 참석해 술을 마시고 춤을 추었다. 그때 신명이 난 세자가 임금 곁에 있던 좌의정 박은[15]에게 다가와 술을 권했다. 그런데 박은은 갑자기 꿇어앉더니 눈물을 흘리며 세자에게 말했다.

"저하께서는 장차 대위에 오르실 터인데 어찌 자꾸만 왕명을 거스르십니까?"

이는 당시 임금의 기분을 의식한 박은의 교묘한 제스처였다. 당황한 세자는 어쩔 줄을 몰랐다. 그런데 태종이 눈을 흘기며 말했다.

"들었느냐? 이것이야말로 대신의 충언이니라."

실로 그것은 태종의 최후통첩이었다. 하지만 세자는 아무 대답도 하지 못했다. 이미 그의 생활은 될 대로 되라는 식이었던 것이다. 그로부터 한 달여 뒤인 2월 15일, 온 조정을 떠들썩하게 만든 어리간통사건이 드러났다.

세자와 어리와의 관계는 과거 구종수와 이오방이 궐 담을 넘나들 때 이미 진행되고 있었다. 당시 이오방은 색탐에 골몰한 세자를 노골적으로 부추겼다.

"저하, 조선 팔도에 전 중추 곽선의 첩 어리만 한 미녀가 없습니다."

"그래? 그렇다면 내가 그냥 놔둘 수 없지."

호기심이 동한 세자는 당장 어리를 데려오라고 재촉했다. 그러자 이오방은 수하의 홍만이란 자와 함께 곽선의 생질녀의 남편 권보를 찾아갔다.

"저하께서 어리에게 마음이 있으니 알아서 하시오."

차기 군왕의 명인지라 권보는 거역할 수 없었다. 그는 곧 자신의 첩계지를 어리에게 보내 세자의 뜻을 전했다. 하지만 어리가 응하지 않자 세자는 이법화의 조언에 따라 선물을 보내 회유했다. 이에 두려움에 휩싸인 어리는 곽선의 양자 이승을 찾아가 불한당 같은 세자가 자신을 탐하고 있다고 호소했다.

"절 이 집에 숨겨주세요. 그러지 않으면 큰 망신을 당할 거예요."

그런데 이법화가 어리의 움직임을 알아채고 세자를 꼬드겼다.

"그녀가 마침 집 밖으로 나왔으니 좋은 기회입니다."

"그러자꾸나. 이제 와서 뭘 망설이겠느냐."

세자는 무리와 함께 이승의 집에 몰려가서 당장 어리를 내놓으라고 협박했다. 이승은 하는 수 없이 어리를 내줄 수밖에 없었다. 과연 어리는 미색이 월궁의 항아와 같았다. 한눈에 반한 세자는 그녀를 데리고 이법화의 집에 가서 사통한 다음 궁으로 데려왔다.

"어리야, 너는 용을 잡은 거야. 내가 평생 너와 함께하련다."

일국의 세자가 은퇴한 관리의 첩을 탈취한 이 기막힌 사건의 전말은 엉뚱한 곳에서 밝혀졌다. 어느 날 세자의 장인 김한로가 자신의 가노 출신인 전별감 소근동이 여종을 범하자 임금에게 처벌해달라고 간청했다. 그러자 겁에 질린 소근동은 엉뚱하게 세자와 어리의 일을 폭로했던 것이다.

"뭐라고? 세자가 관리의 첩과 사통했단 말이냐?"

깜짝 놀란 태종은 즉시 이승을 잡아 심문했다. 이로써 세자의 엽색행각이 백일하에 드러나자 조정이 발칵 뒤집혔다. 곧 귀양 가 있던 구종수와 이오방을 비롯해 동궁의 내관들과 파수 책임자 등 사건의 관련자들이 줄줄이 잡혀 들어왔다. 이로 인해 태종의 마음은 완전히 돌아서게 되었다. 태종은 조말생과 이원에게 말했다.

"더 이상 좌시할 수 없는 지경이오. 나는 이윤이 태갑을 내쫓던 고사를 본받아야겠소."

그것은 옛날 주나라 문왕의 손자 태종이 예를 모르고 난폭하게 굴자 3년 동안 궐 밖으로 쫓아냈던 고사를 거론한 것이다. 곧 세자를 폐하겠다는 뜻이었다. 이원은 감히 찬성하지 못하고 은근한 말투로 달랬다.

"세자의 행실은 주변 사람들 탓입니다. 좋은 스승에게 맡기면 반드시 개과천선할 것입니다."

사태가 급박하게 흐르자 세자빈객 변계량 등도 앞에 나섰다.

"모두 저희가 세자 저하를 잘못 가르친 탓입니다. 저희를 죽이고 저하를 용서해주십시오."

"무슨 말이오. 그동안 세자가 누차 행실을 고치겠다고 했지만 도로에 그치지 않았소. 이는 당신들이나 내 잘못이 아니오."

이렇게 태종의 마음이 세자로부터 돌아선 것이 확실해지자 신료들은 세자의 전력을 고구마 뿌리처럼 속속 들춰냈다. 그 가운데는 다음과 같이 대역죄라고 할 만한 사건도 있었다.

어느 날 대궐 담을 넘은 세자는 이오방과 함께 미복 차림으로 구종수의 집에 가서 이법화, 박혁인, 방복생과 놀았고 기생 초궁장과 승목단까지 불렀다. 이때 구종수의 형인 구종지와 구종유가 찾아왔다.

"세자 저하와 인연을 맺다니 꿈만 같습니다. 부디 저희를 친구로 생각해주십시오."

구종수가 이렇게 아부하자 기분이 좋아진 세자는 도포를 벗어주기까지 했다. 당시 구종지는 벼슬이 참판이었는데 훗날을 기대하며 세자와 어울렸던 것이다. 이 소문은 여항에 널리 퍼져 사람들이 이렇게 비웃었다.

"망나니 세자가 임오방, 구오방 하니 십방이다."

이 사건의 불똥은 태종의 심복이었던 이숙번에게까지 튀었다. 그가 일찍부터 구종수 형제와 깊은 교분을 맺고 있었다는 사실이 드러난 것이다.

"아니, 이자까지 세자에게 줄을 서고 있었단 말이더냐?"

화가 머리끝까지 치민 태종은 구종수 형제와 이오방을 참수하고 이숙번의 벼슬을 빼앗는 한편 관련자들을 남김없이 치죄했다. 그리고 이틀 뒤인 2월 17일 태종은 세자를 김한로의 집으로 쫓아버렸다.

"전하, 제발 기회를 한 번만 더 주십시오. 이 일은 작년에 벌어진 일입니다. 지금은 세자도 깊이 반성하고 있습니다."

신하들은 애원했다. 그들로서는 변화무쌍한 태종의 성격이 어떻게 반응할지 알 수 없었다. 과연 당장에라도 무슨 일을 벌일 것만 같던 태종은 뜻밖에 그들의 청을 받아들였다.

"좋다. 어찌하는지 두고 보겠다."

세자빈객 변계량, 탁신 등은 한숨을 내쉬며 세자와 함께 태종의 마음을 달래기 위한 묘안을 짜내기에 골몰했다.

"간곡하게 반성문을 써 종묘에 올리지요. 조상님께 비는 데야 전하께서도 어쩌시겠습니까?"

그리하여 세자는 자신의 죄를 8개 항목으로 열거한 다음 개과천선할 것을 다짐하는 글을 종묘에 올렸다. 태종에게도 비슷한 내용의 상서를 올렸다. 두 글 모두 세자빈객 변계량의 작품이었다.

"너를 더 이상 보지 않으려 했지만 그렇게까지 반성한다니 다행이구나."

태종은 마뜩한 표정으로 세자의 사죄를 받아들였다. 하지만 그는 아버지로서 이 활달한 맏아들의 성정을 꿰뚫고 있었다.

'이놈아, 내가 너를 안다. 어떻게 그 성질을 버릴 수 있겠느냐.'

과연 그 후 세자는 태종이 궁궐을 비울 때마다 밖으로 나가 여염집 여인들을 건드리는 등 끊임없이 말썽을 일으켰다.

태종의 개경 구상

그런 가운데 태종의 가슴을 짓누르는 사건이 일어났다. 1418년(태종 18년) 2월 4일 넷째아들 성녕대군이 14세의 나이로 죽었던 것이다. 기록에 따르면 성녕대군은 매우 총명하고 지혜로웠으며 용모가 단정하고 깨끗했다. 늦둥이여서 임금과 중전이 매우 사랑해 항상 곁에 둔 아들이었다. 슬픔에 빠진 태종은 열흘 뒤에 한양을 떠나 개경으로 갔다.

"임금께서 개경에서 무슨 구상을 하고 계실까?"

뭔가 심상찮은 분위기를 감지한 세자의 장인 김한로는 2월 28일 세자

를 개경으로 보내겠다고 상주했으나 거절당했다. 그렇게 50여 일이 지
나자 신하들은 앞을 다투어 귀경을 재촉했지만 태종은 묵묵부답이었다.

"전하께서 성녕대군을 잃은 충격이 너무 컸나 보다. 좀 기다리자."

그해 5월 1일 태종은 세자를 개경으로 불렀다. 부자간의 정을 나누기
위함이었을까. 태종이 옛날부터 맏아들 이제에게 기대감을 품고 있었
던 것은 사실이다. 그런데 불과 아흐레 후 태종은 또다시 세자로 인해
격노했다. 성녕대군이 죽었을 때 세자가 궁중에서 활쏘기를 했다는 사
실이 드러난 것이다. 엎친 데 덮친 격으로 세자가 어리를 처가인 김한
로의 집에 머물게 하고, 아이를 갖게 한 일까지 밝혀졌다.

"아, 너는 정말 나를 실망시켰다. 이젠 아무도 나를 막을 수 없다."

태종은 그때부터 폐세자 준비작업에 돌입했다. 우선 세자빈객 변계
량을 소환해 세자 교육의 책임을 묻는 한편, 찬성 이원과 함께 과거 구
종수 사건을 재론했다.

"지금 세자의 행실로 볼 때 당시 황희가 과인을 속였다고밖에 볼 수
없다."

"그렇다면 황희를 국문하여 그 책임을 물으십시오."

"그래서 평안도 관찰사로 내쳤다가 이번 한성부 판사로 좌천시켰는
데, 그만하면 죗값을 치른 것이 아닌가?"

"그렇지 않습니다. 마땅히 포박하여 치죄하심이 마땅합니다."

"흠, 그게 국법이라면 그렇게 해야지."

태종은 의금부 도사 김상녕에게 명하여 황희를 잡아들이게 한 다음
벼슬을 거두고 교하로 쫓아버렸다. 그도 모자라 다시는 벼슬할 수 없도
록 서인으로 만들어버렸다. 태종은 황희가 과거 민씨 형제를 제거할 때

일조한 것이 두려워 세자에게 아부했다고 판단했던 것이다.

"줄 서는 것들은 아무리 똑똑해도 필요 없어."

태종은 또 세자빈인 숙빈 김씨를 친정으로 쫓아냈다. 그녀가 비록 지아비의 뜻에 따랐지만 임금의 뜻을 알지 못하고 어리가 친정에 머무는 것을 용납했다는 것이었다. 그와 함께 세자의 장인 김한로가 잡혀 들어왔다.

"그대는 세자가 어리와 통정하여 아이를 가진 사실을 알았는가?"

"금시초문입니다."

"어리가 그대의 집에 있었던 것도 모른단 말인가?"

"아마 제 처가 데려온 모양입니다."

김한로가 자신은 전혀 모르는 일이라고 잡아뗐다. 태종은 그가 뻔뻔스럽게 어리와 연루된 사실을 부정하자 화를 내며 죽산으로 귀양 보냈다. 그렇듯 일련의 준비작업을 마친 다음 태종은 세자를 한양으로 내려보냈다.

"너는 즉시 대궐로 가서 근신하고 있거라."

허탈한 마음으로 길을 떠나던 세자는 도중에 대자암에서 불사를 마치고 개경으로 돌아가던 충녕대군을 만났다. 이때 세자는 충녕에게 화를 냈다.

"네가 아바마마께 어리의 일을 고자질했지?"

"형님, 저를 그 정도로밖에 보지 않았습니까?"

정다운 형제는 이제 그렇듯 싸늘한 관계가 되어버렸다. 세자는 자신의 허물은 생각지 못하고 경쟁자인 충녕을 의심했던 것이다.

태종, 국본을 뒤바꾸다

태종의 조치는 전광석화처럼 계속되었다. 곧 동궁의 시종들을 대폭 줄이고 세자가 데려온 여인들을 모조리 궐 밖으로 내쫓았다. 심사가 뒤틀린 세자는 1418년 5월 30일, 환관 박지생을 통해 태종에게 편지를 보냈다.

"전하의 시녀는 그대로 두면서 어찌 제 시녀들은 모두 내보내시는 겁니까. 그녀들의 통곡 소리가 제 마음을 아프게 합니다. 신은 그처럼 정을 떼어버리는 일을 견딜 수가 없습니다. 일찍이 한나라 고조 역시 재물과 색을 즐겨했지만 천하를 평정하지 않았습니까? 반대로 진왕 광(廣 : 수 양제)이 어질다고 칭찬했지만 나라를 망친 일도 있습니다."

세자는 이렇게 태종을 원망하다가 부정에 기대어 하소연했다.

"전하께서는 어찌하여 제 효성을 믿지 못하십니까? 첩 하나를 금하다가 잃는 것이 많을 것이요, 얻는 것이 적을 것입니다. 게다가 김한로는 오로지 저를 위해 일을 벌인 것인데 이를 폭로하고 벌을 주시니 앞으로 누가 임금께 충성하겠습니까? 그 일로 아이를 가진 숙빈이 죽조차 끊었으니 무슨 일이 생길지 걱정입니다. 이제 제가 새 사람이 되어 걱정을 끼쳐드리지 않을 테니 제발 용서해주십시오."

편지를 읽은 태종은 대언들과 변계량에게 보여주면서 말했다.

"세자가 나를 심하게 질책하고 있구나. 하지만 나는 한 치의 부끄러움도 없다. 너희의 생각은 어떠냐?"

"전하께서는 일일이 대꾸하실 필요가 없습니다. 대신들로 하여금 세자를 일깨우심이 옳습니다."

"맞는 말이다. 세자는 반성할 마음이 전혀 없어 보이는구나."

그러자 조말생이 강경하게 나섰다.

"화의 근원인 어리를 죽여 없애십시오."

하지만 변계량과 김효손이 반대했다.

"그러면 세자는 더욱 반항할 것입니다. 우선 그녀를 돌려주고 뒷일을 수습하십시오."

태종은 그 말을 옳게 여기고 박지생을 통해 세자에게 이렇게 통고했다.

"김한로는 일전에 자기 죄가 열 번 죽어 마땅하다고 했음을 기억하라. 그리고 너는 감히 숙빈을 들먹여 나를 겁박하려 하지 마라. 네가 다시 한 번 이런 식으로 나온다면 김한로를 죽여버리겠다."

이렇게 태종은 세자를 옴짝달싹 못하게 얽어매버렸다. 고통스러웠지만 참을 만했다. 그에게는 충녕이란 훌륭한 대안이 있었기 때문이다. 그는 다시 박은 등 의정부 대신들을 불러 세자의 편지를 보여주고는 자신의 결심을 밝혔다.

"그동안 세자가 불효를 저질렀지만 집안 망신이라 숨기고 스스로 뉘우치고 깨닫기를 바랐소. 한데 도리어 나를 원망하고 있으니 더 이상 세자의 자리에 둘 수가 있겠소? 경들의 생각은 어떠하오?"

"누가 감히 전하의 뜻에 반대하겠습니까."

6월 2일, 드디어 의정부 3공신, 육조, 삼군 도총제부, 각사의 신하들이 폐세자를 청했다. 다음 날 세자 이제를 폐한다는 전교가 내려졌다.

"세자가 무도하여 종사를 이어받을 수 없기에 폐한다. 그러나 나라의 근본을 비워둘 수는 없으므로 새로이 세자를 정해야 할 것이다. 적통의 장자[16]를 세우는 것이 바른 법이니 그 전례를 따르고자 한다. 제에게는 두 아들이 있는데, 장자는 나이가 다섯 살이고 차자는 나이가 세 살이다. 누구를 세손으로 삼을지 의논해 아뢰도록 하라."

그러자 조정에서 난상토론이 벌어졌다. 태종의 의중을 읽지 못한 한상경 등은 제의 아들을 세손으로 삼는 것이 바른 길이라고 주장했다. 하지만 유정현과 박은 등이 어진 사람을 골라야 한다는 이른바 택현(擇賢)을 주장했다. 이원은 엉뚱하게도 점을 쳐서 후사를 정하자는 의견까지 내놓았다. 보고를 받은 태종은 어이없다는 표정을 지었다.

"나라의 근본을 정하는 일을 어찌 점으로 결정할 수 있느냐. 마땅히 어진 사람을 골라야 하는 것이다."

"아들을 아는 것은 아버지이고 신하를 아는 것은 군왕입니다. 저희가 어떻게 고를 수 있겠습니까?"

"맞는 말이다. 대저 나라에 훌륭한 임금이 있으면 사직의 복이라고 했다. 효령은 자질이 미약하고 성질이 곧아 내 말을 들으면 그저 빙긋이 웃기만 할 뿐이다. 하지만 충녕은 천성이 총명하고 민첩하고 학문을 좋아하여, 비록 몹시 추운 때나 몹시 더운 때를 당하더라도 밤이 새도록 글을 읽으므로, 나는 그가 병이 날까 봐 두려워하여 항상 밤에 글 읽는 것을 금지했다. 그러나 충녕은 나의 큰 책은 모두 청하여 가져갔다. 또 다스리는 도리를 알아 어려운 문제도 손쉽게 풀어내곤 했다. 중국 사신을 접대할 때도 어긋남이 없었고 술도 함께하며 대접할 줄 안다. 또 그 아들 가운데 장대한 놈이 있다. 효령은 술을 한 모금도 마시지 못하니 이것 또한 감점사항이다. 알겠는가, 나는 충녕으로 세자를 정하겠다."

"신 등이 어진 사람을 고르자는 것도 충녕대군을 가리킨 것입니다."

유정현 등 신하들이 한목소리로 동조했다. 이로써 폐세자 과정은 깨

효령대군 영정 또 한 명의 왕위 계승 후보인 효령대군 이보는 왕세자 자리를 둘러싸고 양녕과 충녕의 힘겨루기가 벌어질 때도 전면에 나서지 않고 정치적 개입을 꺼린 채 불사에 전념했다. 이런 처신 때문인지 91세까지 장수했고, 세조 대에는 원각사 창건에 주도적으로 참여하기도 했다. 남아 있는 영정은 조선 전기 왕실 초상화 가운데 유일하게 보존되어 소장 가치가 높다.

끗하게 마무리되었다. 태종은 결정을 마치고 한동안 눈물을 흘렸다. 아버지로서 맏아들의 운명을 뒤바꾸는 일이 고통스럽지 않을 리 없었다. 세자는 그날부터 양녕대군(讓寧大君)으로 불리게 되었다. 어쨌든 세자 자리를 아우에게 양보했으니 여생을 편안하게 보내라는 뜻이었을까.

"이런 일은 시간을 끌면 사람이 상하게 되는 법이다. 어서 절차를 진행하라."

태종은 장천군 이종무를 종묘에 보내 세자 교체를 고했다. 그런 다음 상호군 문귀와 최한을 세자에게 보내 폐세자를 정식으로 통고했다. 모든 절차가 끝나자 이젠 양녕대군의 거취가 문제가 되었다.

"춘천으로 추방하는 것이 옳습니다."

유정현의 주장에 태종은 선선히 응낙했지만 곧 경기도 광주로 바꾸었다. 애통한 중전의 마음을 살핀 것이었다. 그런데 며칠 사이에 계속 비가 내려 강물을 건널 수 없었으므로 잠깐 사저에서 머물게 하라고 명했다. 하지만 신하들은 폐세자가 한시라도 서울에 머무는 것은 부당하다고 간언했다. 그리하여 양녕대군은 쫓기듯 길을 떠나야 했다.

"앞으로 서울을 다시 밟지 못하겠지?"

이때 태종은 양녕에게 여종 13명과 남종 몇 명만 수행케 했다. 그가 평소 아끼던 어리도 데려가게 했다. 높은 데 있을 때는 흠이 많았지만 끌어내려 놓고 보니 살가운 자식이었으리라. 하릴없이 광주에 다다른 양녕은 《논어》와 《대학》을 읽으며 세월을 보냈다. 6월 그믐, 태종은 양녕대군이 어떻게 사는지 궁금해서 최한을 광주로 보냈다. 그리곤 한가롭게 잘 살고 있다는 보고를 들은 뒤 안심했다.

조선 최초의 세자 교체 사건은 이처럼 오랜 시간 동안 다양한 과정을 거쳐 진행되었다. 어쩌면 이것은 조선 최고의 성군 세종을 낳기 위한 거센 진통이었는지도 모른다.

임금으로 등극하다

일찍이 명나라의 사신 황엄은 충녕대군을 보고 이렇게 예언했다.

"영명하기가 부왕을 닮았다. 동국의 보위는 장차 이 사람에게 돌아갈 것이다."

훗날 조선에서 세자 교체를 알리는 사신이 왔다는 소식을 들은 그가 말했다.

"조선의 세자가 바뀌었다면 필시 충녕대군이겠구나."

마침내 세자를 폐한 태종은 그날로 충녕대군을 세자로 봉한 다음 책봉례[17]를 지휘할 봉승도감을 설치하도록 했다. 또 서연관으로 예문관 이수를 임명했다. 이수는 효령과 충녕 두 왕자가 어렸을 때부터 학문을 가르친 사람이었다.

그해 여름은 나라 안이 어수선했다. 남쪽 지방에 지진이 일어나더니 큰비가 쏟아졌다. 들판에 물이 닥쳐 목장의 말이 빠져죽고 논밭이 잠겼다. 예조에서는 기청제(祈晴祭 : 입추가 지나도록 장마가 계속될 때 비가 그치기를 기원하는 제사)를 올리자고 건의할 정도였다. 폭우는 여드레 동안 계속 내렸다.

그동안 태종은 깊은 생각에 잠겼다. 골치 아프던 세자문제는 깨끗이 정리되었다. 이제는 목숨 바쳐 이룩한 조선을 반석 위에 올려놓는 일만 남았다. 그런데 세자가 된 충녕은 영특하지만 정사를 확실히 알지 못할 뿐만 아니라 뒷받침해줄 인재들도 확실치가 않았다. 가만두면 양녕의 경우처럼 수많은 파리들이 꼬일 것이었다. 태종의 눈이 반짝였다.

7월 27일, 드디어 태종은 개경에서 한양으로 돌아왔다. 성녕대군이 죽고 나서 5개월 만의 환궁이었다. 이때 신하들은 새로 임명된 세자의 명나라 황제 알현문제로 논쟁을 벌이다 8월 28일에 출발하기로 결정했다. 그런데 태종은 돌연 모든 논의를 중단시키고 세자궁에 옥새를 옮기게 한 다음 전위를 선언했다.

"나는 18년 동안 왕위에 있으면서 정의로웠다고 믿었다. 그런데 오늘날 나라 안에 홍수와 가뭄이 이어지고 병충해가 들끓으니 분명 하늘의 뜻이 다른 데 있음을 알겠다. 게다가 요즘 내가 몸이 아파 정사를 돌보기 힘들다. 그래서 결심했다. 왕위를 세자에게 전하겠다."

"무슨 말씀이십니까? 전하의 나이 아직 젊은데 전위라니 당치 않습니다."

"그대들은 세자를 믿지 못하는가. 그는 성품이 순수하고 바르니 나라를 충분히 이끌어갈 재목이 아닌가."

세자가 교체된 지 겨우 두 달밖에 되지 않았다. 신하들은 태종의 본심을 파악할 수 없어 어리둥절했다. 전례에 비추어 어설프게 처신했다가는 살아남지 못한다는 걸 그들은 잘 알고 있었다. 그들은 일단 이구동성으로 반대했다.

"저희도 잘 알고 있습니다. 하지만 지금은 때가 아닙니다."

"명나라에 세자를 봉해달라고 청한 뒤 비준도 받지 못한 상태입니다. 왜 그렇게 서두르십니까?"

"세자 교육도 아직 완전치 않은데 보위라니요. 당치도 않습니다."

"우리가 언제까지 명나라 눈치만 보고 살겠는가. 우리 식대로 하자."

태종이 그렇게 고집했지만 신하들은 꿋꿋하게 버텼다. 다행히도 태종이 본심을 내보이며 그들의 두려움을 덜어주었다.

"아직 세자가 어리니 등극하면 전권을 맡기되 장년이 될 때까지 군사권만은 내가 행사하겠다. 또 나라의 큰일은 반드시 내게 가부를 물어서 행하도록 하라."

그 말은 자신이 상왕이 되어 세자에게 현장에서 임금 교육을 시키겠다는 뜻이었다. 이는 은퇴가 아니라 더욱 무서운 군림이었다. 그러므로 양위를 더 이상 반대했다간 그것이 오히려 재앙이 될 판국이었다. 신하들의 반대가 슬그머니 잦아들었다. 세자 역시 부왕의 뜻을 알아차리고

세종이 즉위한 경복궁 근정전 충녕대군 이도는 경복궁 근정전에서 조선의 제4대 임금으로 즉위했다. 조선의 정궁이지만 임진왜란 이후 불타 없어졌기 때문에 이곳에서 즉위한 임금은 정종, 세종, 단종, 세조, 성종, 중종, 명종밖에 없다. photo ⓒ 모덕천

예의상 몇 차례 눈물로 옥새를 반려하다가 슬그머니 받아들였다.

"전하의 은덕이 하해와 같습니다."

1418년 8월 10일, 경복궁 근정전에서 국왕책봉식이 거행되었다. 드디어 충녕대군 이도가 조선의 제4대 임금으로 등극했던 것이다. 하지만 그는 아직 완전한 조선의 임금이 아니었다. 상왕 태종의 눈치를 보며 제왕수업을 받아야 하는 허수아비 임금일 뿐이었다. 그러기에 즉위 초기 세종의 앞길에는 영광보다는 엄청난 시련이 기다리고 있었다.

외척세력을 말살하라

- 세종의 장인 심온의 비극 -

　세종은 태종의 번개 같은 조치에 의해 하루아침에 세자가 되고 군왕이 되었지만, 그것은 아직 빛 좋은 개살구였다. 즉위하면서부터 국정의 대소사는 일일이 상왕인 태종에게 보고해야만 했다. 또 태종이 권력의 근원이랄 수 있는 군권을 틀어쥐고 있었으므로 자신이 능동적으로 할 수 있는 일이 별로 없었다.

　아버지 태종은 여전히 조선의 최고 책임자였고, 세종은 단지 견습임금일 뿐이었다. 당시 태종은 수성군주의 역사적 사명을 부여한 아들 세종의 앞길에 예측가능한 장애물은 남김없이 제거하겠다는 신념으로 똘똘 뭉쳐 있었다. 그러기에 상왕이 되면서부터 태종의 칼날은 더욱 엄혹해졌고, 일찍이 양녕의 후견인 역할을 했던 처가를 도륙했던 것처럼 세종을 등극시키자마자 금상의 처가인 영의정 심온의 집안을 멸문시켜버렸다.

따지고 보면 초기 세종의 권좌는 맏형 양녕의 방심과 둘째 형 효령의 한숨 속에 세워졌고, 처가 심씨 일문의 선혈로 다져진 것이었다. 세종이 조금만 감성적인 인물이었다면 이 땅에 세종대왕이란 찬란한 칭호는 존재할 수 없었을지도 모른다. 그러나 세종은 전주 이씨 가문에서 태어난 몇 안 되는 천재 가운데 한 사람이었고, 효자이며 극단적인 모범생이었다. 게다가 지독한 끈기까지 갖추고 있었기에 세종은 아버지가 원하던 수성군주로서의 역할을 110퍼센트 해낼 수 있었으리라.

물론 세종은 이중인격자도 철면피도 아니었다. 그도 보통 사람들처럼 피와 살을 가졌으며 희로애락을 느끼는 존재였다. 다만 남보다 예리하게 현실을 직시했을 뿐이다. 이런 그의 본질은 부친 태종의 유업을 달성하고 비로소 자신의 시간을 가졌을 때 적나라하게 드러난다. 훈민정음에 얽힌 집현전 학사들과의 논쟁, 내불당을 둘러싼 신하들과의 분란은 당시 온갖 병마로 피폐해진 육신의 고통을 넘어 강렬한 개성을 나타낸다. 그때서야 비로소 세종은 임금으로서, 한 인간으로서 자신이 하고 싶었던 일을 했기 때문이다.

불행의 씨앗, 강상인의 옥사

세종이 왕위에 오른 지 불과 보름 후인 8월 25일, 태종은 병조 참판 강상인과 병조 좌랑 채지지를 의금부에 하옥시켰다. 강상인은 30여 년 동안 태종을 보좌해온 최측근 무신이었다. 대체 무슨 일이 있었던 것일까? 그 빌미는 강상인이 궐내의 순찰업무를 세종에게 보고하고 상왕인 자신에게 보고하지 않았다는 것이었다. 이것은 단순한 군사문제였지만 태종이 괘씸죄를 적용한 것이었다.

수문장 교대 의식 궁성 문을 경비하는 부대와 궁성의 외곽을 경비하는 부대가 교대하는 의식이다. 호위병들의 명단을 점검하고 군호를 정하는 일은 조선시대 임금의 주요 업무 가운데 하나였다. 따라서 세종 초기 궐내 수비와 순찰 보고에 대한 재가는 병권을 쥐고 있던 태종의 업무였다. photo ⓒ 모덕천

"내가 군권을 행사하겠다는 말을 허투루 들었단 말이지. 군기를 바로 세워야겠군."

이 사건을 계기로 태종은 자신의 존재를 조정에 확실하게 각인시키고자 했다. 이때 추국 과정에서 강상인은 보고체계만 무시한 것이 아니라 인사문제에도 편법을 쓴 것이 발각되었다. 세종이 인재를 추천하라고 하자 동생 강상패를 추천해 정5품의 무관직인 사직(司直)에 임명했던 것이다. 그리고 상왕에게는 세종의 뜻이었다고 변명했다.

"거참, 벌써부터 나를 속이려 하다니 괘씸하구나."

분개한 태종은 환관 노희봉에게 명해 병조에 대대적인 감찰을 실시했다. 그동안 병조는 승정원 대언 가운데 병조 담당자인 우부대언 원숙이

관장하도록 했다. 그리하여 병조는 일순 초토화되고 말았다. 병조 판서 박습, 참의 이각, 정랑 김자온, 이안유, 양여공, 좌랑 송을개, 이숙복 등이 줄줄이 엮여 의금부에 압송되었고, 고위직인 박습과 이각을 제외한 모든 관리가 모진 고문에 시달렸다. 하지만 의금부는 그들에게서 특별한 죄목을 찾아내지 못하자 박습과 이각도 고문하겠다고 건의했다. 그러자 태종은 고개를 저었다.

"박습은 판서가 된 지 얼마 안 되니 그냥 두어라. 다만 강상인은 은혜를 저버리고 내게 거짓말을 했으니 단단히 고문하되 죽이지는 말라."

결국 이 사건은 강상인을 고향으로 내치는 선에서 마무리되었다. 그 일이 있은 이후 병조의 관리들은 상왕의 눈치를 보기에 바빴다. 급기야 세종에게 모든 군사관련 업무를 무조건 먼저 상왕에게 보고하는 형식으로 절차를 변경하자고 건의하기까지 했다.

"이제야 저들이 질서를 알게 되었군."

8월 22일, 명나라 사신 황엄이 조선에 들어왔다. 그러자 상왕은 세종에게 심온을 사은사로 추천해 명나라로 보내자고 말했다. 심온은 세종의 장인인 데다 오래전부터 황엄과 친분이 있었기 때문이다. 그리하여 9월 1일 심온은 부사 이적, 박신과 함께 명나라로 떠났다.

"심온은 귀한 신분이 되었고 힘든 일도 맡겼으니 영의정으로 임명하는 것이 좋겠소."

태종은 국구(國舅 : 임금의 장인)가 된 심온을 대접하는 듯한 제스처를 취했다. 그러자 세종은 기뻐하면서 심온을 영의정 부사로 임명했다. 이때 그는 상왕의 자상한 미소 속에 담겨 있는 날카로운 송곳을 전혀 알아채지 못했다.

당시 심온은 44세의 장년이었다. 그는 어릴 때부터 총명해서 11세 때 진사가 되었고, 대호군, 상호군 등 군부에서 경력을 쌓았다. 태종 7년 동부대언으로 중앙직에 진출한 이후 풍해도 관찰사, 대사헌, 형조 판서, 호조 판서를 역임했다. 또 한성 판윤, 의정부 참찬, 좌군 도총제, 이조 판서를 지낸 엘리트 중의 엘리트였다. 또 그의 아버지 심덕부는 개국공신으로 정종 때 좌의정을 지냈고, 그의 막내아들 심종은 태조의 딸 경선공주와 혼인했으므로 태종과는 처남매부지간이었다. 이런 그의 딸이 중전이 됨으로써 일인지하 만인지상의 지위에 오르자 장안이 온통 떠들썩했다.

"출세도 저런 출세가 없군. 그야말로 초고속 승진이잖아. 다음에는 뭐가 되려나?"

"그게 다 사위를 잘 본 덕이잖아. 이제 조정은 심씨의 손에 좌지우지 될걸."

"글쎄, 그걸 저 사나운 상왕이 가만히 두고 볼까?"

시련의 계절

1418년(세종 즉위년) 9월 19일, 세종에게 기쁜 일이 있었다. 셋째아들 용(瑢), 훗날의 안평대군이 태어난 것이었다. 의정부와 육조가 모두 축하했다. 그렇게 왕실이 경사로 들떠 있을 때 상왕전에 웅크리고 있던 태종은 내심 은밀한 계략을 꾸미고 있었다.

"지금 심온을 처내지 않으면 기회가 다시는 없으리라."

9월 22일, 태종은 지신사 하연을 불러 이야기를 나누면서 과거 참의 원숙과 나눈 이야기를 떠올렸다. 그때 태종은 자신이 양위하고도 병권을 쥐고 있는 이유가 임금 주위에 간사하고 교활한 자들이 있어 주상이 서른이 될 때까지 지켜주려는 것이라고 말했었다. 태종은 눈을 부라리며 똑같은 말을 하고 있었다.

"요즘 미련한 자들이 내가 시종들과 노닐며 여생을 보내리라 착각하고 있는 것 같다."

하연의 등에서 식은땀이 배어나왔다. 이것은 분명 사단의 조짐이었다. 그렇다면 태종이 거론한 간사하고 교활한 자는 누구인가. 그는 바로 현 임금의 장인 심온이었다.

본래 심온은 태종의 심복인 공신 하륜과 사이가 좋지 않았다. 과거에 그는 사위 충녕으로 하여금 하륜의 죄상을 임금에게 고하도록 한 적이 있었다. 또 조정에서 신료들과 함께 틈만 나면 세자의 엽색행각을 성토하곤 했다. 이에 경각심을 느낀 태종은 심온을 불러 경고하기까지 했다.

"경은 세자의 실덕을 공공연히 거론하지 말라."

이윽고 세자의 대안으로 충녕대군이 떠오르자 세간의 이목이 심온에게 향했다. 바야흐로 권력의 물꼬가 바뀌고 있는 것이었다. 충녕이 세자가 되고 보위에 오르자 심온은 국왕의 장인 겸 일인지하 만인지상의 영의정으로서 거칠 것이 없는 신분이 되었다. 그가 명나라 사은사로 한양 땅을 떠날 때 전송하는 사대부와 백성이 연도에 가득했다. 박은으로부터 그 이야기를 전해들은 태종의 눈초리가 심하게 흔들렸다.

"이 나라에 외척의 발호는 용납할 수 없다. 그건 나라를 망치는 첩경이야."

그해 11월 3일 태종은 지나간 강상인 사건을 다시 들추어냈다. 그는 조말생, 원숙, 하연 등을 불러 당시의 사건의 전모를 밝혀 강상인에게 정말 역심이 없었다면 용서하고, 역심이 있었다면 국법으로 처리하라고 명했다.

"강상인도 공신인데 대충 넘어가면 곤란하잖아. 명백하게 사건을 처리하도록!"

그리하여 단천에 있던 강상인, 고부에 있던 박습, 사천에 있던 채지지, 무장에 있던 이각 등이 한양으로 압송되었다. 국문은 11월 13일부터 시작되었다. 태종은 그들로부터 바른말을 들어야겠다며 장형을 하지 말고 곧바로 무릎을 으깨는 압슬형부터 시작하게 했다. 조선시대에 국문이란 집행자가 죄인에게 듣고 싶은 말을 하게 만드는 자리였다. 모진 고문을 이기지 못한 강상인의 입이 제일 먼저 열렸다.

"왜 너는 군사의 일을 주상에게만 아뢨는가?"

"국가의 명령은 일원화되는 게 당연하다. 그래서 상왕에게 아뢰지 않은 것이다."

"그게 아니라 네 배후를 말하라니까?"

"내게 무슨 배후가 있단 말이오?"

"네가 정말 심 아무개와 아무 관련이 없단 말이냐?"

또다시 가혹한 고문이 가해졌다. 그러자 22일 강상인의 입이 다시 열렸다.

"당시 우리는 두 임금을 경호하느라 군사를 나누는 게 몹시 번거로웠다. 그래서 심온에게 하소연한 적이 있었다."

"그래서 심온이 찬동했느냐?"

"그렇다. 이종무 대감도 수긍한 일이다. 다만 우의정 이원은 아무 말도 하지 않았다."

"역시 내가 생각한 대로다. 계속 국문하라."

국문을 지켜보던 태종은 이종무와 이원을 잡아 가두었다. 며칠 후 두 사람을 강상인과 대질시키자 이원이 소리쳤다.

"너는 왜 엉뚱한 사람을 연루시키느냐?"

"고초를 견디지 못해 그렇잖소. 당신들도 내 처지가 되어보시오."

그 말을 들은 태종은 이종무와 이원을 즉시 풀어주었다. 그들은 자신이 노리는 타깃이 아니었기 때문이다. 세종은 국문장에서 장인 심온의 이름이 거론되자 비로소 상황이 심상찮다는 것을 알았다. 그래서 상왕을 달랬다.

"그때 심온에게 무슨 사심이 있었겠습니까?"

"물론 그렇겠지요. 일단 추국을 담당한 박은의 말을 들어보십시다."

태종은 세종의 말을 가볍게 흘려버린 다음 좌의정 박은을 불렀다. 하지만 그는 병을 핑계로 국문장에 들어오지 않았다. 그는 상왕이 자신에게 무엇을 원하는지를 잘 알고 있었다. 총대를 메라는 것이었다.

"내참, 고래 싸움에 새우등 터질 일이로군. 나더러 어쩌란 말이냐."

이런 박은의 심사를 아는지 모르는지 태종은 계속 교지를 보내 그의 입궐을 재촉했다.

"에라, 모르겠다. 우선 내가 살고 봐야겠다."

박은이 태종의 처소인 수강궁으로 들어가 배알하는 자리에 세종도 있었다. 그 자리에서 박은은 태종의 요구대로 심온을 탄핵해야만 했다.

이미 그는 태종과 한 배를 탄 것이다.

"심온은 국구로서 자중하지 않고 이전부터 권력을 휘둘렀습니다. 제 친척 이계주에 따르면 그의 사위이며 전하의 동서인 유자해가 경복궁에 서 소신을 상왕의 사람이라 하여 물러나라고 했다 합니다. 이는 분명 상왕 전하를 욕보이는 행위가 아닐 수 없습니다."

그러자 세종은 고개를 갸웃거렸다.

"이상하구려. 내가 등극했을 때 그대는 심온의 형제들과 사위 유자해 의 승진을 건의하지 않았소? 그런데 유자해가 그대를 내치려 했다니 믿 을 수 없는 일이오."

"……."

날카로운 세종의 지적에 박은은 꿀 먹은 벙어리가 되었다. 태종 앞에 서 세종에게 잘 보이려고 했던 일을 들킨 것이다. 하지만 태종은 모른 척하며 세종을 밀어붙였다.

"주상, 박은을 겁박하지 마시오. 그의 말대로라면 심온은 분명 역모 로 다스려야 마땅할 것이오."

"불가합니다, 전하. 이는……."

"시끄럽소. 내가 한다면 하는 게지, 뭔 말이 많아."

태종은 세종의 입을 강제로 틀어막은 다음 심온의 동생 병조 판서 심 정을 잡아오라고 명했다. 본격적으로 심씨 일문에 대한 공격이 시작되 었던 것이다. 영문을 모르고 잡혀온 심정은 참혹한 고문 끝에 있지도 않은 역모를 토설하고 형장의 이슬로 사라졌다. 이어서 심씨 일문의 가 솔들이 줄줄이 잡혀 들어왔다.

이미 채찍을 집어든 태종은 앞뒤 돌아보지 않고 사방을 내리쳤다. 그리하여 수많은 사람들이 형장의 이슬로 사라지고 심온의 아내이자 세종의 장모인 안씨 부인은 의정부의 여종이 되었다. 실로 가혹한 일이었다.

멸문지화

한편 명나라에 갔던 심온은 조선 땅에서 벌어지고 있는 끔찍한 사태를 상상도 하지 못한 채 귀국길에 올랐다. 11월 25일 상왕 태종은 전의감 판사 이욱을 의금부 특사로 임명해 의주에 가서 압록강을 넘어오는 심온을 체포하라고 명했다. 그리곤 박은을 불러 물었다.

"강상인과 심온을 대질심문해야 되는 것이 아닌가?"

"장난하십니까? 어서 강상인을 처형하십시오."

이른바 살인멸구(殺人滅口)였다. 당일 강상인은 백관이 지켜보는 가운데 거열형을 당했고, 박습은 참수되었다. 그런데 며칠 후 유정현과 박은, 이원 등을 부른 태종은 엉뚱한 말을 꺼냈다.

"역사를 돌이켜보면 임금은 역시 잉첩을 많이 두는 것이 좋은 것 같소. 지난해 내가 예관의 청으로 서너 명의 잉첩을 들였는데, 그들의 아버지인 권홍 · 김구덕 · 노귀산 · 김점 등이 왕실 대하는 태도가 다른 신하와는 아주 다르더이다. 지금 주상이 정궁에게 세 아들을 얻었지만 왕실을 위해서는 많으면 많을수록 좋지 않겠소?"

"지당하신 말씀입니다. 이번 기회에 전하께 잉첩을 두세 명 들이도록 청하겠습니다."

"이 일은 주상에게 허락받을 일이 아니오. 내가 알아서 할 것이오."

말을 끝내기가 무섭게 태종은 예조에 명하여 가례색(嘉禮色)의 제조와 별좌를 선임하게 했다. 이때 박은 등이 상왕을 물끄러미 바라보며 말했다.

"전하, 이 마당에 중궁을 그대로 둘 수는 없습니다."

"……."

태종이 별다른 대구를 하지 않자 박은은 입을 다물었다. 그는 호랑이 같은 상왕이 무슨 생각을 하고 있는지 감을 잡을 수가 없었다. 잠시 후 의금부에서 수강궁에 들어와 중궁을 폐하라는 상소를 올렸다. 그러자 태종은 고개를 저었다.

"평민의 딸도 시집을 가면 본가의 죄에 연좌되지 않는 법이다. 하물며 지금 심씨는 국모의 자리에 있는데 어찌 폐출 운운하는가."

그러자 조말생과 원숙, 장윤화 등이 거듭 청했다.

"법대로 한다면 전하의 말씀이 맞습니다. 하지만 주상의 처지에서 생각해보십시오. 심온은 부왕의 원수이니 어찌 중궁에 놓아둘 수 있겠습니까?"

하지만 태종은 반대의 뜻을 명확히 했다.

"과거 민씨 형제도 불충했지만 내게 새 왕비를 세우자고 한 사람이 하나도 없었다. 그런데 지금 왜 이러는가. 혹시 오해한 모양인데, 나는 순수하게 주상에게 잉첩을 더해주려는 것이다. 너희는 제발 내 뜻을 넘겨 짚지 말라."

12월 22일에 한양으로 압송된 심온은 온갖 국문을 당하면서 역모 혐의를 인정하라고 종용받았다. 이윽고 모든 사정을 알게 된 심온은 웃었다. 웃을 수밖에 없는 일이었다.

"허허, 상왕의 처사가 너무 심하구나. 충신의 피로 일국의 백년대계

청천부원군 심온의 사당 안효사 세종은 아내 심씨에 대한 사랑이 각별했으나 공과 사를 철저히 구분할 줄 아는 인물이었다. 부왕의 결정을 존중해서 자신의 치세 동안 끝내 심온을 신원하지 않았고, 천민이 된 장모 안씨는 태종이 죽고 4년이 지나서야 겨우 복권시켰다. photo ⓒ 모덕천

를 도모하겠다니……. 이런 상왕을 모시고 있는 주상과 내 딸이 걱정
이로구나. 망상에 사로잡힌 상왕은 그렇다 쳐도 다 알면서 그 장단에
춤을 춘 박은은 도저히 용서가 되지 않는구나. 앞으로 청송 심씨 일문
은 박씨 성을 쓰는 자들과는 결단코 혼인하지 말라."

모든 것을 포기한 심온은 이런 유언은 남기고 사약을 받았다. 그렇게
시신이라도 온전히 보전할 수 있도록 한 것이 태종의 온정이라면 온정
이었다.

그날 세종은 소헌왕후 심씨와 부둥켜안고 창덕궁 내전에서 통곡했다.

눈물을 흘리다 지친 중전은 급기야 혼절하고 말았다. 그녀는 한동안 미음조차 삼키지 못했다. 세종은 눈앞이 아득했다. 사랑하는 아내의 고통, 그 원천은 아버지가 벌인 혈겁이었다. 그 비극의 구실에 자신이 있었다.

'아아, 옥좌가 이렇게 무서운 자리였던가. 어쩌면 큰형은 이런 참변을 예상하고 미리 도망쳤던 것일까. 언제쯤 내가 진정한 왕이 되어 중전의 눈물을 씻어줄 수 있을까.'

대마도를 정벌하라

- 풍운아 태종의 한풀이 -

건국 초기 조선은 해안지역에 수시로 출몰하는 왜구에 능동적으로 대처할 만한 여유가 없었다. 왜구는 주로 5월에서 8월까지 집중적으로 침입해왔는데, 태조 때만 모두 26회나 되었다. 어수선했던 창업 초기, 태조 이성계는 왜구로 인해 나라의 안정이 흔들리자 일본의 막부와 구주지방의 탐제, 조선을 왕래하던 서부 일본의 영주들에게 사신을 보내 도움을 요청했다. 하지만 척박한 땅 대마도에 근거지를 둔 왜구들에게는 막부의 영도 먹혀들지 않았다.

"우리가 먹고사는 법은 노략질밖에 없단 말이야. 피곤하면 식량을 대주든가……."

이 때문에 조선 조정은 해안과 도서지역을 비워놓는 미봉책으로 일관할 수밖에 없었다. 그러나 일본과의 무역이 활발해지고 관계가 유연해진 태종 대에 이르러서는 본토의 왜인들을 귀순시켜 조선 땅에 정착하

〈초량왜관도〉 1407년 일본인이 장사를 할
수 있도록 동래(현재의 부산)지역에 일본인
거주구역인 왜관을 설치했다. 이곳은 조선
내 일본 영사관이자 무역 센터라고 할 수 있
다. 왜관 건물 56동의 위치와 모습을 정확
하게 그린 변박의 그림을 통해 당시 모습을
엿볼 수 있다.

도록 하고, 대마도주 종씨(宗氏) 같은 경우에는 수직(受職) 왜인이라 하여 명예 관직을 주어 회유했다.

당시 항왜(降倭)[18]는 경상도 땅에만 2,000여 명이었다. 그 외에도 무역선인 흥리선을 타고 와 장사하는 흥리(興利)왜인들이 많았다. 1407년, 조정에서는 흥리왜인들에게는 본토의 여행증명서인 노인(路引)을 소지하도록 하고, 지정된 장소에서만 장사할 수 있게 했다. 또 왜선은 경상도 수군 만호가 있는 부산포와 내이포에만 머물도록 했다. 1418년에는 대마도주 종정무가 죽자 조위사를 파견해 조문하기까지 했다.

이런 유화책에도 대마도를 근거지로 한 왜구의 발호는 계속되었고, 조선의 해안 마을은 사람이 살 수 없는 땅이 되었다. 이 문제로 중신들이 애를 태우자 갓 즉위한 세종은 엉뚱한 대책을 내놓았다.

"각 포구의 전함을 폐지하고 육지만 방어하도록 합시다."

"그랬다간 장차 왜구들이 떼로 몰려와 도성을 포위하게 될 겁니다."

세종의 섣부른 의견에 판부사 이종무가 강력하게 반대했다.

"그건 판부사의 말이 옳소. 더욱 근본적인 대책이 필요하오."

상왕 태종은 이종무의 손을 들어주었다.

도두곶 사건

1419년(세종 1년) 5월 7일, 충청도 관찰사 정진이 조정에 급보를 보내왔다.

"이틀 전인 5월 5일 새벽, 왜구의 배 50여 척이 비인의 도두음곶에 침입해 병선 7척을 탈취하고 병사들과 민간인을 학살한 다음 물러갔습니다."

"이건 규모가 평소와 다르다. 서둘러 대책을 세워야겠다."

조정에서는 급히 상왕 태종의 주재로 군사회의가 소집되었다. 그와 함께 경기 · 충청 · 황해도 등 서해에 면한 각 지방의 수령과 수군에 총경계령을 내렸다. 그런데 5월 13일에 황해도 관찰사 권담의 급보가 이어졌다. 왜구들이 38척의 배를 끌고 연평곶에 침입해 이사검이 지휘하는 조선 수군을 포위하고 식량을 내놓으라고 협박했다는 것이다.

"중국으로 가던 길에 식량이 떨어졌다. 양식을 주면 곧 물러가겠다."

"너희가 여드레 전 도두음곶을 친 무리인가?"

"우리는 조선군이 먼저 싸움을 걸어와서 응한 것일 뿐이다."

이때 병력이 턱없이 열세였던 조선 수군은 도저히 왜구들과 맞설 수 없었다. 그래서 이사검은 그들을 잠시 달랠 요량으로 쌀 5섬과 술 10병을 내주었다. 그러자 왜구들은 병사들을 인질로 붙잡고 협박했다.

"지금 장난하는가. 이걸로 우리가 어떻게 배를 채우란 말이냐."

이사검이 쌀 40섬을 더 내주자 왜구들은 이전의 인질들을 풀어주고 새로 간 병사들을 다시 인질로 삼았다는 내용이었다. 구체적인 상황을 보고받은 태종은 다시 군사회의를 열고 세종과 좌의정 박은, 우의정 이원, 허조, 유정현 등과 함께 왜구문제를 논의했다. 이때 최초로 대마도 정벌론이 대두되었다.

"왜구들의 본거지는 대마도이다. 지금 저들이 모두 빠져나와 비어 있을 테니, 기습해서 터전을 없애버리는 것이 어떨까?"

"험한 바다를 건너 대마도를 치는 것은 모험입니다."

"차라리 거제도에서 매복했다가 돌아가는 왜구들을 섬멸하는 편이 낫습니다."

"우리 조선군의 사기는 막강합니다. 두려워할 게 무엇이겠습니까."

대부분의 신하들이 대마도 정벌에 반대했지만 병조 판서 조말생만이 태종의 의견에 전폭적으로 찬성했다. 그러자 태종이 최종 결정을 내렸다.

"지금 저들의 버릇을 고쳐놓지 않는다면 앞으로도 우리는 괴로운 형세를 벗어날 수 없게 된다. 과거 한나라가 흉노를 만만히 대했다가 큰코 다친 일을 상기해보라. 왜구들이 서해안을 떠돌고 있는 이때가 좋은

〈여지도〉에 그려진 대마도 세종 대의 정벌 이후 대마도는 임진왜란 때 왜군의 보급 전진기지로 이용되기도 했다. 섬 전체가 산으로 이루어져 있어 농작이 어렵고, 군사가 오랫동안 주둔하기 어려운 지형이라 다른 나라의 간섭을 받지 않았고, 조선과 일본의 중립지역과 같은 역할을 했다. 국립중앙도서관 소장.

기회다. 당장 대마도를 공격함과 동시에 거제도에 매복해서 돌아가는 왜선들을 불태워버리도록 하라."

"본토에서 전면전으로 오해하면 어떻게 하지요?"

"일본 막부에 사신을 보내 결코 본토를 치는 것이 아니라는 것을 설명하면 된다. 저들은 현재 여러 군벌로 나뉘어 우리와 정면 대결할 능력이 없다."

상왕의 명이 떨어지자 번개처럼 대마도 정벌군이 구성되었다. 장천군 이종무가 최고 지휘관인 삼군 도체찰사 겸 중군 도절제사에 임명되고 좌군 도절제사로 유습, 우군 도절제사로 이지실이 임명되었다. 이종무 휘하에는 우박·이숙묘·황상, 유습 휘하에는 박초·박실, 이지실 휘하에는 김을화·이순몽이 각각 절제사로 포진했다.

전군의 지휘를 맡은 이종무는 전라도 출신으로 과거 왜구 토벌에 많은 공을 세운 장수였다. 1397년 웅진 전투에서 공을 세워 첨절제사가 되었고, 상장군이던 1400년(정종 2년)에 제2차 왕자의 난이 일어나자 정안군의 편에 서서 이방간의 군사를 제압함으로써 좌명공신이 된 태종의 심복 중의 심복이었다.

"내 마음을 제일 잘 아는 당신에게 정벌군의 총수를 맡기니 좋은 결과를 가져오도록."

5월 20일, 태종은 영의정 유정현을 삼도 도통사, 의정부 참찬 최윤덕을 삼군 도절제사로 임명해 조정과 원정군의 연락 조정업무를 담당할 전략지휘부를 구성했다. 드디어 전함 227척, 군졸 1만 7,285명이 8도에서 속속 거제도로 집결했다. 디데이는 6월 8일, 출항지는 훗날 충무공 이순신이 왜군에 대승을 거둔 견내량이었다.

원정 준비로 부산한 가운데 5월 23일 백령도에서 조선군과 왜구와의 충돌이 있었다. 근해를 지나던 왜선을 발견한 장수 윤득홍이 병선 두 척을 이끌고 공격하자 예전에 대마도주의 부하였다가 귀화한 충청도 조전병마사 평도전이 병선 두 척을 이끌고 합세했다. 결국 조선 수군은 왜구의 병선 한 척을 나포하여 60여 명의 왜구 가운데 16명의 목을 자르고 26명을 포로로 잡았다. 나머지는 물에 빠지거나 도망쳐버렸다. 대승을 거둔 조선 수군은 환호성을 질렀다.

"왜구들이 단병접전에 능하다더니 별 게 아니군."

그 무렵 일본 구주에서 사신이 왔다. 그러자 태종은 유정현에게 명해 구주 사신에게 대마도 정벌의 뜻을 은밀하게 전했다.

"우리는 해적 소굴을 치는 것이니 오해하지 마시오."

태종은 그와 함께 사전에 정보가 새어나가지 않도록 예비검속을 명했다. 그리하여 삼도 도통사 유정현은 조선의 해안 포구에 머무르고 있던 왜인들을 모조리 잡아들였는데, 경상도 355명, 충청도 203명, 강원도 33명이었다. 그러자 왜인들이 몹시 동요했다.

"아무 죄도 없는 우리를 왜 잡아 가둔단 말이오?"

"시끄럽다. 너희는 다 대마도 출신들이잖아."

6월 1일, 창원 내이포에 당도해 군대를 사열한 최윤덕은 그곳에 격리 수용 중인 왜인 가운데 관가를 협박하고 행패를 부린 자를 가려 21명을 참수해버렸다. 이때 평도전의 아들 평망고도 죽음을 당했다. 앙심을 품은 평도전은 조정의 정보를 대마도에 흘렸다가 체포되어 평양으로 압송되었다.

"조선에 귀화하면 잘살게 해준다더니 이게 무슨 꼴이냐?"

6월 13일, 조정에서는 이들 왜인의 처리문제가 도마 위에 올랐다. 부녀자 이외에 모두 죽이자거나 건장한 남자만 골라 죽이자는 강경론과 순종하지 않은 왜구만 죽이자는 온건론이 팽팽히 맞섰다. 이에 태종은 20세 이하의 재주 있는 자는 조정 신하의 노비로 주고, 나머지는 각 관아의 노비로 삼았다.

승전과 패전 사이

"전군, 출항하라!"

6월 17일, 거제도에 집결한 조선군은 이종무의 지휘에 따라 일제히 닻을 올렸다. 그런데 큰 바다에 나가자 역풍이 불었다. 하는 수 없이 전군은 뱃머리를 돌려 거제도의 주원방포로 돌아왔다가 바람이 잡힌 19일에 다시 진격했다.

이튿날 정오 무렵 조선 수군의 배가 대마도에 다다랐다. 멀리 수많은 군선이 나타나자 대마도의 왜인들은 노략질 나간 동료들이 들어오는 줄 알고 잔치 준비로 분주했다. 그곳은 두지포, 일본어로 쓰치우라(土浦)라는 곳으로 대마도에서 가장 규모가 큰 항구였다. 번개처럼 해변으로 짓쳐가 닻을 내린 조선군은 벌떼처럼 배에서 쏟아져나가 왜구들을 공격했다.

"왜구들을 남김없이 섬멸하라!"

깜짝 놀란 왜구들은 잠깐 저항하다가 산속으로 도주했다. 그때부터 이종무는 본격적으로 토벌작전을 개시했다. 곧 왜구의 배 129척을 빼앗아 조선 수군이 사용할 수 있는 배 20척을 제외하곤 모조리 불살라버렸다. 또 가옥 1,939채를 불태웠고, 114명의 왜구를 죽였으며, 21명을 생포했다.

"전하, 기뻐해주십시오. 원정군이 대승을 거두었습니다."

열흘 후인 6월 29일 조정에 승전보가 전해졌다. 태종은 기뻐하면서
도 곧 불어닥칠 태풍을 염려했다.

"그만하면 되었으니 지휘관이 알아서 귀환토록 하라."

그날도 정벌군은 병사들을 상륙시켜 가옥 68호, 배 15척을 불태우고
왜구 아홉 명의 목을 베었다. 하지만 왜구들의 저항도 만만치 않았다.
그들은 지형에 밝은 이점을 이용해 좌군 절제사 박실의 부대를 강악산
의 험지로 끌어들인 다음 일시에 맹공을 가했다.

갑작스런 공격에 당황한 조선군은 우왕좌왕하다가 군사 100여 명이
전사했다. 박실은 급히 안전한 곳으로 후퇴해 전열을 정비했지만 왜구
들의 계속되는 게릴라 작전으로 인해 전사자가 속출했다. 큰 피해를 입
은 조선군은 눈을 부라리고 왜구들을 찾았지만 그들은 산속에 숨어 좀
처럼 모습을 드러내지 않았다. 이때 대마도주 종정성이 이종무에게 사
신을 보냈다.

"그만하면 승리한 것 아닙니까. 7월이면 해협의 풍랑이 거세지니 부
디 군사를 보전하십시오."

"이 작자가 우리를 희롱하는구나."

이종무는 분개하며 탐색을 거듭했지만 아무런 소득이 없었다. 시간
이 흘러감에 따라 조선군은 점차 불안해졌다. 태풍도 걱정이었고, 노략
질 나갔던 왜구의 대 선단이 돌아오면 대규모 충돌을 피할 수 없었다.

"그래, 이겼으니 돌아가자. 전하께서도 만족하실 것이다."

결국 이종무는 결단을 내리고 7월 3일 거제도로 회군했다. 이런 대규

모 작전이 있었지만, 이후에도 왜구의 조선 연안 침탈은 그칠 줄을 몰 랐다.

그해 7월 초, 왜구들이 안흥량에 들어와 공물을 운반하는 공선 9척을 빼앗아 대마도로 도주했다. 또 왜구의 선박 수십 척이 황해도 소청도 근처에 출몰해 조정을 긴장시켰다. 이에 박은이 상왕에게 다시 대마도 정벌을 건의했다.

"저들이 아직 정신을 못 차린 모양입니다. 다시 본때를 보이십시오."

그러자 우의정 이원이 반대했다.

"지난번 원정을 준비하느라 얼마나 힘들었는데 그 짓을 또 하란 말입 니까?"

"맞습니다. 그들을 섣불리 건드렸다간 우리 자존심에 먹칠을 하게 됩 니다."

유정현이 이원의 견해에 동조하면서 지난 정벌에서 우리 병사가 180명이나 전사했음을 상기시켰다. 그러자 재정벌의 목소리가 쑥 들어 갔다.

"그러고 보니 우리 군의 피해가 상상 외로 컸군."

새삼 경각심을 느낀 태종은 대마도주 종정성에게 편지를 보내 항복을 종용했다. 이대로 계속 왜구가 조선 땅을 위협하면 다시 정벌해서 여자 와 아이들까지 모두 죽여버리겠다는 협박도 곁들였다. 그러자 종정성 이 응수했다.

"그럼 항복할 테니 대마도를 조선에 예속시켜주시고 식량을 지원해 주십시오."

그 제안에 조선 조정은 입장이 매우 곤란해졌다. 일본 본토의 막부에

서 어떻게 대응할지 알 수 없었던 것이다. 그때까지 대마도는 일본의
영토였다.

"그래, 일단 저들의 항복 조건을 받아들이자. 본토와 분쟁이 생기면
그때 해결하도록 하자."

그렇게 해서 1420년(세종 2년) 조선에서는 대마도를 경상도에 예속시켰
다. 이후 대마도주는 이전처럼 조정에 입조하지 말고 경상도 관찰사에
게 제반 사항을 보고하도록 했다. 그와 함께 동래의 부산포와 웅천의
내이포, 울산의 염포 세 항구를 개방하고 대마도주에게 인(印)을 내려주
어 홍리왜인이나 사신이 들어올 때 증표로 삼도록 했다. 그로써 대마도
정벌의 모든 절차가 끝났다.

결과적으로 보면 이종무의 대마도 정벌은 실패한 국지전이었다. 왜
구 100여 명을 벤 대가로 조선군 200여 명의 사상자를 냈으니 말이다.
다행이라면 이때의 교섭으로 왜구의 침략은 줄어든 대신 일본과의 교역
이 부쩍 늘어났다는 점이다. 기실 그렇게 억지 승전으로 마무리 지은
대마도 정벌은 북벌을 꿈꾼 정도전에 대한 태종의 자격지심 때문에 벌
어진 일이 아니었을까 싶다.

"삼봉, 당신은 북벌을 기획하다 말았지만 나는 남벌에 성공했다."

조선 창업의 기수 잠들다

- 진정한 세종시대의 개막 -

    조선의 제3대 임금 태종은 18년 재위 기간 동안 왕조의 기틀을 잡고
자 노력했다. 고려 말의 피폐해진 국가 재정을 정비하고, 국왕 중심의
정치체제를 확립하며, 각종 법령을 정비하는 데 심혈을 기울였다. 하지
만 조정에 문치의 기운이 확고히 자리 잡지 못했고, 건국공신들과 자신
의 등극에 공을 세운 무인들의 입김도 거셌다.

    태종은 조선을 반석 위에 올리려면 후계자에게 강력한 왕권을 물려주
어야 한다고 믿었다. 그리하여 자신의 처가는 물론이고 오랫동안 세자위
에 있던 양녕대군과 그의 추종세력, 사돈 심온까지 모조리 제거해버렸
다. 총애하던 신하 황희조차 그와 같은 이유로 내쳤다. 세종 초기 상왕으
로 군림하면서 무소불위의 칼날을 휘두른 것 역시 그 때문이었다.

    "밭은 내가 다 갈아놓았으니까 이제 네가 씨 뿌리고 거두는 일만 남
았다."

낙천정 낙천정은 태종 만년의 휴양지로 지금의 옥수동 한강변에 있다. 변계량이 지은 〈낙천정기〉에 따르면 이 정자는 태종의 명에 의해 지어졌고, 좌의정 박은이 '태종께서 나라를 세운 뜻(天)'과 '동쪽 강 언덕에서 노는 즐거움(樂)'이란 뜻으로 이름을 지었다고 한다. 훗날 세종은 둘째 딸 정의공주에게 이 정자를 하사했다. photo ⓒ 모덕천

이렇듯 태종은 신료들에 대한 단속은 자기 손으로 끝맺었지만 혈족에 대한 처리는 세종에게 미루어두었다. 그리하여 세종은 즉위하자마자 과거 제2차 왕자의 난에 연루된 숙부 방간에 대한 처리문제에 봉착했다. 1418년 10월 12일, 대사헌 허지는 미루어두었던 왕족 처리를 상주했다.

"이방간을 비롯해 그에 연루된 이들을 모두 죽이십시오."

"상왕께서 20년 가까이 놓아두신 일을 내가 어찌 건드릴 수 있단 말이오?"

세종은 더 이상의 골육상쟁을 원치 않았던 것이다. 그러자 사헌부와 육조에서 상소가 잇달았다. 이것은 어떤 면에서 임금 길들이기였다. 하

지만 쇠고집 세종은 끝내 신료들의 뜻을 받아들이지 않았다. 오히려 신료들이 껄끄러워하는 양녕대군과 효령대군을 수시로 궁에 불러들였다.

"수신제가치국평천하(修身齊家治國平天下)라 했소. 내가 형님들을 모시지 않는다면 누가 나를 대접하겠소?"

한때 마음의 경쟁자였던 형님들이지만, 이제는 자신이 평생 지켜주어야 했다. 신하들에게 떠밀려 아버지처럼 손에 혈육의 피를 묻힐 수는 없었다. 세종은 아버지 태종에게도 효성을 다했다. 종종 태종을 모시고 낙천정에 올랐고, 동대문 밖 교외에 나가 매사냥을 즐기기도 했다.

"아버지, 이제 국사를 잊으시고 편안히 여생을 보내세요."

그런 세종의 정성이 통했음인가. 1421년(세종 3년) 상왕은 제1차 왕자의 난 때 죽은 개국공신 남은과 이제를 태조의 묘에 공신으로 배향하자고 제안했다. 남은은 정도전과 함께 방석을 보위하면서 이방원을 제거하려 했던 대표적인 인물이었다.

"안 됩니다. 그들은 상왕 전하를 죽이려 한 역도입니다."

"어쨌든 그들은 태상왕을 도와 나라를 세운 공이 크다."

"그럼 상왕 전하를 보위했던 저희는 뭐가 됩니까."

변계량이 극렬히 반대했지만 상왕은 요지부동이었다. 그러자 박은이 은밀히 그를 설득했다.

"그토록 전하의 마음을 모르시겠소? 이제 떠날 준비 하시는 거요."

결국 태종의 뜻이 관철되었다. 세종은 이듬해 1월 남은과 이제에게 시호를 내리고 태조의 묘에 배향했다. 또 성주에서 귀양살이를 하고 있던 민무휼의 장인 이직을 한양으로 불러 올렸고, 민씨 형제와 연루되어 귀양 가 있던 동서 노한도 풀어주었다. 2월에는 양녕대군을 변호하다

헌릉 태종과 원경왕후가 잠들어 있는 헌릉. 당찬 여장부였던 원경왕후는 태종과의 갈등과 불화에 따른 정신적 후유증 때문인지 세종 2년에 남편 태종보다 두 해 먼저 세상을 떠났다. 지금은 나란히 누워 권력의 무상함을 곱씹고 있는 것은 아닐까? photo ⓒ 모덕천

태종의 노여움을 사 남원에 귀양 가 있던 황희를 사면했다.

1422년(세종 4년) 4월 1일, 태종과 세종은 철원의 고석정 근처로 사냥을 나가 노루와 멧돼지를 잡았다. 11일에는 풍양궁에 행차하고, 이튿날에는 포천 영평에 들렀다가 사흘 뒤에 환궁했다. 22일에는 또 동대문 밖 교외에서 함께 매사냥을 하고 환궁했다.

"아, 인생이 봄날의 꿈과 같구나."

그날부터 태종은 병석에 눕더니 5월 10일 56세를 일기로 숨을 거두었다. 천하를 질타하던 고독한 영웅의 최후였다.

2부
조선의 마스터플랜을 세우다

어짊으로 나라를 다스린다

- 세종의 통치 철학 -

　1418년 8월 11일, 세종은 근정전에서 반포한 즉위교서에서 '시인발정(施仁發政)', 곧 군림하는 것이 아니라 '어짊으로 나라를 다스리겠다.'는 통치 이념을 천명했다. 태조 이성계로부터 선대 태종에 이르기까지 조선의 정치가 개혁의 바람을 타고 있었다면, 이제부터는 적극적인 덕치를 펼침으로써 국가의 안정을 이룩하겠다는 선언이었다.

　"나는 상쟁이 아니라 상생의 시대를 열겠다."

　세종의 첫 행보는 대사면이었다. 물론 이전에도 왕이 등극이나 나라의 경사, 또는 천재지변 등이 있을 때 대대적인 사면을 통해 국면의 전환을 꾀하려는 시도는 많았다. 그런데 세종은 재위 기간 동안 이전 정권과는 비교할 수 없는 무려 250여 회 이상의 사면을 행했다. 피로 얼룩진 상쟁의 시대를 넘어 화합의 시대를 이끌기 위한 노력으로 보인다.

　세종은 즉위교서를 반포하면서, 즉위일 이전의 사건은 모반대역이나 조부모나 부모를 때리거나 죽이거나 한 죄, 처첩이 남편을 죽인 죄, 노비가 주인을 죽인 죄, 독약을 쓰거나 귀신에게 저주하게 하는 등 고의로 꾀를 내어 사람을 죽인 죄를 제외하고는 모조리 사면하는 특혜를 베풀었다. 여기에는 이미 발각이 된 것이나 안 된 것이나 이미 판결된 것이나 안 된 것이나를 불문하고 모두 용서하되, 강도만은 예외로 했다. 그리고 사면의 특지를 내리기 이전의 일로 고발하는 자가 있으면 그 사람을 그 죄로 다스리겠다고 선언했다.

"어쨌든 한번 용서한 죄는 되물리지 않겠다. 모두 나와 함께 새출발을 하자는 뜻이다."

그해 11월 9일, 세종은 두 번째 대사면령을 내렸다. 이는 전날인 8일 상왕 태종에게 봉숭례(封崇禮)를 행하고 성덕신공상왕(聖德神功上王), 어머니 원경왕후에게 후덕왕대비(厚德王大妃)란 존호를 올린 기념이었다. 하지만 불과 두 달 만의 사면령이었으므로 그것은 일종의 전시효과였다.

"나는 앞으로 백성의 편에 서서 정사를 펼치겠다."

물론 세종은 잦은 사면이 정상적인 통치에 해롭다는 것을 잘 알고 있었다. 그러나 당시 조선은 통치체제나 법령이 미비해 억울한 죄를 뒤집어쓴 백성이 많았다. 덕치를 앞세운 세종으로서는 이런 현실을 외면할 수 없었을 것이다. 그리하여 교서에는 이 사면이 '신서(臣庶)에게 인(仁)을 베푸는 것'이라고 분명히 적시하고 있다. 하지만 당시 지방 수령들은 이런 사면령이 적용되는 한계가 어디까지인지 몰라 허둥대는 일이 많았다.

"거참, 죄인들 죄다 풀어주라는 거야?"

세종의 정치 수업

경상도 함안에서 한 농부가 아버지를 살해하려다 발각되어 체포되었다. 재판 결과 대명률(大明律)에 의거 사형을 기다리고 있었는데 새 임금이 등극하면서 사면령이 떨어졌다. 그런데 이 죄는 사면불가의 요건에서 아슬아슬하게 빗나갔다. 아버지를 때리거나 죽인 것이 아니라 미수에 그친 것이다.

"이런 자도 살려줘야 합니까?"

수령이 임금에게 상주했다. 세종도 머리가 아팠다. 누가 봐도 그자는 패륜아였다. 하지만 자신의 말을 스스로 뒤집을 수는 없었다.

"사면령이 이미 반포되었다. 영대로 처결하라."

그러자 사헌부에서 따지고 들었다.

"이런 일은 앞으로 무수히 생길 겁니다. 대체 어쩌려고 그러십니까?"

답이 옹색해진 세종은 이 문제를 의정부와 육조에서 상의하게 했다. 과연 신료들 사이에서도 의견이 분분했다.

"사면되지 않는 범죄의 예를 기록하여 행하는 것이 좋겠습니다."

"이번에 강도짓을 하여 장형을 받을 자가 면죄되지 않은 것처럼, 아내가 남편에게, 종이 주인에게, 자식이 아버지에게 지은 죄는 비록 사형감이 아니더라도 면죄해서는 안 됩니다."

"사형 받아 마땅할 자들도 용서받았는데 장형에 처한 자가 면죄되지 않는다면 행형의 형평성에 커다란 문제가 생깁니다."

사면에 대해 신료들 사이에 논쟁이 벌어지니 해가 저물도록 결론이 나지 않았다. 결국 세종이 마무리를 지었다.

"자식이 아버지에게, 아내가 남편에게, 종이 주인에게 대한 것과, 말로써 저주하여 사형에 처할 죄는 사면하지 않도록 합시다."

그러자 좌의정 박은이 이의를 제기했다.

"사람을 모살하려다가 미수에 그친 죄인들을 모두 사면함은 옳지 못합니다."

"어쩌겠소. 그 죄가 사면의 조항에 들어 있잖소?"

그러자 이원이 말했다.

"그건 전하의 말씀이 맞습니다만, 모살이란 것이 여럿이 함께 살인을 모의한 것이니 실로 중죄입니다. 단지 누군가를 죽이고 싶어한 것이 아니란 것이지요."

"거참, 어렵군요. 이런 것은 법에 없단 말이오?"

세종은 몹시 답답해 했다. 그 이야기를 전해들은 태종은 혀를 찼다.

"쯧쯧, 그런 일은 사면령을 내리기 전에 의논해야 할 일이 아닌가. 앞으로 하륜이 지은 법전을 상고하도록 하라."

이처럼 즉위 초기의 세종은 설익은 모습을 도처에서 드러내고 있었다. 애당초 태종은 이런 상황을 예상했기에 상왕으로서 모든 정사에 간여하면서 풋내기 세종을 조련시키려 했던 것이다. 당시 세종은 당당하게 시인발정이라는 슬로건을 내세웠건만 아직 그것을 시현할 만한 경험이 부족했다. 그러나 총명한 세종은 금세 제자리를 찾아갔다.

그해 10월 4일, 형조에서 안주에 사는 백성 임부개의 죄상을 상주했다. 그는 어머니와 소를 가지고 다투다가 어머니의 목을 매어 끌었는데, 누이동생이 따지고 들자 아우 임정, 임원과 함께 모의하여 그녀를 때려 죽였던 것이다.

"참으로 인간 말종이로군. 임부개를 저잣거리에서 환형에 처하고 임 정과 임원을 참수토록 하시오."

조선에서 역모나 극형에 관련된 죄는 임금이 직접 처결하게 되어 있 었다. 그에 따라 세종은 명쾌하게 사형을 언도했다. 세종은 삼강오륜을 어긴 죄인이라면 그 어떤 관용도 베풀지 않았다. 3년 후에 터진 정안지 사건에 대한 세종의 태도 또한 단호했다. 어느 날 공신의 자식이었던 정안지는 친구인 임군례에게 불만을 털어놓았다.

"상왕이 공신의 후손들은 홀대하면서 제 후궁의 친척들에게만 벼슬 을 주니 한심하지 않은가."

얼마 뒤 조정에 그 말이 알려지자 정안지는 자수해 죄를 자백했다.

"불평을 늘어놓을 만한 일이니 덮어두는 게 좋겠다."

그렇게 상왕 태종은 정안지를 용서하려 했다. 하지만 세종의 처결은 단호했다.

"그를 살려주면 앞으로 군왕을 우롱하는 자가 많아질 것입니다."

세종은 즉시 정안지를 사형에 처한 다음 가산을 적몰하고 처자를 노 비로 삼았다. 하지만 그 외에 연좌된 사람들은 죄다 용서해줌으로써 법 의 엄정성을 확보함과 동시에 군왕의 덕을 내보였다. 세종의 정치가 점 차 세련되어가고 있었다.

첫 시험, 강원도 대기근

태종에 의해 초고속으로 세자를 거쳐 임금이 된 세종은 바야흐로 첫 리더십 테스트를 받게 된다. 그것은 그해부터 강원도 일대를 휩쓴 대기 근의 구제문제였다. 세종은 1418년 8월 27일 호조에서 올라온 장계를

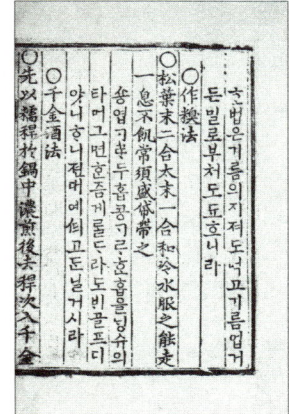

《구황촬요》 기근으로 백성의 삶이 피폐해지는 것을 안타까워한 세종은 흉년이 들었을 때 대처하는 방법을 적은 《구황벽곡방》을 편찬하게 했다. 여기에는 백성의 굶주림을 막고 흉년에 대비하여 나무껍질 등의 먹을거리를 소개하고 있다. 《구황촬요》는 《구황벽곡방》의 주요 내용을 뽑아 한글로 번역한 책이다. 국립중앙도서관 소장.

보고 깜짝 놀랐다

"금년에는 강원도와 함길도의 기근이 특히 심하여 백성이 이루 말할 수 없는 고초를 겪고 있습니다. 그러니 강원도의 금년도 녹전(祿轉) 및 여러 미곡 창고를 열어 구제하게 해주십시오. 또 함길도는 척박하여 저축해놓은 식량이 없으니 세금을 감면해주시면 좋겠습니다."

"아니, 그토록 상황이 어렵단 말입니까?"

"경기 좌우도나 함길도, 황해도 지역도 기근이 심하지만 강원도 지역은 피해가 너무나 극심합니다. 백성은 산하를 떠돌면서 초근목피로 끼니를 삼는데, 굶어죽는 사람이 부지기수라고 합니다."

"어서 창고를 열어 그들에게 먹이시오. 백성이 굶주리는데 망설일 것이 무엇이겠소?"

세종은 우선 평창, 평해 등지에 국고를 풀어 백성을 구제하도록 했다. 그런데 엎친 데 덮친 격으로 주먹만 한 우박이 쏟아져 함흥에서는 기러

기가 맞아 죽고 강원도에서는 논이 쑥대밭이 되어버렸다는 소식이 들려
왔다. 세종의 근심이 깊어졌다. 그 와중에 강원도 관찰사 이종선이 보
고했다.

"금년에 우리 강원도의 농지 피해상황 조사가 엉터리라 백성이 원망
하고 있습니다."

"그 조사가 틀리면 어떤 문제가 생기지요?"

"세금문제가 발생합니다. 이건 당장의 문제가 아니라 미래의 문제입
니다."

"관리들이 공정하게 조사하지 않는다면 백성들은 정말 살고 싶은 생
각이 없어지겠군."

세종은 즉시 사헌부 행대감찰 김종서로 하여금 재조사를 명했다. 일
종의 암행어사를 보낸 것이었다. 그리하여 김종서의 보고에 따라 원
주 · 영월 · 홍천 · 인제 · 양구 · 금성 · 평강 · 춘천 · 낭천 · 이천 ·
회양 · 횡성 등지의 기민 729명의 조세를 면제해주었다. 그러자 변계량
이 이의를 제기했다.

"조세는 나라의 재정에 관련된 일입니다. 가뭄은 언제나 닥치는 재해
인데 이렇듯 특혜를 주다 보면 국가 운영에 막대한 차질을 빚게 됩니다.
덕이 과하면 해가 됩니다."

그러자 세종은 고개를 저었다.

"그 말은 일리가 있지만 틀렸소. 한 나라의 임금으로서 백성이 굶고
있는데 어찌 모른 체할 수 있겠소. 하물며 지금 강원도에서는 묵은 곡
식까지 떨어졌다는데 세금까지 독촉한다면 천벌을 받을 것이오. 더욱
이 이번에 행대감찰을 보내 피해조사까지 한 마당에 그 정도도 못 해준

다면 임금 노릇 걷어치우는 게 낫지 않을까요."

1419년 1월과 2월에 행대감찰 김종서는 또 강원도에서 흉작을 풍작으로 꾸며 보고한 경차관[19] 김습을 비롯해 백성의 땅을 크게 산정해 조세를 받은 다음 일부를 착복한 수령 주한·유복중·허방·조총 등의 죄상을 보고했다.

"참으로 괘씸하다. 과인의 백성이 죽어가고 있는데 그들을 괴롭히고 토색질하다니 역적이 따로 없구나."

대노한 세종은 사헌부에 명하여 그들을 모조리 잡아들이게 했다.

"공무원이 뇌물 받고 사기 치면 어떻게 되지?"

"우선 곤장 70대를 친 다음 1년 6개월의 유배형에 처하게 되어 있습니다."

"그래? 그렇단 말이지."

큰소리는 쳤지만 막상 세종은 그들의 처리를 놓고 고민에 빠졌다. 당시 지방 수령들의 수탈은 비단 강원도만의 문제가 아니었다. 개국 초기라는 특별한 정치형세를 감안할 때 지방 행정체계를 잘못 건드렸다간 정권의 기반이 흔들릴 수도 있었다. 때문에 태종은 세종 2년에 금부민고소법(禁部民告訴法)[20]을 만들어 지방 수령들의 독립적인 자치권을 보장해주기까지 했던 것이다. 세종은 그런 사실을 직시하고 잠시 그들을 가두어두었다가 2등급을 줄여 벌금형에 처한 다음 사면해주었다.

"또 걸리면 옷 벗을 각오해."

당시 행대감찰의 진휼 상황 보고에 따르면, 경기우도의 기민은 1만 1,124명이고, 진제 미두(賑濟米豆)와 잡곡은 총 936석, 장(醬)이 215석이며, 황해도의 기민은 총 4,891명이고, 진제 미두는 총 363석, 장은

89석이었다. 또 경기좌도의 기민은 총 5,661명이고, 진제 미두와 잡곡은 총 378석이며, 장은 101석이었던 데 비해서 강원도의 기민은 무려 4만 4,139명이고, 진제 미두와 잡곡은 총 2,284석이요, 장은 262석이었다.

이런 통계에서 볼 수 있듯 그해 강원지역의 기근은 그야말로 치명적이었다. 하지만 세종은 즉시 국고를 풀어 기민들을 구휼하는 한편 행대 감찰을 보내 지방 수령들의 탐학을 벌하고 세금을 감면하는 등 발 빠른 행보를 보임으로써 국가적인 재난을 성공적으로 극복했던 것이다. 이는 백성 중심의 정치를 선언했던 세종의 첫 작품이었다. 이런 아들을 지켜보면서 상왕 태종은 흐뭇한 미소를 지었다.

"역시 생각했던 대로야. 처음엔 어설픈 듯하더니 이젠 나보다 훨씬 낫군."

국가의 뼈대를 바로 세우자

- 통치체제의 정비 -

　태종은 철권통치를 통해 정도전을 비롯한 개국세력이 희구했던 신권을 제압함으로써 절대왕권을 확립했다. 그는 또 왕실과 가까운 외척세력까지 제거하여 차기 정권의 안정성을 보장해주었다. 이런 바탕 위에서 세종은 제도 정비를 통해 조선의 국가체계를 반석 위에 올려놓았다. 그런 만큼 태종의 시대와 세종의 시대는 떼려야 뗄 수 없는 연속선상에 놓여 있었다.

　애초에 태조 이성계는 고려 때부터 이어온 재상들의 합좌기관인 도평의사사를 최고의 정치기관으로 운영했다. 하지만 실제 정치는 정도전, 조준, 남은 등 개국공신들의 손에 의해 좌지우지되고 있었다. 이런 과두정치의 부작용을 직시하고 있던 태종은 정권을 장악한 다음 본격적으로 통치체제를 정비해갔다.

　1400년, 태종은 도평의사사를 의정부로 개편한 다음 자신이 등극한 후 1401년부터 서사권(署事權)을 주었다. 그리하여 의정부는 하부조직으로부터 보고를 받아 중요한 사항만 국왕에게 보고하고 결재를 받는 최고 의결기관으로 존립했다. 그렇지만 태종은 1414년 4월 이후 의정부의 단독 정무체계를 무력화시키고 육조(六曹)의 관리들이 임금에게 직접 보고하고 지시받는 육조 직계제를 확립했다.

"각 부서를 내가 직접 관장해야겠다. 그래야 임금 무서운 줄 알겠지?"

하지만 임금이 모든 정사를 다 관장한다는 것은 현실적으로 불가능했다. 때문에 중요한 정책은 의정부, 육조, 대간, 승정원, 공신 등이 함께 모여 논의케 한 다음 시행하게 했다. 그러자 다양한 목소리들이 조정에서 흘러나왔지만 입들이 많은 만큼 의견 통일이 쉽지 않았다. 당연히 최고 권력자인 임금의 결정을 기다리는 시스템이 되었다.

"그래, 바로 이게 내가 원하던 거야."

이처럼 강화된 왕권은 무질서했던 초기 통치체제를 지탱해주는 버팀목이 되었다. 즉위 이후 태종이 붕어할 때까지 그 체제를 유지했던 세종은 점차 자신의 체질에 알맞게 체제의 변화를 꾀했다. 수성의 기반을 다지기 위해서는 해야 할 일이 너무 많았기 때문이다.

"제가 너무 바쁘니 여러 재상들께서 일을 좀 더 해주셔야겠습니다."

세종은 차츰 의정부의 역할을 키워나갔다. 그러다 1436년(세종 18년) 4월부터 모든 정무를 의정부에서 조정하는 의정부 서사제[21]를 시행하기에 이른다. 하지만 중요한 안건은 의정부와 육조에서 함께 논의하게 한 다음 자신이 최종 결재했다.

그 와중에 세종은 많은 신료들의 의견을 청취함으로써 불평불만을 잠재웠다. 그 과정에서 상참, 시사, 윤대, 경연 등 수많은 면접 기회가 동원되었다. 그래도 문제가 해결되지 않으면 자신이 최고의 두뇌집단으로 양성하던 집현전의 학사들로부터 자문을 구했다. 세종은 또 국가의 근본인 백성의 의견에도 귀를 기울였다. 당시로서는 상상조차 할 수 없었던 여론조사까지 해서 조세제도를 개혁했던 것이다.

"국가는 임금 혼자 다스리는 것이 아니다. 사대부, 백성과 혼연일체가 되어야 행복해질 수 있는 거야."

이렇듯 세종은 태종이 만들어준 강력한 왕권을 바탕으로 신권과 조화를 이루면서 일관성 있게 정책을 펼 수 있었고, 그 결과 이전에는 상상조차 할 수 없을 만큼의 정치사회적 안정을 이루었다. 그것은 일면 조선을 창업한 유학자들이 꿈꾸던 세계였다.

관제의 개편

1392년(태조1년) 7월 28일, 건국과 동시에 문무백관의 관제가 정해졌다. 당시에는 대부분 고려 말기의 제도를 차용했으나 이후 여러 차례 조정을 거쳐 《경국대전》으로 법제화되었다.

관리들은 문반과 무반의 양반으로 구성되었고 18등급으로 나뉘었다. 이들은 조정에서 왕과 함께 정책을 논의하거나 주요관서의 책임자가 될 수 있는 당상관과 실무를 담당하는 당하관으로 구분되었다. 당시 관직이 한정되어 있었으므로 당상관이 된다는 것은 요즘으로 치면 고시에 합격하는 것만큼이나 어려웠다.

"당상관 되기가 하늘의 별 따기라니까."

중앙 행정조직으로서 국정을 총괄하는 의정부와 왕의 명령을 집행하

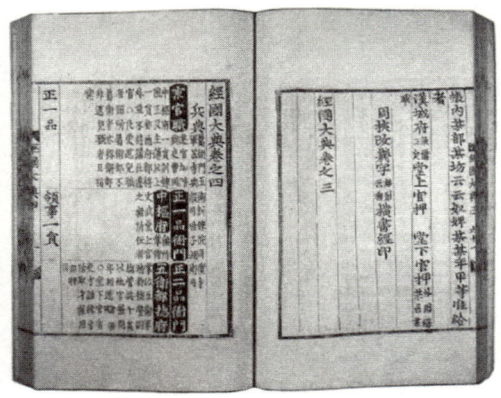

《경국대전》 세종시대에 기틀이 잡힌 조선의 행정체제와 관료제는 《경국대전》으로 성문화되었다. 이로써 국왕을 정점으로 하는 통치 규범과 중앙집권적 관료제가 확립되었다. 규장각 소장.

는 이·호·예·병·형·공의 육조가 편성되었는데, 이는 고려의 육부 기능이 강화된 것이었다. 판서는 지금의 장관급, 참판은 차관급이었다.

승정원은 현재의 청와대 비서실 격으로 왕명을 출납했으며, 그 밖에 백성의 죄를 다스리는 포도청, 국가의 큰 죄인을 다스리는 의금부, 서울의 행정과 치안을 담당하는 한성부, 역사서 편찬과 보관을 담당하는 춘추관, 최고 교육기관인 성균관 등이 있었다. 이들 행정기관을 견제하는 기구로 사헌부, 사간원, 홍문관의 3사가 있었는데, 특히 홍문관은 세종 대에 만들어진 집현전의 후신으로 국왕의 고문 역할을 했다.

지방 행정조직은 전국을 경기·충청·경상·전라·황해·강원·함길·평안의 8도로 나누어 지금의 도지사 격인 관찰사가 행정, 군사 및 사법권을 행사했다. 그 밑에 부(府)·목(牧)·군(郡)·현(縣)을 두어 부윤, 목사, 군수, 현령 및 현감 등이 지방 수령으로서 직접 백성을 다스렸다.

"용의 꼬리가 되느니 뱀 머리가 낫지. 임금도 지방 수령은 함부로 건드리지 못하잖아."

"하지만 중앙관료가 되어야 진짜 출세했다고 볼 수 있어."

지방관들의 임기는 관찰사가 360일, 수령이 1,800일로 제한되어 있었는데 대체로 정년이 보장되었다. 이들은 자기 출신 지역에는 임명될 수 없는 상피제[22]가 적용되었다. 한편 고려의 유향소[23] 후신으로 향청(鄕廳)을 두어 좌수와 별감이 수령을 보좌해 풍속을 바로잡고 향리를 규찰했으며, 경재소(京在所) 제도를 통해 이를 감독했다.

세종은 통치 기간 동안 관제의 큰 틀은 바꾸지 않았지만 내용 면에서 합리적이고 조직적으로 정비하는 데 힘을 기울였다. 우선 1420년, 자신의 정치를 뒷받침하기 위한 학문전담기구로 집현전을 새롭게 만들었다. 처음에는 도서관 기능으로 시작된 집현전은 당대의 젊은 엘리트들을 규합하여 정치에 필요한 학문과 제도 등을 연구했는데, 유교정치 구현이라는 조선의 정치이념을 달성하는 데 커다란 공헌을 했다. 당시 집현전의 관원들은 각 부서의 수석관원으로서 사헌부의 규찰도 받지 않고 서적을 우선 배분받는 등 세종으로부터 각별한 대우를 받았다. 이 집현전은 성종 때 홍문관으로 새롭게 태어났고, 조선 후기에 정조는 비슷한 기능의 규장각을 운용하기에 이른다. 세종은 또 국가 의전을 정비하는 차원에서 종친부와 충훈부, 의빈부 등을 신설하거나 확대 개편함으로써 특수신분의 고위층을 예우하는 작업도 잊지 않았다.

1430년(세종 12년) 9월에는 특수하급직종을 위한 잡직계를 설치했고, 1436년에는 무산계를 문산계와 같이 정종 18품 30계의 체제로 조직하여 문무반 관품제도를 완비한 다음, 이전에는 직책에 따라 과전을 주던

경복궁 품계석 조선시대 관료들은 품계에 따라 관직 승진에 제한을 두었다. 아무리 뛰어난 능력을 지녔어도 품계를 무시하거나 건너뛰어 승진을 할 수 없었고, 4품 이하까지는 지정된 근무 일수를 채워야 한 품계를 승진할 수 있었다. photo ⓒ 모덕천

것을 관품에 맞추어 주는 제도로 바꾸었다.

'허울뿐인 관직은 없애버리는 것이 국가 경영에 효율적이다.'

이렇게 생각한 세종은 동정직, 첨설직, 검교직 등을 혁파했고, 중기에는 내시부 검교직까지 혁파해버렸다. 그리하여 복잡하게 운영되던 산직체계가 정직체제로 완벽하게 정비되었다. 세종은 또 관료제 운영을 합리화하는 데 심혈을 기울였다. 그 대표적인 것이 순자법(循資法)과 행수법(行守法)이다.

순자법은 관료들의 경력 이행에 따라 승진시키는 제도로 엽등(獵等 : 등

급을 건너뛰어 올라감)을 막기 위해 고안되었는데 주로 개월법이 사용되었다. 1449년(세종 31년)에 정비된 행수법은 관직 임용에서 직급과 관계의 괴리를 해소하기 위해 만들어진 일종의 공무원 임용규례이다. 그 외에도 고과제도, 포폄제도, 고신서경제도 등 다양한 방법으로 관리들의 급격한 승진을 막았다.

"능력도 없는 자들이 배경이나 인맥만으로 출세하면 곤란하다. 중요한 건 역시 실력이란 말이야."

세종은 과거제를 대폭 확장하면서 그동안 불거졌던 문제점들을 대폭 개선했다. 이전에는 한 사람의 시관으로 운영되던 것을 다시관제로 바꾸었고, 시험 과목과 시험 절차 등을 정리하는 한편 급제자들을 우대했다. 그와 함께 고위 관료나 공신의 자녀들에게 벼슬을 주는 음서제는 적용 범위를 대폭 축소해 문무 3품 이상 현직 관료의 아들에게만 음직을 수여했다. 이런 합리적인 제도 개선으로 많은 인재들이 배출되어 세종 치세의 인적 기반을 형성했다.

신분제의 재편

고려시대에도 지배층은 문신과 무신 귀족들이었지만 향리나 서리 등 이서층과의 신분상 장벽은 그리 높지 않았다. 때문에 평민들도 노력만 하면 얼마든지 중앙관료로 진출할 수 있는 길이 열려 있었다. 그러나 오랜 전통으로 굳어진 차별대우는 엄연했다. 때문에 고려 말 불만을 느낀 신진 사대부들이 들고 일어나 조선을 건국하는 데 앞장섰던 것이다. 이런 까닭에 조선 초기에 국가체제를 정비하면서 신분상의 차별은 국가 운영에 뜨거운 감자일 수밖에 없었다.

"향리와 서리층을 우대하면 결국 나라에 커다란 짐이 된다. 고려의 멸망이 이를 증거하지 않는가?"

태종과 세종의 치세에 권력을 쥐고 있던 소수의 양반계층은 이서층의 중앙 진출을 완전히 차단하고 독점적 지위를 누리는 데 주력했다. 그 결과 이전의 지배계층이 양반과 중인으로 양분화되고 양민층이 크게 늘어났다.

세종 대에 실시한 군현제도 향리들에게 커다란 타격을 주었다. 고려 때는 향리들의 세력에 따라 군현의 크기가 정해졌지만, 조선에서는 토지와 인구비례에 따른 합리적인 군현제가 실시되었다. 그에 따라 향리는 개편된 군현으로 이동하게 됨으로써 여러 대에 걸쳐 축적되었던 사회경제적 기반을 잃고 말았다.

"백성은 함부로 수령을 탄핵할 수 없다."

이렇듯 세종 대에 금부민고소법과 수령육기법[24]이 실시되고 유향소가 부활되어 향리들을 감독하게 되자 그들의 입지는 더욱 좁아졌다. 이후 그들은 과거 응시 자격이 제한되고 복색이 구별되었으며 외역전이 몰수되는 등 각종 제한을 받으면서 지방행정의 실무계층으로 정착되었다.

"너희가 뭉치면 골치 아파진다니까. 숨죽이고 일이나 해."

이런 사정은 중앙의 서리층도 마찬가지여서 정규관료로 진출할 수 있는 길이 막혀버렸다. 결국 그들도 향리들과 마찬가지로 중앙행정의 실무계층으로 정착된다. 그 밖에 의관, 역관, 산관 등 특수기술직 관원들은 관료 신분을 유지하긴 했지만 양반 관료집단과 엄격히 차별되는 중인 신분으로 고정되었다.

한편 적자와 서얼을 분리하는 서얼차대법이 태종에 의해 시작되었고, 세종 대에는 더욱 강화되었다. 이는 유교의 종법제를 근간으로 하여 적서의 윤리를 확립하겠다는 목적으로 이루어졌지만, 실상은 양반계층의 수효를 줄이고 특권을 독점하려는 권력의지가 개입된 것이었다.

세종 대에는 양인을 늘리기 위한 수많은 정책이 실시되었다. 노비변증사업, 승려의 환속, 신백정의 양민화 등이 그것이었다. 또 천인이나 양천불명자들을 신양역천으로 규정하고 일정 기간의 군 복무를 마치면 양인이 될 수 있었다. 이로 인해 조선은 인적, 물적 자원이 풍부하게 되어 안정된 통치를 위한 사회경제적 기반이 마련되었던 것이다.

"이렇게 기본이 제대로 잡혀 있어야 백년대계를 꿈꿀 수 있는 거야."

민심이 천심이다

- 경제정책의 개혁 -

　일찍이 고려의 공민왕은 특권계층이 독점하던 토지를 백성에게 되돌림으로써 기울어가는 국운을 회생시키려 했다. 그 과정에서 전권을 위임받은 승려 신돈이 전민변정도감(田民辨整都監)을 설치하고 강도 높은 토지개혁을 실시했지만 완강한 수구세력의 저항과 공민왕의 변심으로 인해 수포로 돌아가고 말았다.

　이윽고 고려의 암울한 미래를 걱정하게 된 정몽주, 정도전 등 신진 사대부들은 우왕의 치세에 북방의 무장세력인 이성계를 끌어들여 획기적인 개혁을 꿈꾸었다. 그들은 이성계가 위화도 회군 이후 정권을 장악하자 함께 수구세력을 척결한 다음 백성의 환심을 사기 위해 송도 거리에서 토지문서를 모조리 불태워버리기까지 했다.

　"이제부터 토지는 백성의 것입니다."

　"저렇게까지 하는 걸 보니 세상이 진짜 바뀌려나 보다."

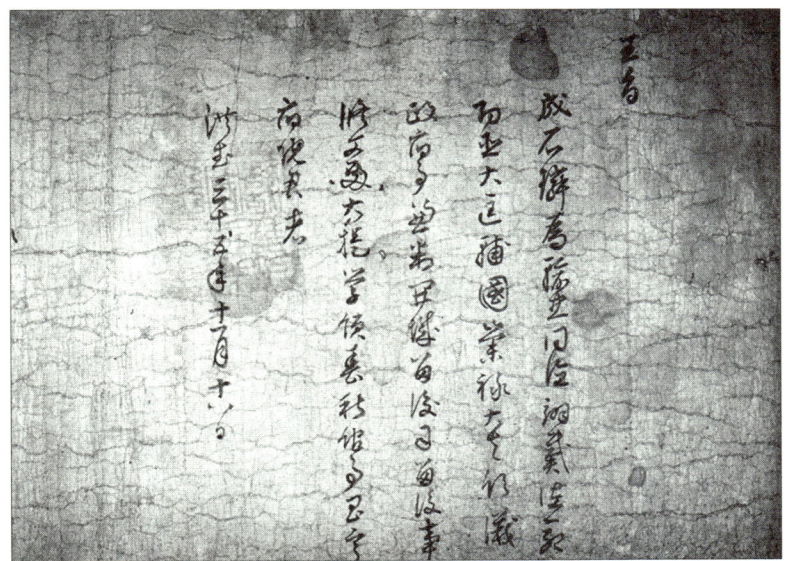

성석린 좌명공신 왕지 거듭된 정변으로 공신의 수가 기하급수로 늘어나자 고려 말 권문세족의 토지 독점 현상이 재현되었다. 경제력의 근간인 대토지를 소유한 공신들이 부를 세습한 반면, 백성의 삶은 피폐해지자 조정은 공신전의 재분배 대신 개간 정책으로 백성에게 토지를 공급했다. 사진은 성석린을 익대좌명공신으로 봉한다는 왕지.

백성은 당연히 환호했다. 하지만 세상은 그들이 원하는 대로 바뀌지 않았다. 그로부터 1년 뒤 이성계는 정도전 등과 함께 고려 사수를 외치는 정몽주 일파를 제거하고 조선을 건국했다. 그 과정에서 피를 흘린 것은 기존의 권력자뿐, 오랜 궁핍과 기아에 시달리던 백성은 기대감을 가질 수밖에 없었다. 새 나라는 옛 나라와 뭔가 달라도 다를 것이 아니겠는가. 그런데 막상 화장실에서 나온 쿠데타 세력의 일성은 전혀 기대 밖이었다.

"전제는 전조의 규정을 따르겠소."

"아니, 우리를 위해 혁명한 게 아니었단 말이야?"

"물론 우리는 백성의 편이오. 조금만 기다리시오."

혁명세력은 약속한 대로 공평한 전제와 세제를 마련하기 위해 고심했다. 그렇지만 토지문제는 실로 뜨거운 감자였다. 섣불리 건드렸다간 개악(改惡)이 될 수도 있었기 때문이다. 그렇다고 언제까지 미루어둘 수도 없었다. 아무리 명분이 좋아도 배고픈 혁명은 환영받지 못하는 법이니까. 그런데 개국 이후 여러 차례의 정변으로 인한 논공행상 과정에서 나누어준 공신전으로 인해 백성의 불만이 점차 높아졌다.

"이런, 농민들에게 땅을 나누어준다더니 자기들끼리 배를 불리고 있네그려."

그도 그럴 것이, 조선을 개국하면서 조준과 배극렴을 비롯한 43명의 개국공신들에게 하사한 전답이 5,350결, 제1차 왕자의 난 때 이방원의 편에 섰던 정사공신 29명에게 하사한 전답이 4,450결, 제2차 왕자의 난 때 이방원의 편에 섰던 좌명공신 56명에게 하사한 전답이 4,030결이었다. 이 세 공신전만 해도 총 1만 3,830결이었다. 그 외에도 원종공신, 회군공신 등 각종 명목으로 수백 명에게 엄청난 전답이 하사되었다. 어떤 공신은 1,000결이 넘는 토지를 소유하기도 했다.

"강화도에 들어서면 이숙번 대감의 땅을 밟지 않고서는 지나갈 수 없다며?"

"하하, 하륜 대감에 비하면 새 발에 피도 되지 않는다네."

1404년 전국의 전답이 약 92만 결이었음을 상정해볼 때 이는 대단한 비율이었다. 그로 인해 조선에서는 독점적인 권력과 부를 향유하는 특권계층이 양산되었다. 이를 무마하기 위해 백성 가운데 공신에 관련된 사람이라면 신분의 귀천을 가리지 않고 토지를 주는 바람에 급기야 전지의 고갈현상까지 일어났다.

"이거 문제가 심각해졌소. 녹봉과 군량미가 턱에 닿았소이다. 이제부터 아무리 공이 있다 해도 천민들에게는 토지를 주지 맙시다."

"걱정도 팔자려니. 이젠 주고 싶어도 줄 땅이 없소이다."

이처럼 민생 개혁이라는 근본 취지에 벗어나는 토지문제에 관해 조정에서 논의가 분분했다. 때문에 위기의식을 가진 일부 신료들이 무분별하게 지급된 공신전을 회수하자고 주장했지만 받아들여지지 않았다. 한번 입에 들어온 떡을 뱉어낼 바보는 없는 것이다. 이에 태종은 적극적인 토지 확장사업을 펼치기 시작했다.

1414년에는 경기도 김포 통진과 고양 해안에 방조제를 쌓아 바닷물을 막고 농토를 만들어 한 해 200여 섬의 씨앗을 뿌릴 수 있는 간척지를

김홍도의 《행려풍속도병》 중 〈벼 타작〉 마음 놓고 땅 한 떼기 소유할 수 없었던 소작인들은 지주의 눈치를 보며 소작료와 전세의 이중 부담을 떠안아야 했다. 국립중앙박물관 소장.

개발했다. 또 이듬해인 1415년에는 군사와 장정 1만 명을 동원해 60일 동안 김제 평야의 벽골제에 7만 7,400여 보의 둑을 다시 쌓게 했다. 이 공사가 완결되자 김제 일대의 논 9,800결[25]에 물을 공급하게 되어 가뭄

을 해소할 수 있었다. 그리하여 태종은 고려 말에 비해 80퍼센트의 농토 증가를 달성했다.

"이젠 이 땅을 어떻게 분배하고 거두느냐가 문제겠지?"

농사도 과학이다

농업국가인 조선에서 농사의 풍흉은 국가의 운명을 좌우하는 주요한 문제였다. 농업부문에서 태종의 업적을 이어받은 세종은 농법을 연구하고 개량하는 사업에 주력했다. 조선 초기에는 《농상집요》《사시찬요》등 중국의 농서를 사용했다. 하지만 이 책은 중국 화북지방의 밭농사 중심의 농법을 담고 있어서 별다른 효과를 거두지 못했다. 그래서 세종은 정초와 변효문을 불러 과학적인 농서 편찬을 명했다.

"우리나라는 논농사가 중요하다. 신토불이 농법을 개발하도록 하라."

그렇게 일을 시키고 난 뒤에도 세종은 신하들을 끊임없이 다그쳤다. 1428년 봄 세종은 신하들이 농사에 관해 얼마나 알고 있는지 캐물었다.

"요즘 백성이 땅을 어떻게 관리하는지 알고들 계시오?"

"안동 사람들은 휴한지가 거의 없는데도 절약이 몸에 배어서인지 흉년이 들어도 굶는 사람이 없습니다."

"전라도에는 황무지가 많았는데 강원도 농민들이 이주해 열심히 개간해서 논밭이 많이 늘었습니다."

"음, 좋은 소식이구려. 그렇다면 곡식의 싹이 날이 가물 때 나오는 것과 비 온 뒤에 솟는 것 중 어느 편이 낫소?"

"가물 때가 좋습니다."

"흠, 잘 알고 있으니 마음이 놓입니다. 하지만 평안도와 함길도는 농

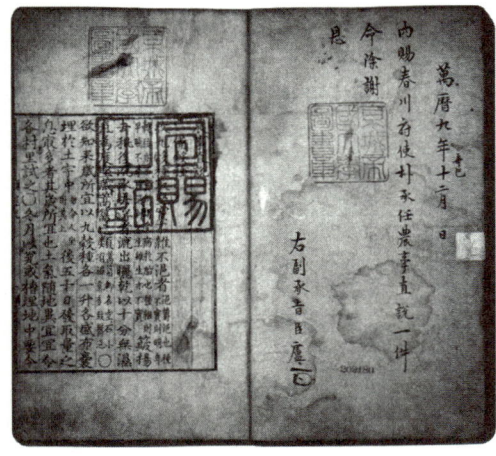

《농사직설》 농사에 꼭 필요한 종자 선택과 저장법, 논밭갈이법, 벼의 재배법을 포함, 주요 곡물에 대한 지식을 담고 있다. 이 가운데서도 벼의 파종법에 대해 최신 농법을 상세히 소개하고 있어 활용도가 매우 높다. 출처. 한국민족문화대백과

법이 서툴러 걱정이오. 수령들이 농법을 잘 가르치도록 채근해주시오."

이처럼 세종은 수시로 농법에 관해 토론하는 한편, 삼남의 수령들에게 늙은 농부들에게 일일이 농사 경험담을 묻고 적어서 조정에 보고하도록 명했다. 이렇게 모인 자료는 농서 편찬의 책임자인 정초에게 전해졌다.

1429년(세종 11년) 5월, 정초에 의해 우리나라 최초의 농서인《농사직설(農事直設)》이 완성되었다. 이 책은 열 장 안팎의 분량으로 농사기술의 기본적인 요건만 간추렸다. 그 내용에 주를 달아 설명했는데도 간결하고 명료하여 농사기술에 관한 과학적인 보고서로는 매우 명료하다는 평가를 받고 있다. 이 책은 세조 때 왕명으로 편찬된《농가집성(農歌集成)》의 맨 앞부분에 들어가게 된다. 세종은 이 책의 완성을 크게 기뻐하면서 주자소에서 인쇄하여 전국에 배포했다. 하지만 함길도와 평안도 사람들은 새로운 농법을 크게 반기지 않아 세종은 몹시 애가 탔다.

"땅이 넓고 사람이 적어 집집마다 밭이 많은데 힘은 덜 들이지만 수확

은 갑절이나 된다. 여기에 다른 도의 백성처럼 힘을 들여 경작한다면 반드시 부유하게 될 텐데 답답하구나."

1437년(세종 19년)에는 각 도의 감사에게 해충방지법을 전파하면서 다시금 《농사직설》의 농법을 부지런히 백성에게 가르치라고 채근했다.

"해충은 하늘에 달린 일이지만 사람이 할 수 있는 일이 있다면 최선을 다해 잡아야 한다. 그렇다고 해서 강요하지 말고 잘 달래서 스스로 할 수 있게 하라."

세종은 감사나 수령들에게 절기와 민력을 잘 살펴 농사철에는 나라의 부역을 중지하고 농사에 힘쓰게 하도록 명했다. 특히 가을 추수 시기 등의 중요한 농사는 관아의 벽에 써 붙여놓으라고 명했다. 그리곤 궁중 후원에서 《농사직설》의 방법대로 직접 농사를 지어 그 효과를 실험해보았다. 그 결과 재래식 농법보다 훨씬 많은 수확을 올리자 세종은 이 책에 확신을 갖고 줄기차게 지방 수령들을 독려했다.

이런 노력에도 백성은 자신들의 경험에 의존할 뿐 세종의 의중을 따르지 않았다. 1443년(세종 25년) 전국적인 흉년이 들자 의창의 곡식을 풀었다. 이에 세종은 중신들과 대책을 강구하면서 《농사직설》에 따라 농사정책에 힘쓰도록 했다. 백성에 대한 세종의 사랑은 이처럼 끈질긴 데가 있었다.

"이 좋은 농법을 왜 쓰지 않아 기근을 자초하는 걸까?"

실패를 넘어서

이렇듯 농사에 온 정성을 기울인 세종이었건만 나무에서 떨어진 일도 있었다. 1429년 통신사로 일본에 다녀온 박서생은 일본 농민들이 수차

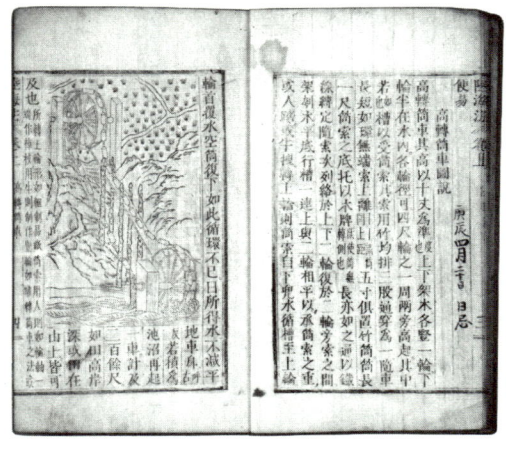

《육해법》 중 수차 그림 수차를 개발해 보급하려면 그 효과에 비해 경비와 수고가 많이 들어 백성의 원성을 사는 일이 많았기에 널리 보급되지 못했다. 사진은 조선 후기 수차 구조와 사용법에 대해 적은 최한기의 《육해법》. 출처_한국민족문화대백과

를 이용해 논밭에 물을 대고 있는 것을 보고 크게 고무되었다. 그는 학생 김신에게 명하여 수차의 원리를 알아오게 한 다음 모형을 만들어 세종에게 보고했다.

"우리도 이와 같은 수차를 만들어 비치하게 한 다음 농사일에 쓰면 유용할 것입니다."

"논밭에 물을 대는 것은 참으로 절실한 문제다. 이제 그 해결책을 찾았구나."

세종은 박서생의 건의를 받아들여 전국 관아에 수차를 비치하게 하고 백성이 필요할 때 빌려 쓰게 했다. 하지만 이 획기적인 방법은 실패를 거듭했다. 일본의 수차는 급히 흐르는 물에서 사용하는 것이었는데, 박서생은 물레방아처럼 생긴 모양을 감안할 때 사람이 발로 밟으면 고인 물을 풀 수 있다고 착각했던 것이다. 이에 오기가 생긴 세종은 일본의 수차와 중국의 수차를 만들 수 있는 장인을 각도에 보내 제작하도록했다.

"우리 기술로 충분히 해낼 수 있는 일이다."

1431년(세종 13년) 세종은 시제품을 만들어 철원과 수원에서 실험했지만 물이 딴 곳으로 흐르거나 새어버렸다. 1433년(세종 15년)에는 각 도에 수차를 비치하게 했지만 100여 명이 매달려도 하루 종일 1무(畝) [26] 밖에 물을 대지 못했다. 세종은 일본이나 중국에서 잘 쓰는 수차를 우리나라에서는 사용하지 못하는 것이 사용 요령이나 새로운 것을 싫어하는 습성 때문이 아닐까 의심했다. 《농사직설》의 경우도 그러하지 않았던가.

이듬해에도 세종은 서울 장의문 밖에 자격수차를 설치하고 진양대군(훗날의 수양대군)을 비롯한 세 왕자들과 도승지 안숭선에게 효과를 관찰하게 했지만 별무효과였다. 결국 세종은 1435년(세종 17년) 6월 자신의 실패를 자인했다.

"각 도의 수차는 수령의 판단에 따라 처리하도록 하라."

이처럼 세종은 성공만 한 것이 아니라 참담한 실패도 경험했다. 하지만 그로써 농사 진흥에 대한 의지가 꺾인 것은 아니었다. 세종은 직렬적인 인간형이 아니라 병렬적 인간형이었다. 그런 좌절의 와중에서도 농업 과학과 관련된 다양한 실험을 하고 있었고, 차근차근 결실을 거두고 있었던 것이다.

《농사직설》을 펴낸 후 새삼 확인된 것은 시기에 알맞은 파종과 물 대기, 추수가 농작물 생산에 커다란 영향을 준다는 것이었다. 그리하여 세종은 농업에 필요한 각종 과학기구들을 개발하는 데 심혈을 기울였다. 여기에는 장영실, 이천 등 최고의 과학자들이 동원되었다.

그 결과 시간과 절기를 측정하는 해시계를 시작으로 물시계 [27] 와 강우량을 측정하는 측우기 등이 잇달아 발명되었다. 봄 가뭄이 심한 우리나

라 기후에선 강우량과 관개수를 어떻게 활용하는가에 따라 한 해 농사
가 결정되었으므로, 이는 다분히 한국적인 발명품이라고 해도 과언이
아니다. 그 외에도 다양한 천문기기의 제작과 《칠정산 내외편(七政算 內
外篇)》의 완성은 농업의 생산성 증대에 커다란 영향을 끼쳤다.

성공한 경제 대통령

농업의 진흥으로 나라의 안정을 되찾기는 했지만 오래전부터 커다란
과제로 내려온 전제개혁은 세종에게도 큰 부담이었다. 전제의 문제는
조세문제와 직결되는 매우 중요한 사안이었다.

"이 문제는 아이디어 차원으로 해결할 것이 아니다. 시간이 걸리더라
도 조정에서 면밀히 연구해서 합리적인 제도를 만들어야겠다."

이렇게 생각한 세종은 즉위 초기부터 중신들과 논의를 거듭한 끝에
1443년 11월, 전제상정소를 설치한 다음 본격적인 제도 만들기에 나섰
다. 총책임자인 도제조에 진양대군 유, 제조에 의정부 좌찬성 하연, 호
조 판서 박종우, 지중추원사 정인지를 임명했다. 진양대군을 총책임자
로 임명했다는 것은 세종이 일찍부터 그의 역량을 인정했다는 증거이
다. 그해 5월부터 세종은 몸이 아프다는 이유로 세자 향에게 섭정을 맡
겼다.

"나는 따로 할 일이 있으니 너희가 이 일을 추진해보거라."

세종을 닮아 영민했던 세자는 부왕의 뜻을 받들어 전제와 조세 방법
을 면밀하게 연구했다. 이때 세자는 실무자인 하연과 이승손, 이순지
등을 불러 공법(貢法)과 연분(年分)에 대해 설명을 듣고 효과적인 전제와
명확한 조세의 기준과 방법 등을 논의했다.

"역시 과학적인 데이터를 수집해 분석하는 것이 좋겠소."

"맞습니다. 그럼 지방 감사들에게 자료를 보내라고 할까요?"

"그들은 믿을 수 없소. 현지에 사람을 보내 정확하게 조사하도록 합시다."

그렇게 해서 1444년(세종 26년) 11월 충청도 청안·비인, 경상도의 함안·고령, 전라도의 고산·광양 등 여섯 고을에 대한 조사가 실시되었다. 그런데 조사자들은 조세의 표준화가 얼마나 어려운지를 곧 실감하게 되었다. 8도의 토지를 체계적으로 규정하기가 어려웠던 것이다.

전제상정소에서는 각 도의 토지 품등을 고려의 3등에서 6등으로 나누어 격차를 줄여보고자 했고, 각 토지의 1년 수확량, 곡물의 품질에 따라 9등분으로 나누는 등 갖은 노력을 기울였다. 그래도 문제는 계속 생겼다. 표준화된 제도도 중요하지만 그 제도의 운영을 맡은 수령이 얼마나 공정하게 임무를 수행하느냐가 공론에 올랐다.

"결국 지방 수령들의 양심이 문제가 되는군."

"그렇다면 중앙에서 사람을 보내면 되지 않을까요?"

"아서라. 둘이 짜고 치면 백성의 허리만 휠 뿐이다. 그들을 믿고 설득하는 수밖에 없다."

전제와 세제 문제에서 세종의 초점은 농민들의 부담을 합리적으로 조절할 수 있느냐에 있었다. 마른 땅 긁는데 좋아라 세금 낼 사람은 없는 법이다. 그리하여 세종은 무엇보다도 토지를 늘리고 농업 생산량을 늘리는 기본적인 사항에 총력을 기울였다. 토지 정리,《농사직설》의 보급, 측우기, 수차 등 농업 과학기구의 발명, 공법에 대한 여론조사 등이 바로 그것이었다.

"먹고살 만한 땅을 만들어주고 세금을 내라고 해야 한다."

이와 같은 위민정신을 바탕으로 한 전제개혁의 성과는 획기적이었다. 태종 4년에는 토지가 불과 92만 결이었는데 비해 세종 대에는 162만여 결로 늘어났던 것이다. 이는 태종과 세종 대 50여 년에 걸쳐 꾸준히 토지를 정리한 결과였다. 조세도 마찬가지였다. 태종 4년의 조세가 185만 5,000섬인데 비해 세종 때에는 330만 섬으로 거의 140만 섬이나 늘었다. 그만큼 농민은 살찌고 국가 경제는 풍족해진 것이다.

요순의 치세란 백성이 함포고복(含哺鼓腹)하며 사는 시대이다. 실로 세종은 당대에 그와 같은 태평성대를 이룩하는 데 성공한 군주였다. 정말 그럴까? 데이터로 분석하면 그렇다. 후대인 1591년(선조 24년)의 기록에는 토지가 151만 결이다. 140여 년의 시차가 있음에도 세종 대보다 11만 결이나 부족하다. 그 세월 동안의 인구 증가나 재정 수요를 감안한다면 세종의 역량이 어떠했는지를 알 수 있겠다.

또 다른 증거로 환곡에 대한 기록이 있다. 1446년(세종 28년)《조선왕조실록》의 기록에는 전해인 을축년에 농민들에게 나누어준 의창(義倉)의 곡물 수량이 총 21만 6,000여 호에 273만 8,000여 섬이었다. 그만큼 곡식을 풀고도 창고에 600만 섬이 남아 있었다. 그렇다면 당시 의창의 곡식이 모두 874만 섬이나 저장되어 있었다는 뜻이다. 이 수량을 조선의 황금기라는 1797년(정조 21년)의 사환미가 669만 9,000섬이라는 기록과 비교해보면 결론은 자명하다. 세종은 현대인들도 부러워할 만한 경제 대통령이었던 것이다.

획기적인 여론 조사

"이쯤 되면 세금문제를 거론할 때가 되지 않았소?"

당시 조선은 손실답험(損失踏驗)이라는 조세제도를 취하고 있었다. 그것은 관리가 직접 농지를 방문해 농사가 잘 되었는지 안 되었는지 여부를 판단해 세금을 매기는 방식이다. 한데 이는 이현령비현령 식으로 관리 마음에 달려 있는 것이라 부정과 불공정 시비를 피해가기 어려웠다.

"저 집이 훨씬 농사가 잘 되었는데 왜 우리보다 세금을 적게 무는 거요?"

"몰라서 물어? 저 집은 우리와 사돈의 팔촌 간이야. 억울하면 출세하라고."

이런 폐단을 잘 알고 있던 세종은 합리적인 세금 징수야말로 백성의 고통을 줄이는 것이라 믿고 이미 1428년부터 조정에서 새로운 조세제도인 공법(貢法)을 논의하고 있었다. 공법이란 토지 결당 정해진 액수를 징수하는 방법이다. 한데 이를 위해서는 징수자나 납세자 모두가 동의할 수 있는 객관적인 기준이 필요했다. 또 지역 사정이나 토양의 비옥도를 감안하지 않으면 안 되었다. 당시 세종은 전제상정소를 통해 이와 관련된 조사를 어느 정도 마친 상태였다.

"중앙정부의 육조는 물론이고 각 관사와 도성 안의 전현직 관리, 각 도의 감사, 수령 및 관리로부터 여염집 빈민에 이르기까지 모두 가부를 묻도록 하라."

1430년 3월, 임금은 새로운 조세제도에 대한 전국적인 여론조사를 명했다. 전제군주시대에 도저히 상상하기 힘든 일이 벌어진 것이다. 여론조사의 의제는 모든 농지 1결당 미곡 10두씩 거두는 정액제 조세제도를 찬성하느냐 반대하느냐였다.

"살다 보니 별일이 다 있군. 나라에서 세금을 어떻게 거둘까를 백성에게 묻다니……."

백성들은 반신반의하면서도 여론조사에 적극 응했다. 여기에는 관리들에 대한 세종의 독려도 한몫했음은 물론이다. 그리하여 다섯 달 동안 17만 명 이상의 백성이 참가했다. 8월이 되어 그 결과를 집계해보니 찬성 9만 8,000여 명, 반대 7만 4,000여 명이었다. 대략 57퍼센트의 찬성률이었다. 국민투표로 따지면 과반수를 넘은 것이다.

이 결과를 두고 조정 대신들 사이에 논란이 심했다. 반대의 주요 이유는 토지의 질이나 농사의 풍흉에 상관없이 똑같은 세금을 내는 것은 불공평하다는 것과 1결당 10두의 세금으로는 국고가 빈약해질 것이라는 염려 때문이었다.

흥미로운 것은 고위관리일수록 기를 쓰고 반대하는 자가 많았다. 그들은 상대적으로 많은 토지를 가지고 있었고, 상당 부분을 소위 차명계좌로 은닉해놓은 상태였기 때문이다. 새로운 제도가 시행되면 부동산 실명제가 되어 세원이 낱낱이 노출된다. 시쳇말로 비자금을 마련할 길이 없어지는 것이다.

"무식한 백성이 뭘 알고 가부를 표하겠습니까."

"이런 제도는 관리들이나 백성에게 엄청난 혼란을 야기합니다."

고위관리들은 이런 교묘한 언동으로 임금의 의도를 무산시키려 했다. 하지만 세종은 그들의 반발을 부드럽게 설득하며 뚝심 있게 밀고 나갔다.

"나도 알고 있소. 내가 세법을 무작정 뜯어고치자는 게 아니잖소. 일단 타당성이 검증되었으니까 우리 함께 시간을 두고 완벽한 제도를 만들어보자는 겁니다."

"그렇게까지 하시는 데야 저희가 반대할 명분이 없지요."

그리하여 세종은 1436년에 공법상정소를 설치했고, 1444년 11월에 토지의 비옥도와 풍년, 흉년 등을 모두 고려한 세법을 완성했다. 여론조사를 벌인 후 15년 만의 결실이었다. 세종의 주도 아래 만들어진 이 세법은 그해 충청도와 전라도, 경상도의 여섯 개 현에서 시범 실시되었고, 1450년 전라도, 세조 때인 1461년에는 경기도, 1462년 충청도, 1463년 경상도, 성종 때인 1471년 황해도, 1475년 강원도, 1486년 평안도, 1489년 영안도(함경도)의 순으로 시행되기에 이른다. 이 공법에 의한 조세제도는 《경국대전》에 반영되어 조선이 멸망할 때까지 시행되었다.

세종은 이 제도를 만들기 위해 여론조사를 실시해서 정책의 정당성을 확보한 다음 조세 전문가들인 조정 대신들을 동원해 면밀하게 법을 만들었고, 그사이에 그 제도를 시행할 수 있도록 선진농법의 보급, 토지 개량, 백성에 대한 선무 등을 적절히 이용했다. 세종은 후손들에게 무릇 정책이란 어떻게 기획하고 시현해야 하는 것인지를 멋들어지게 보여준 것이다.

만대불변의 법률을 만들자

- 법제의 정비 -

　1392년 7월, 조선을 개창한 태조는 국가 통치의 기본 방침으로 모든 정사를 법률에 따라 처결하도록 하는 법치주의를 표방했다. 개국 초기 조선은 임시방편으로 고려의 행정법규를 사용했다. 1394년 5월 30일 정도전은 《조선경국전(朝鮮徑國典)》을 완성함으로써 개혁세력의 정치 이념을 법전에 뚜렷이 담았다.

　《조선경국전》은 조선 개국의 기본 강령을 논한 일종의 규범체계서로서, 국가 형성의 기본을 담았고, 주례(周禮)에 기초해 법(法)·교(敎)·예(禮)·정(政)·형(刑)·사전(事典) 등 육전의 관할 사무를 규정했다. 하지만 여기에는 고려의 법령을 배격하고자 하는 정도전 개인의 정치적 소신이 담겨 있었으므로 문제가 많았다. 때문에 이방원이 정권을 장악한 태조 말년에 조준 등이 정도전의 이론을 말끔히 제거한 《경제육전(經濟六典)》을 편찬했다. 이 법전은 1388년(고려 우왕 14년)부터 시행된 규정과

정도전 영정 조선 창업의 일등공신인 삼봉 정도전은 군사, 법제, 행정 등 전 분야에서 건국의 기초 작업을 충실히 해냈다. 정국의 주도권을 놓고 태종과 힘겨루기를 하다 죽임을 당한 뒤 조선시대 내내 평가절하를 당한 비운의 인물이기도 하다.

조례를 모은 것이었다.

　《육전(六典)》은 정치하는 법령이다. 육조의 관리들은 관직의 뜻을 깊이 새겨 직책을 다하고 태만하지 말라."

　1398년(태조 7년) 발표한 즉위교서에서 태조는 이렇게 선언하면서 《경제육전》을 조정의 신료들과 전국의 수령들에게 배포했다. 1413년에 이르러 하륜이 《경제육전》 가운데 뜻은 존속시키고 이두문과 방언을 제거하여 《원육전(元六典)》이라 하고, 상왕이 즉위한 이후 빠졌거나 그 사이에 공포된 법령을 모아 《속육전(續六典)》이라 한 다음 각각 주자소에서 인쇄하여 반포했다. 그때부터 두 가지 법전이 함께 사용되었는데 시행상 몹시 혼란스러웠다.

　"이번에 이조에서 승진시험이 있는데 어떤 법전을 적용할까요?"

　"《원육전》으로 하라."

　"그럼 형조의 봉급 지불건도 《원육전》으로 할까요?"

　"아니, 그 일은 《속육전》이 알맞겠다."

　이처럼 사안에 따라 두 가지 법전에서 조례를 고르다 보니 관리들은 스트레스를 받을 수밖에 없었다.

　"안 되겠다. 《육전》을 하나로 통일시켜야겠다."

완전한 법은 없다

세종은 1422년 8월 법전의 편찬기관으로 육전수찬색을 만들고 도제
조에 성산부원군 이직[28]과 좌의정 이원을 임명했다. 또 맹사성과 허조
를 제조로 삼아 유교의 예(禮)를 근본 이념으로 하면서 삼강오륜(三綱五
倫)의 원칙을 담은 법전을 편찬하라고 명했다.

"이 법전은 고려의 법을 기본으로 하고 여태까지 조정에서 행한 법집
행 사례들을 빠짐없이 넣도록 하시오."

1426년(세종 8년) 12월 수찬색에서 법전을 새롭게 정리하려면 고려의
옛 제도를 살펴야 하는데, 그러자면 고려사 전체를 따져봐야 한다고 보
고했다. 그 예로 1387년(고려 우왕 13년) 이후 벌어진 신진 사대부들의 개
혁 작업을 명확히 밝혀야 한다는 것이었다.

"필요하다면 거리낄 것이 무엇이겠는가?"

세종은 법률의 정리가 전통을 단절하지 않고 국가통치의 기틀을 잡는
방편임을 알고 있었다. 당시 법전 편찬의 책임자였던 이직은 무엇보다
도 백성을 중히 여기고 일상생활에 도움을 줄 수 있는 따뜻한 법률을 주
장했다. 나라의 근본은 바로 백성이기 때문이었다. 그리하여 관리들은
대소사를 막론하고 반드시 법률을 준수해야 한다고 역설했다.

"법대로 하면 돼."

그런데 예조 참의 고약해가 손을 휘젓고 나섰다.

"《속육전》은 한 나라의 기본법인데 한두 사람이 편찬하면 편견이 개
입될 수 있습니다. 여러 대신들과 의논하는 것이 마땅합니다."

"맞는 말이다. 하지만 그렇게 했다간 배가 산으로 올라갈 것이다. 나
중에 문제가 있다면 고치면 된다."

세종은 원칙은 지키되 상황에 맞춰 일을 하자고 담당자들을 설득했던 것이다. 당시 세종은 법전 편찬 과정에서 다음과 같은 기본 정신을 구현하고 있었다.

첫째, 옛 제도에 비추어 어김이 없는 법이어야 한다. 그러므로 법 제정에 있어서 중국 고전에 담겨 있는 옛 제도의 연구가 필수적이었다. 법이 만고불변의 대원칙에 근거하고 있어야 함은 물론이고, 유교의 근본 정신에 들어맞아야 한다는 것이다.

둘째, 법은 근본적으로 도덕적인 선의를 갖춰야 한다. 법이란 단순한 통치수단이 아니라 백성의 생활규범에까지 도달해야 한다는 것이다. 그러므로 사회 변화에 따라 움직일 수 있는 법이어야 했다.

셋째, 법은 백성의 믿음과 뜻에 들어맞아야 한다. 백성의 지지를 받지 못하는 법이란 유명무실하다고 보았던 것이다.

넷째, 법을 경솔하게 고치지 않는다. 여기에는 '법을 바꿀 때는 구법에 열 가지 폐단이 있고, 신법에 한 가지 폐단도 없다고 판단된 후에 바꾼다.'란 대전제가 있었다. 세종은 평생 법전을 수정·보완하면서 이 전제를 잊지 않았다.

이 네 가지 원칙에는 법의 영구성과 안정성을 중시하는 세종의 생각이 고스란히 드러나 있다. 그 후 조선에서는 여러 차례 법전의 개정작업이 있었지만 이 원칙들은 변치 않았다. 세종은 이런 전제조건 하에서 고려의 법이라도 지킬 만한 것은 《원육전》에 싣고, 그동안의 수교조례도 《원육전》, 《속육전》의 해당 조문 밑에 각주로 수록했다. 영세지전이 아닌 것은 《원전등록》이라는 이름으로 따로 찬집했다. 그리하여 1426년 12월에 《속육전》 7책과 《등록》 1책이 완성되었다. 그래도 세종은 만족하지 않았다.

"뭔가 미진하다. 계속 고쳐보자."

1428년 11월, 세종은 하연에게 명하여《속육전》5책과《등록》1권을 개수하도록 한 다음 이듬해 3월 책으로 간행하여 중앙과 지방 관아에 배포했다. 하지만 이로써 법전 정리가 끝난 것이 아니었다. 1430년 3월 세종은 경연에서《속육전》을 강론하면서 미흡한 부분을 조목조목 지적했고, 집현전의 학자들에게도 '육전 진강서'란 검토의견서까지 제출토록 했다.

"아무리 잘 만들어도 부족한 게 법이다. 너희는 그렇게 생각하지 않느냐?"

그해 4월 세종은 본래 이두로 쓰인 판례를 억지로 한문 투로 고친 하륜의《원육전》보다 조준이 편찬한《방언육전》이 사람들에게 편리하다는 점을 지적한다. 이때 황희는《방언육전》도 괜찮다는 의견을 내놓았지만 하연은 적극적으로 반대했다.

"지금《속육전》이 이미 한문으로 정리되었고《원육전》도 한문이니 방언을 쓰면 더 큰 혼란이 우려됩니다. 알기 어려운 조문은 다시 한문으로 개정하면 됩니다."

하지만 세종은 황희 편이었다.

"무슨 말이오. 법이란 쓰는 사람이나 겪는 사람이 모두 이해할 수 있도록 쓰이는 것이 정석이오. 법을 사사로운 이해에 치중하지 않고 공정히 다루는데, 방언과 한문이 좀 섞인들 무슨 문제가 있겠소?"

그리하여 세종은 이듬해 5월에《방언육전》을 간행하면서 한문본은 전부 회수하고 사용을 금지시켰다.

1433년 정월에는 황희 등에 의해 《신찬경제속육전》이 완성되었다. 이 《육전》을 정전(正典)이라고 하고, 일시적인 법령을 수집 편찬한 것은 《등록(謄錄)》이라고 했다. 이 법전은 곧 간행되었지만 경연에서 강론하다 보니 또 미비점이 발견되었다. 그리하여 1435년 11월에는 이를 보완해 완전한 법전이 되었다.

이처럼 세종은 재위 32년 동안 17년에 걸쳐 법전 편찬에 매달렸다. 그가 얼마나 법전을 중요시했는지를 대변해주는 것이다. 이렇게 완성된 《속육전》은 훗날 조선왕조 최고의 법전으로 일컬어지는 《경국대전》의 모체가 된다.

훈민으로 가는 길

세종의 치세 중기에 지신사 안숭선이 상소했다.

"최근 관리들이 법전에 어두워 제멋대로 판결하여 형벌이 고르지 못합니다. 형법은 《대명률》을 근간으로 삼고 있는데 아는 이가 드무니, 우리말로 번역하여 나라 안에 널리 강습하게 해주십시오. 그리고 태형이나 장형을 한 대 치더라도 반드시 법조문에 따라 행하게 해야만 백성이 순순히 복종할 것입니다."

그것은 나라가 바뀐 뒤에 등장한 신참 관원들이 형법을 마구 적용하는 소위 전환기의 혼란이었다. 태종도 이를 염려해 강경하게 관리들을 처벌하곤 했지만, 세종은 그들에게 법을 잘 이해시키는 방향으로 나갔다. 관리들을 자극하면 할수록 피해를 보는 사람은 백성이라는 점을 잘 알고 있었기 때문이다.

"관리나 죄수들 모두 내 백성이다."

세종은 죄수들의 괴로움을 조금이라도 덜어주기 위해 여름철에는 햇빛을 막고 바람이 통하는 양옥(涼獄)을, 겨울철에는 온옥(溫獄)을 만들어주었을 뿐만 아니라 밤에만 옥에 들어가 쇠고랑을 차게 하는 제도도 만들었다. 또 한여름에 죄수들이 더위로 고생할 것을 염려해 큰 물동이를 넣어주도록 하기도 했다. 또 사형에 해당하는 죄는 반드시 세 번의 심사를 거치도록 하는 조항을 신설해 억울하게 죽는 이가 없게 했다.

"서울에서는 그런 일이 없지만, 지방에서는 죄수들이 아랫배가 붓거나 가슴과 배를

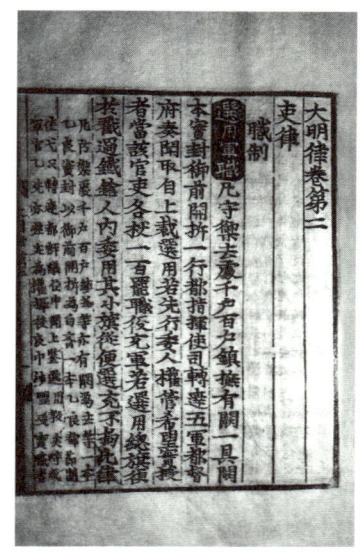

《대명률직해》 조선시대에 현행법으로 적용된 중국 명나라의 형률서인 《대명률》을 이두로 번역한 책이다. 조선의 실정에 맞는 용어와 표현을 넣었고, 《경국대전》과 함께 대표적인 법전으로 이용되었다. 출처 한국민족문화대백과

앓아 옥사하는 경우가 많습니다. 이는 혹독한 고문 때문입니다."

1439년(세종 21년) 2월 의정부에서 이런 보고가 올라오자 세종은 등에 매를 치는 것을 금하는 태배금지법을 제정했다. 그 외에도 노비 사형 금지, 빈민에 대한 수속금 감면, 남형의 금지 등 인간적인 법을 만들기 위해 노력했다.

이렇듯 백성을 위한 법을 주창하고 평생 노력한 세종이었지만, 무엇보다도 국가 통치의 제일의는 훈민(訓民)이었다. 그는 백성에게 형벌의 무서움을 알려주기보다는 먼저 삼강오륜을 가르쳐 아예 죄를 짓지 않도록 하는 것이 올바른 정치라고 생각했던 것이다.

이런 민본주의적 법치주의로 인해 조선 초기의 법전은 세종 대에 가

장 많이 손질되었고, 그 정신은 세조와 성종 대에 편찬된《경국대전》에
그대로 반영되었다. 그 결과 주자가례에 의한 유교의 종법적 가족제도
가 확립되었고, 오례(五禮)가 정비되었으며, 백성을 아끼는 흠휼사상에
입각한 형정의 개선이 이루어졌다. 더불어 토지사유제가 제도화되었
다. 조선 500년을 굳건하게 받쳐준 법률은 이처럼 세종이 오랫동안 심
혈을 기울여 뼈대를 다진 결과였다.

우리 겨레의 뿌리를 찾아라

- 단군 추승 사업 -

일찍이 태종은 고려 왕조의 예법을 연구하고 검토하여 새로운 나라 조선의 문화 전통이 단절되지 않고 조화롭게 발전될 수 있는 방안을 모색했다. 그 결과 고구려 · 백제 · 신라 삼국의 역사를 바로잡아 고려에서 조선으로 이어지는 민족국가의 계통을 확립하기로 결심했다.

"우리 조선이 민족의 정통성을 이어받은 국가라는 점을 명백히 해야 한다."

그리하여 1402년(태종 2년) 6월 태종은 하륜과 권근, 이첨 등에게 삼국의 역사서를 편찬하도록 명했다. 그 결과 1년 뒤인 1403년 8월 《동국사략(東國史略)》이 태종의 손에 쥐어졌다. 그런데 이 책의 '진삼국사략전'에서 권근은 처음으로 단군[29]을 민족사의 맨 앞자리에 내세웠다.

"우리나라는 하늘이 지은 땅이다. 단군께서 나라를 처음 세워 1,000여 년을 이어왔고, 기자가 이 땅에 봉해져서 8조로 나라를 다스렸다.

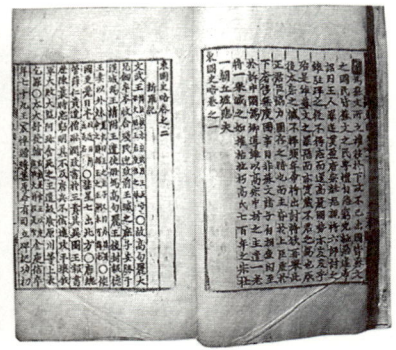

《동국사략》 단군조선을 시작으로 기자조선 · 위만조선 · 한사군 · 이부(二府) · 삼한 · 삼국의 순으로 역사를 서술해 조선시대에 들어와 처음으로 고대사의 체계를 수립했다.

그러나 연대가 너무 오래되어 문적에 전하는 것이 거의 없고 4군으로 찢어진 지 오래였다."

그는 고려의 김부식이 신라 중심의 《삼국사기》를 편찬하면서 유교사관에 입각해 일부러 빠뜨린 기록을 보충함은 물론, 국조 단군을 등장시켜 민족의 자주정신을 고취하자고 주장했다. 이에 윤회도 '의청간행동국사략전'에서 우리 역사도 시조에서부터 계통을 세워야 한다고 강조했다.

"우리 동국이 시작할 때 단군께서 처음 왕위에 올랐고, 기자가 뒤를 이었다. 요동의 한족이 침입하여 분란이 일어났고, 세 나라가 서로 맞서 삼한의 강역이 전쟁터가 되어 서로 쫓고 쫓겼던 것이다. 삼국의 흥망성쇠에 따라 역사의 문적이 적고 세월이 지나 상고에 관해서는 패관의 기록을 보거나 가까이는 김부식의 편찬을 볼 수밖에 없는데, 분량이 많고 지루해 읽기에 졸음이 오고 황당하며 광탄한 이야기는 종잡을 수가 없다."

　사실 단군을 민족의 시조로 모시자는 주장은 건국 초기부터 일관되게 등장했다. 태조 원년인 1392년 8월 예조 전서 조박이 종묘, 사직, 산천, 성황, 문선왕의 제례를 결정할 것을 의논하면서 단군을 조선에서 천명을 이어받은 최초의 임금으로 간주할 것을 주장했다.

　"중국에 요순이 있다면 우리에게는 단군이 있다."

　또 1394년 8월 좌정승 조준과 우정승 김사형이 도읍을 의논하면서 단군 때의 기록을 참조하자고 말했다. 1412년(태종 12년) 6월에는 하륜이 조선 단군의 제사를 주장해 관철시켰다.

　"우리나라의 시조는 단군이다. 그는 하늘에서 왔으므로 중국의 천자가 분봉한 것도 아니다. 단군이 세상에 온 것은 당요 무진년으로 약 3,000년이나 된다."

　유교의 시각으로 보면 중국의 황제인 천자만이 천명을 받아 나라를 다스린다. 그러기에 하늘에 대한 제사는 천자만 지낼 수 있었다. 북경에 있는 천단(天壇)이 그 제사 터이다. 하지만 고려는 건국 초기에 독립적인 황제국으로서 천제를 지냈다.

　그 고려를 계승한 조선은 비록 명나라의 제후국을 자임하며 조공을 바쳤지만, 독자적인 문화국가임을 자부하며 원구단을 설치하고 천제를 지냈다. 하지만 훗날 존명사대에 어긋난다는 유학자들의 반대에 부딪히자 이를 폐지하는 대신 단군과 기자에 대한 제사를 지냈다.

　1421년 정척은 명나라에 조공하는 말을 점검하러 의주에 갔다가 돌아오는 길에 평양의 기자사당에 들렀다. 그런데 기자의 위패는 북에서 남으로 향하고, 단군의 위패는 동에서 서로 향하고 있는 것을 보고 의문을 품었다. 그리하여 1425년(세종 7년)에 사온서 주부가 되자 세종에게 그 일을 고했다.

"단군은 요임금 때 개국해 국호를 조선이라 했고, 기자는 주나라 무왕의 명으로 조선에 봉해졌습니다. 햇수를 따져봐도 요임금에서 무왕까지 무려 1,230년의 차이가 나지요. 그런데 기자를 북쪽에 모시고 단군을 동쪽에 모시는 것은 말도 되지 않습니다."

"그런 일이 있었는가? 네가 자세히 연구해보거라."

세종은 그를 의례상정도감에 임명해 고대 제사의식을 연구하고 단군제향에 관한 절차를 조사토록 했다. 그런데 예전에 그려진 〈진설도(陳設圖)〉에는 단군의 신위가 남향으로 되어 있었다. 정척의 보고로 그런 사실을 알게 된 세종은 평양에 단군의 사당[30]을 따로 세운 다음 〈진설도〉대로 신위를 다시 모셨다.

"우리는 마땅히 단군을 시조로 삼아야 한다. 그러므로 그분의 신위를 기자와 나란히 두는 것은 격에 맞지 않는다."

그만하면 됐다

그 후 유관과 유사눌이 구월산에 단군사당을 지어야 한다고 주장했다.

"단군은 처음에 평양에 도읍했다가 백악으로 천도한 다음 아사달에 들어가 신이 되었는데, 아사달은 지금의 황해도 구월산으로 지금까지 삼성당이 남아 있으므로 그곳에 단군사당을 짓고 제사지내야 합니다."

"그만큼 우리의 주체의식을 보였으면 됐다. 사실 단군에 대한 기록이 《삼국유사》밖에 없는데 너무 요란을 떨면 곤란하지 않겠느냐."

세종은 이렇듯 단군을 신화적인 인물로 상정하여 제사문제만 논의했

단군성전 세종 대에 평양에 세웠던 단군사당은 현재 남아 있지 않지만, 해방 후 남한에는 각지에 국조 단군을 모시는 성전이 세워졌다. 사진은 서울 사직공원 내의 단군성전. photo ⓒ 모덕천

을 뿐 역사의 실존인물로 확정하지는 않았다. 이런 경향은《세종실록지리지》나《삼국사략》을 편찬할 때도 마찬가지였다. 당시 세종과 신료들은 일연의《삼국유사》에 기록된 대로 단군을 국조로 인정하면서도 그 사적을 사실로 보기에는 의심스럽다는 견해가 많았다.

"앞으로 단군에 대한 기록을 많이 생산하도록. 그래야 정사가 되지."

세종의 단군 추숭 사업은 취약한 왕조 초기의 필수적인 수순이기도 하지만, 선대의 불확실한 정체성을 정립하려는 세종의 의지가 강력하게 작용했다. 그것은 또 우리 겨레의 뿌리를 단군으로 집약시킴으로써 백성의 충성도를 높이고 통치체제의 원활을 기하려는 고도의 심리작전이었다.

"우리는 배달민족 한겨레 아닌가?"

북방의 경계를 확장하다

- 4군 6진 개척 -

　세종 대에 이루어진 두만강과 압록강을 경계로 하는 북방영토의 확정
은 민족사에 획기적인 일이었다. 그것은 세종의 과감한 군사정책을 통
해 이루어졌고, 이를 계기로 조선의 강역이 완전하게 만들어졌다.

　두만강과 압록강 일대는 조선왕조를 세운 전주 이씨의 터전이었다.
일찍이 태조 이성계의 조상인 목조 이안사는 처음에 덕원에 머물다가
원나라의 지방관인 다루가치가 되어 경흥 동쪽 30리의 알동에 자리 잡
았다. 본래 이 지역은 오래전부터 여진족의 거주지였다. 때문에 부친의
관직을 이어받은 익조 이행리는 토박이 여진족의 기세에 눌려 경흥 동
쪽 바다 한가운데 있는 적도(赤島)로 피신하기도 했다. 하지만 그의 아
들 도조 이춘은 지역의 패주로 군림하는 데 성공한다. 이 과정은《용비
어천가》를 통해 하나의 신화[31]로 전해진다.

어느 날 이춘의 꿈에 한 사람이 나타나 부탁했다.

"나는 남쪽 못에 사는 백룡인데 흑룡이 내 굴을 빼앗으려 합니다. 공께서 살려주십시오."

괴이하게 생각한 이춘이 연못에 가보았더니 두 마리 뱀이 싸우고 있었다. 그래서 이춘은 흑룡을 활로 쏘아 죽였다. 다음 날 꿈에 그 사람이 다시 나타나더니 감읍하며 말했다.

"공의 자손에 큰 경사가 있을 것입니다."

여기에서 흑룡은 여진족을 가리킨다. 이후 공민왕과 합세한 환조 이자춘은 원나라의 쌍성총관부를 공격해 동북지역을 고려에 편입시켰고 자연스럽게 조선의 영토가 되었다. 그러나 여진족은 그 결과를 인정하지 않고 틈만 나면 습격해 약탈을 거듭해왔다.

"이 땅은 금나라가 다스리던 땅이다. 너희는 고려 땅으로 물러가라."

금나라의 후예들

우리 민족의 성산으로 일컬어지는 백두산은 여진족에게도 성지였다. 금나라의 태조가 백두산 기슭에서 태어났기 때문이다. 여진족은 본래 고구려의 일부를 구성하던 퉁구스 계통의 일곱 말갈족 가운데 한 부족인 흑수말갈의 후예이다. 이들은 고구려 멸망 이후 발해에 예속되었다가 발해가 요나라에 멸망당하자 흑룡강, 송화강, 두만강 유역과 함경도 지역에 정착해 살고 있었다.

12세기경 그들이 세력을 확장하여 남하할 기세를 보이자 고려 예종은 윤관과 오연총에게 17만 대군을 주어 함경도 일대의 여진족을 쫓아낸 다음 두만강을 넘어 길림성 연길현까지 치고 올라가 정계비를 세웠다. 그런 다음 함주·복주·영주·길주·웅주·통태진·진양진·숭녕진·공험진에 9성을 쌓고 여진족의 침노에 대비했다. 그러나 불과 2년 뒤 완안부의 추장 우야소(烏雅束)가 이끄는 여진족이 전열을 정비해 공격해왔다. 이때 고려는 불모지를 애써 지킬 필요가 없다 하여 물러섬으로써 애써 쌓은 9성을 고스란히 내주고 말았다.

얼마 뒤 이 일대에서 세력을 키운 여진족의 추장 우야소의 아우 아골타(阿骨打)가 전 부족을 통합한 다음 금(金)나라를 세우고 태조가 되었다. 강력한 금나라의 기세에 눌린 고려는 1126년(인종 4년) 형제의 의리로 화친을 꾀했다. 하지만 1206년 몽고족이 세운 원나라가 금나라를 멸망시키자 여진족은 다시 뿔뿔이 흩어졌다. 그 후 원나라의 뒤를 이어 대륙을 접수한 명나라는 만주지역에 있던 여진족을 회유하거나 불화를 조성해 효과적으로 관리했다.

이때의 여진족은 크게 남만주의 건주여진, 동북 흑룡강 유역의 야인여진, 길림성 일대의 해서여진의 세 갈래였다. 건주여진은 압록강 건너 흥경지역과 파저강 유역의 우랑카이(兀良哈) 부족과 두만강 일대 함경도 회령을 중심으로 한 오도리(斡朶里) 부족, 만주 영고탑 일대의 우디캐(兀狄哈) 부족으로 나누어졌는데, 조선에서는 이들을 통틀어 야인(野人)이라 칭했다.

여진족은 사냥과 목축이 주업이었지만, 때때로 조선의 변방을 침입해 곡식과 가축을 약탈하고 백성을 노예로 잡아가곤 했다. 조정에서는 유화책으로 이들에게 곡식과 의복, 소금, 철 등을 보내 달랬고, 귀화하는 자는 시위병에 편입시켜 조선 여인과 혼인도 시켰으며, 여러 부족장들에게 벼슬을 주기도 했다. 하지만 이들은 끊임없이 국경지역을 어지럽혔다.

"우리 조선은 북방을 안정시키지 못하면 바람 잘 날이 없다."

태종의 뒤를 이은 세종은 여진족의 동태를 예의 주시하고 있었다. 그들은 언제든 힘을 합치면 과거 금나라와 같이 강성한 세력으로 발돋움할 위험이 다분했던 것이다.

4군 설치

1393년 명나라가 중원을 통일했지만, 만주지역은 여전히 여러 세력의 각축장이었다. 조선이 건국할 당시 압록강 쪽 서북지역에는 강계만호부와 갑주만호부가 있었다. 태종은 즉위 초기인 1403년 강계만호부를 강계부로 승격시키고 1413년에는 갑주를 갑산군으로 승격시켰다. 1416년에는 또 갑산군의 일부를 나누어 여연군을 설치한 다음 함경도에서 평안도로 이관함으로써 압록강 일대의 경계를 명확히 했다.

그때 건주여진의 일파인 우랑카이 부족은 추장 이만주(李滿住)를 따라 파저강 유역과 회령 북쪽 두문지역에 분산되어 살면서 중국 요동지역과 압록강, 두만강 유역을 수시로 침범해 노략질을 했다. 이로 인해 조선의 군사 요충지인 여연지역은 매우 민감한 분쟁지역이 되고 말았다.

1422년 10월, 200여 명의 여진족이 경원부 부회환을 습격했다가 첨절제사 전시귀에 의해 쫓겨났다. 보고를 받은 세종은 상호군 김효성을 함길도 조전 첨절제사에 임명하고 함길도 출신의 금군 23명을 데려가 함길도 병력을 돕게 했다. 하지만 그 뒤에도 여진족은 압록강 쪽 여연, 강계, 의주 쪽으로 수십 명씩 떼를 지어 습격해 양식을 탈취해갔다.

이후 두만강과 압록강 유역의 여진족은 점차 부족들이 연합하여 공격해왔고, 조선의 회유정책도 잘 통하지 않았다. 이에 조정에서는 경원부를 옮기자는 논의까지 나왔지만, 공조 판서 이천이 요소요소에 목책을 세우고 둔전군을 배치하면 된다고 반대해서 없던 일이 되어버렸다. 그렇게 해서 함길도 쪽에 대한 방어 대책은 가닥을 잡았지만 평안도 쪽은 여전히 골치가 아팠다. 여진족 거주지역이 명나라의 영토였으므로 함부로 월경하기가 찜찜했던 것이다. 그런 상태에서 1432년 12월 9일 평안 감사가 급보를 알려왔다.

"야인 400여 기가 여연군에 침입하여 사람과 물건을 노략질했습니다. 강계 절제사 박초가 급히 추격하여 붙들려가던 백성 26명을 구하고 말 30필, 소 50마리를 되찾았습니다. 아군의 피해는 전사 13명, 부상 25명입니다."

보고를 받은 세종은 홍사석을 시켜 이 사건을 조사하게 했다. 그 결과 파저강의 우랑카이족 추장 이만주가 작은 추장 임할라(林哈拉)를 시켜 야인 400명을 우디캐족처럼 위장해 공격해왔다는 사실이 밝혀졌다. 그들은 조선군을 죽이고 수많은 포로를 잡아간 뒤 조선군의 대규모 보복이 두려웠던지 주민 일곱 명을 돌려보내며 이렇게 변명했다.

"이번 일은 우디캐의 소행입니다. 우리가 그들에게서 포로 64명을 빼앗았으니 곧 돌려드리겠습니다."

사건의 내막을 파악한 세종은 분개했다.

"참으로 비열한 작자로다. 저들이 변경을 침범해 내 백성을 죽이고 사로잡아가는데도 가만히 있다면 조선은 나라가 아니다. 경들은 야인 토벌에 대해 논의하라."

그러자 조정에서 갑론을박이 벌어졌다. 문제는 현재 여진족 거주지를 공격하려면 압록강을 넘어야 하는데, 그곳은 명백한 명나라의 영토라는 점이었다.

"역시 명나라에 보고한 다음에 토벌해야 할까?"

"비록 우리 군사가 중국 땅까지 뒤쫓아 들어갈지라도 방어를 위한 군사행동이므로 사대하는 의리에 해로움이 없습니다."

"그래도 보고하고 가는 것이 낫지 않을까요?"

세종의 물음에 영의정 황희와 좌의정 맹사성의 의견이 엇갈렸다. 두 사람의 성격이 드러나는 장면이었다. 허조와 최윤덕은 보고 자체가 명나라에게 국정 간섭의 빌미를 주는 것이라며 아예 거병 자체를 하지 말자고 주장했다. 하지만 세종의 마음은 이미 굳어져 있었다.

"차근차근 절차를 밟도록 하자. 어쨌든 저들을 징계하겠다는 뜻에는 변함이 없다."

2월 21일 세종은 최해산에게 압록강에 부교를 설치하게 하는 한편 박호문과 박원무를 이만주에게 보내 포로 소환을 핑계로 적정을 탐지해오도록 했다. 명을 받은 두 사람은 파저강 건너 우랑카이 부락으로 가서 이만주를 만나 우디캐족에게서 조선인 포로를 빼앗은 공을 칭찬하면서 환심을 샀다. 그들은 현지에서 이틀 밤을 묵으며 그곳의 지형과 군사배치 상황을 알아낸 다음 포로들을 데리고 돌아왔다.

3월 7일, 세종은 평안도 도절제사 최윤덕의 건의를 받아들여 토벌군을 1만여 명으로 증강했다. 또 갑작스런 조선의 대규모 군사행동으로 인해 동북 방면의 오도리족이 동요할까 염려하여 추장인 몽거티무르(童猛哥帖木兒)에게 이번 야인 정벌의 목적을 알렸다. 동시에 좌승지 최치운을 명나라로 보내 여진 정벌의 취지를 설명했다.[32] 다행히 황제로부터 허락이 떨어졌다.

"내 일찍이 변방의 족속들에게 제 땅을 지키고 서로 침범하지 못하도록 했는데, 이를 어기는 자가 있거든 임금이 기회를 보아 단속하라."

이렇게 해서 야인 정벌 준비는 모두 끝났다. 디데이인 3월 17일, 출격

〈해동지도〉에 표시된 4군 위치 1750년대 초에 제작된 이 지도에는 여연, 무창, 우예, 자성의 4군의 교통로와 지형이 온전하게 표시되어 있어 당시 위치를 짐작케 한다. 규장각 소장.

명령이 떨어지자 평안도 도절제사 최윤덕은 평안도 군사 1만, 황해도 군사 5,000을 거느리고 여섯 명의 장수들[33]과 함께 출정길에 나섰다.

조선의 대군은 4월 10일, 강계부에 모여 전열을 정비한 다음 군사를 일곱 갈래로 나누어 일제히 공격을 개시했다. 압록강을 건너온 조선군의 갑작스런 총공세에 여진족은 혼비백산 제대로 저항하지도 못하고 궤

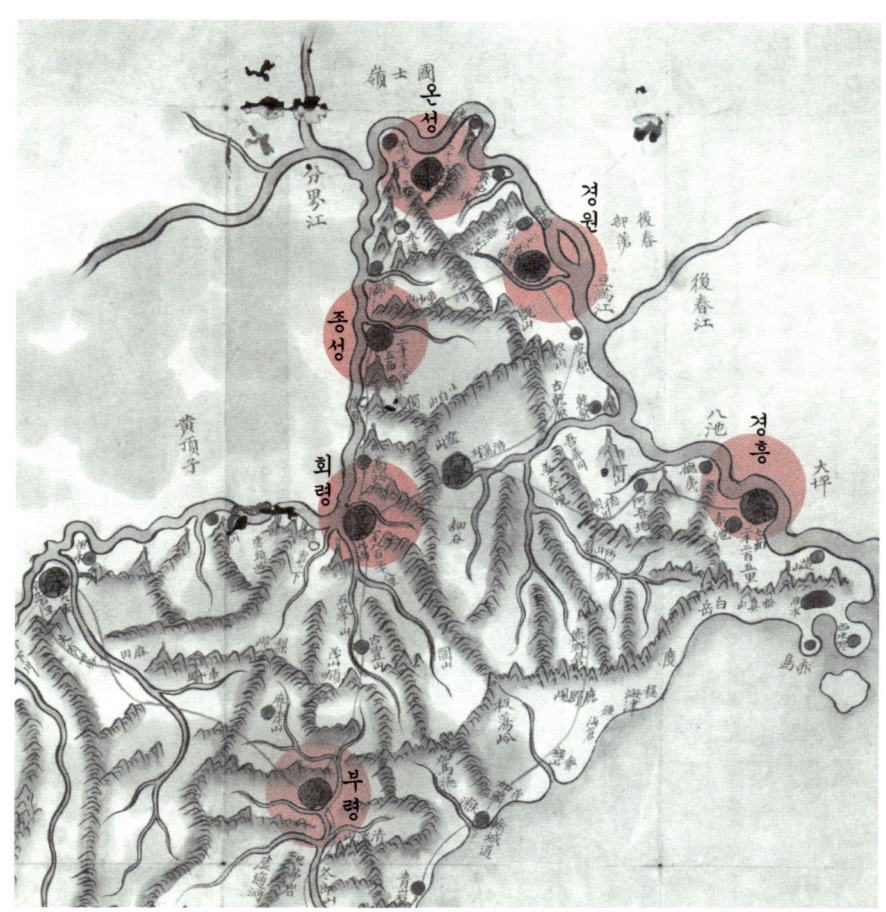

〈해동지도〉에 표시된 6진 위치 1750년대 초에 제작된 이 지도에는 종성, 온성, 경원, 회령, 경흥, 부령의 6진의 교통로와 지형이 온전하게 표시되어 있어 당시 위치를 짐작케 한다. 규장각 소장.

멸되고 말았다.

당시의 전과를 살펴보면 야인 생포 236명, 사살 183명, 노획한 마소는 총 177마리인데 비해 정벌군의 피해는 사망 4명에 부상 25명이었다. 큰 전과는 아니었지만 일방적인 승리였던 것이다. 이렇듯 세종의 결단에 의해 치러진 야인 정벌은 5월 19일 공식적으로 종료되었다.

"이제야 한쪽의 시름을 덜게 되었다."

세종은 몹시 기뻐하며 경복궁 근정전에서 잔치를 베풀고 최윤덕을 우의정으로 삼았다. 이것이 제1차 야인 정벌의 성공적인 피날레였다.

이때 목숨을 건진 우랑카이 추장 이만주는 명나라 조정으로 달려가 조선에 잡혀간 포로들을 돌려달라고 애걸했다. 그는 당시 명나라에서 수여한 건주위도독이란 벼슬이 있었기 때문에 가능한 일이었다. 곧 명나라에서 압력이 들어왔다. 하는 수 없이 세종은 경기, 충청도에 분산 수용했던 포로들을 돌려주고 말았다.

"나라의 힘이 약한 게 분할 뿐이다."

이때 다시 파저강 기슭으로 돌아온 이만주는 가까운 우디캐 부족을 충동해 세력을 강화한 다음 또다시 국경을 넘어와 노략질을 시작했다. 그들은 명나라에서 자신들을 비호하고 있다고 믿었던 것이다. 그러자 세종은 명나라에 그들의 악행을 일일이 보고한 다음 재차 토벌작전에 돌입하겠다고 통보했다.

"조선의 주장이 모두 사리에 맞으니 말릴 수가 없다."

명나라는 이번에도 어쩔 수 없이 조선의 군사행동을 묵인할 수밖에 없었다. 1437년 9월 세종은 평안도 병마도절제사 이천에게 8,000명의 군사를 주어 파저강 너머에 있던 여진족의 근거지 우라산성과 오미부를 소탕케 했다. 이른바 제2차 야인 정벌이었다.

그렇게 두 차례의 야인 정벌[34]을 통해 서북지역을 평정한 세종은 여연군 외에 자성군을 설치하고 1436년에는 무창현, 1443년에는 우예군을 설치함으로써 4군[35]을 완성했다. 이는 압록강 남쪽 조선의 경계를 완전히 확정시킨 쾌거였다.

6진 개척

압록강 유역의 여진족도 문제였지만 두만강 유역의 여진족은 조선에 매우 위협적이었다. 지리적으로도 험한 데다 그 지역에 거주하는 우디캐와 오도리 부족의 기세가 강맹하기 이를 데 없었다. 태종 때 이들을 정벌하려다 대패하여 경원부에서 부거로 후퇴하는 아픔을 겪기도 했다. 원래 이 일대는 고려 때 길주 만호부였고, 이자춘이 삭방도 만호 겸 병마사로서 군림했던 조선의 상징적인 지역이었다.

"어찌하면 저 땅을 되찾을 수 있을까."

이 동북의 변방은 오랫동안 세종의 무거운 짐이었다. 1422년 9월 우디캐족 100여 명이 경연부 아산과 고랑기를 침입했고, 10월에는 우랑카이족 200여 명이 경원부 부회환에 쳐들어와 약탈하고 돌아갔다.

조정에서는 방비 책임을 물어 절제사 전시귀를 처형하고 고랑기 일대에 목책을 둘러 방비를 굳게 했지만 여진족의 침입은 계속되었다. 1424년 5월에는 다시 우디캐족 100여 명이 쳐들어왔다가 경원 첨절제사 이징옥에 의해 대패하고 쫓겨나기도 했다.

"경원부를 방어하기 쉬운 용성으로 옮기면 근심이 줄어들 것입니다."

이 지역의 연이은 소요를 근심한 신하들이 이렇게 주청했지만 세종은 그럴 수 없었다.

"조종께서 지키던 땅을 한 치라도 버릴 수 없소. 여기에서 물러난다면 우리는 북쪽 함길도와 평안도부터 남쪽 경상도 거제까지를 어떻게 우리 영토라고 주장할 수 있겠소."

세종은 1432년(세종 14년) 7월 용성 북쪽 100리 지점의 석막에 성을 쌓고 봉화대를 세워 영북진을 설치했다. 영북진은 용성과 북쪽 두만강 중류의 알목하의 분수령으로서 이후 옛 경원부 지역을 수복하는 전초기지가 되었다.

그해 10월 갑자기 고토 수복의 기회가 찾아왔다. 당시 요동 개원지방에 있던 여진족 추장 양무타우(楊木搭兀)는 중국인 포로 130명을 데리고 알목하를 거쳐 우디캐족의 근거지인 영고탑으로 이동하고 있었다. 그런데 알목하 지역의 오도리족 추장 몽거티무르가 중국인 포로를 빼앗아 명나라에 돌려보내고 건주 좌위도독이란 벼슬을 받았던 것이다. 이에 앙심을 품은 양무타우는 10월 19일 우디캐족과 합세하여 800여 명의 기병으로 오도리족을 급습해 몽거티무르는 물론 그 일족을 남김없이 섬멸해버렸다.

동북 여진족의 움직임을 예의주시하던 세종은 그 소식을 듣고 눈을 번쩍 떴다. 오도리 부족의 멸망으로 인해 두만강 중류 연안이 졸지에 무주공산이 된 것이었다.

"이것은 하늘이 준 기회다. 저 땅을 얻으면 두만강으로 우리의 국경을 삼을 수 있다. 하지만 당장 점령하기는 쉽지만 오래도록 방어하기가 어렵다. 어찌하면 좋을까."

그러자 좌승지 김종서[36]가 그 땅을 지킬 수 있는 묘안을 짜냈다.

"부거나 석막은 경계로 삼을 수 있는 땅이 아니고, 용성 또한 주변에 물이 없고 산도 없어 요새지로는 적합하지 않습니다. 현재 회령과 경원에는 성이 있으니 종성과 용성에 성을 쌓아 큰 진을 만든 다음 노련한 장수와 날랜 병사들을 배치하여 지킨다면 능히 야인의 침입을 막을 수 있습니다."

"좋은 생각이다. 그런데 그런 생각을 현실로 바꿀 수 있는 장수가 있을까?"

"글쎄요, 이건 오랜 시간을 요하는 일입니다. 감히 추천할 만한 사람이 없습니다."

"그렇다면 그대가 해야겠군."

"맡겨만 주시면 신명을 다하겠습니다."

세종은 1433년 김종서를 함길도 관찰사로 임명하고 동북지역 개척의 중임을 맡겼다. 당시 51세의 장년이었던 김종서는 그때부터 4진 수축에 온 힘을 기울였다. 얼마 후 세종은 그의 노고를 치하하며 함길도 절제사로 승진시켰다. 그때부터 동북지역의 영토를 확정짓기 위한 김종서의 고독한 행군이 시작되었다.

세종은 김종서가 북쪽에서 고생하는 7년 동안 충청도 관찰사에게 일러 공주에 사는 김종서의 노모에게 의약품과 음식을 주었고, 아내가 병으로 고생한다는 소식이 들려오자 어육을 내려 위로했다. 또 김종서의 형 김종흥이 집안을 돌볼 수 있도록 황주 목사에서 남양 도호부사로 부임지를 바꾸어 발령을 내리기도 했다.

"이런 주상께 충성을 다 바치지 않는다면 어찌 신하라 할 수 있으랴."

김종서는 감격의 눈물을 흘렸다. 부령에 영북진이 설치된 지 2년 후

경성 읍성 북으로는 청진, 남으로는 길주 방면으로 통하는 요충지이다. 1433년에 김종서가 관찰사로 부임하여 이 성을 중심으로 국방을 더욱 튼튼히 했고, 1616년에는 이미 있던 성을 확장하여 읍성을 고쳐쌓았다. 출처_한국민족문화대백과

에는 부거에 있던 경원부를 지금의 경원으로 옮겼으며, 1437년에 공성현을 경흥군으로 승격시켰다가 후에 다시 경흥부로 승격시켰다. 1440년에는 종성군을 수주로 전진시키고 지금의 온성에 온성군을 새로 설치했다가 이듬해 각기 종성부와 온성부로 승격시켰다. 1442년에는 지금의 경원 북방에서부터 회령 서쪽까지 장성을 쌓고 1449년에는 석막의 옛터에 부령부를 설치했다.

이로써 경원·종성·회령·경흥·온성·부령을 잇는 6진이 완전하게 설치되었다. 무려 10여 년 동안의 노력 끝에 이루어진 결실이었다. 6진[37]은 앞서의 4군과 이어져 조선의 북방 영토를 완전하게 확정지었다.

"이로써 두만강과 압록강을 잇는 조선의 국경선이 확정되었구나."

세종은 감개무량했다. 그동안 6진 개척의 영웅 김종서에 대한 조정의

반대와 질시는 실로 지독했다. 특히 김종서의
천거로 회령 절제사가 된 박호문은 매우 노골
적이었다.

"김종서는 겁이 많고 나약해서 장수로는 적
합하지 않습니다. 또 궁술이나 기마술도 서툰
데다 뽐낼 줄만 아니 어떻게 야인들의 마음을
복속시킬 수 있겠습니까."

사헌부에서는 10여 가지 죄목을 들어 김종
서를 탄핵했다.

"김종서의 애첩이 여진족에게 받은 뇌물을
서울에 보냈습니다. 그는 또 마음대로 땅을 주
고받았으며, 모친상을 마치고 돌아갈 때 안변
에서 기생을 데리고 경성으로 갔습니다."

이에 김종서는 임금에게 편지를 써서 억울
함을 호소했다. 그의 편지를 읽은 세종이 도승
지 김돈에게 물었다.

"정말 김종서가 이런 짓을 했단 말인가? 나
는 믿을 수가 없네."

그러자 김돈은 자초지종을 아뢴 다음 말했다.

"김종서는 유학자입니다. 그럴 리가 없습니다."

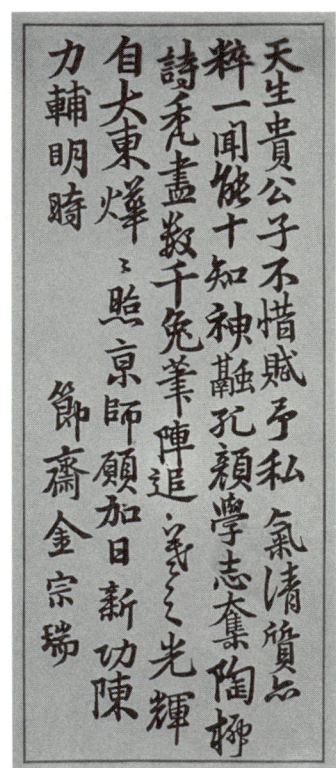

절재 김종서 글씨 6진 개척의 수장으로 강직
한 성품의 학자이자 유능한 관료였던 김종서
는 세종과 문종의 두터운 신임을 받았다. 고
명대신으로 어린 단종을 보필하다 수양대군
에게 역적으로 몰려 죽임을 당했고, 1746년
(영조 22년)에 복관되었다. 출처_한국민족문
화대백과

그 말에 세종은 고개를 끄덕이며 사헌부의 상소문을 돌려보냈다. 그
만큼 김종서를 믿어주겠다는 뜻이었다. 새삼 힘을 얻은 김종서는 꿋꿋
하게 북방의 눈보라 속에서 일장검을 짚고 서서[38] 북방의 영토를 수호

하는 데 전력을 다했다. 이때 여진족들은 오척단구에 불과한 그를 '대호(大虎)'라 칭하며 두려워했다.

그 후 세종은 신설된 6진에 각기 도호부사와 토관들을 두고 남쪽의 백성을 이주시킴으로써 이 지역이 조선의 영토임을 분명히 했다. 모든 작업이 마무리되자 세종은 김종서를 조정에 불러들여 《고려사》 편찬과 같은 중임을 맡겼다.

"보라, 누가 김종서처럼 할 수 있겠느냐?"

신무기의 개발

동서양을 막론하고 14세기 전반에 이르러 화기의 개량이 시작되었고 15세기 전반에 전성기를 맞이했다. 조선의 화기[39] 개량은 남쪽 왜구와 북쪽 여진족의 침입이 자극제가 되었다. 고려 말 최무선에 의해 화약이 개발되었으므로 적절한 화기의 개발이 주요 목표가 되었다.

태조 대에는 반대세력의 이용을 두려워해 화기 제조가 극히 제한되었지만, 태종 대에 이르러 화기 개량은 급속도로 추진되었다. 태종은 최무선의 아들 최해산으로 하여금 화차, 화통, 화포, 완구, 탄환 등 다양한 화기를 제조하도록 하고, 1417년에는 화약감조청을 지었다. 최해산이 왕의 비호를 믿고 비행을 저지르다 해임되었지만 화기 개량은 여러 기술자들에 의해 이어졌다.

"최무선의 자손만 화약을 만들 수 있다는 생각은 버려."

세종 치세 초기에는 대포인 완구가 개량되었고, 신호탄인 발화와 신포, 휴대용 화기인 소화포와 상양포, 철탄자 등이 발명되었다. 화기를 만드는 데 필요한 동철과 납, 유황 등은 일본에서 들여왔다. 화포를 다

황자총통 황자총통은 천·지·현·황자총통 중에서 가장 크기가 작은 것으로, 편리한 이동을 위해 만든 휴대형 중화기이다. photo ⓒ 모덕천

천자총통 우리나라 화포 가운데 가장 큰 화기이다. 포탄은 대장군전으로, 그 무게가 30킬로그램이나 되어 큰 타격을 주었다. photo ⓒ 모덕천

지자총통 천자총통보다는 조금 작은 규모이지만, 산탄인 조란환 200개를 넣고 쏘면 포격 지점의 군사들을 몰살시킬 수 있을 정도로 강한 위력을 자랑했다. photo ⓒ 모덕천

신기전 화살대의 윗부분에 약통(로켓엔진)을 부착했다. 폭탄인 방화통을 약통 위에 올려놓고 도화선을 연결하여 목표 지점에 가까워지면 자동으로 폭발하도록 설계되었다. 사정거리는 1,000미터가 넘었다. photo ⓒ 모덕천

루는 1,000여 명의 별군과 양계지방의 화포군을 설치하기도 했다. 세종은 이런 신무기들을 서북과 동북지방에 집중 배치했다. 북방영토 회복에 대한 세종의 의지가 크게 작용했던 것이다.

"편안할 때는 늘 어려움을 생각하고 준비하라."

늘 이런 유비무환의 정신을 잃지 않았던 세종은 신무기 개발을 게을리하지 않았다. 1435년에는 일발다전포라는 신화포가 개발되었다. 한꺼번에 많은 화살을 날려 보낼 수 있는 신병기였다. 또 로켓 방식의 주화(走火)[40]인 신기전도 개발되었다. 그 외에 기병과 보병의 휴대용 화기인 소화포, 세화포, 또 비상용 휴대화기인 화초(火鞘)도 발명했다.

"재래식 무기로 전쟁을 치르는 시대는 지났다."

"맞습니다. 지금은 질 좋은 화약을 가진 군대가 무조건 이깁니다."

1445년(세종 27년)에는 사거리가 500보에 이르는 황자포, 1,300보에 이르는 천자포, 800~1,000보에 이르는 지자포를 개발했으며, 궁중 사복시 남쪽에 화약제조소인 사표국을 설치해 비밀리에 화약을 제조했다. 또 화약을 다루는 별군 외에 총통군을 신설했다. 1448년에는 《총통등록》을 반포해 각 지방에서 총통을 제조할 수 있게 하고 개량된 주화와 신기전도 실전 배치했다. 이처럼 세종 대에는 각종 화기 개발에 커다란 진보를 이룩했고, 그 강력한 군사력을 바탕으로 조선의 영토를 지킬 수 있었던 것이다.

3부
찬란한 문화시대를 열다

수성의 열쇠는 학문에 있다

- 세종의 해결사 집현전 -

　고려를 뒤엎고 세워진 조선의 정치이념은 유교였다. 하지만 개국 초기 조선에는 문치를 바로세울 만한 기관이 없었다. 태종 대까지도 나라의 기반이 미약한 데다 정치적인 혼란이 지속되었던 탓이다. 그러므로 법보다는 주먹이 우선인 어수선한 통치체제가 한동안 계속되었다.

　태종은 하루빨리 왕조의 기틀을 마련해야 한다는 점을 깊이 인식하고 있었다. 그가 신앙처럼 지켜주었던 세자 제를 버리고 충녕을 후계자로 삼은 것도 권력의 유지보다는 안정된 통치체제를 구축해야 한다는 시급한 명제 때문이었다. 그런데 그의 재위 말기인 1417년 정월 사간원에서 가려운 곳을 긁어주는 상소가 있었다.

　"정치를 하려면 무엇보다 국가적으로 인재를 양성해야 합니다. 한데 고려 이래 수문전 · 집현전 · 보문각 등이 이름만 있을 뿐 제구실을 못하니 집현전을 새로 만드십시오."

본래 집현전은 중국 당나라와 송나라 때의 학문 연구기관이었고 원나라의 집현원으로 이어졌다. 당시의 집현전은 황제에게 글을 가르치고 토론하는 시강 기능, 도서관 기능, 황제의 명령을 짓는 지제고(知制誥) 기능을 수행했다.

고려에서는 이와 같은 중국의 제도를 받아들여 예종 때 경연과 서연을 담당하는 보문각을 설치했고, 인종 때는 그와 비슷한 기능을 가진 문덕전을 수문전으로, 영영전을 집현전으로 개칭했다. 하지만 이 기관들은 고려가 원나라의 제후국으로 전락한 충렬왕 이후 유명무실해졌고, 공민왕 때부터 이름뿐인 경연이 남아 조선으로 이어졌던 것이다.

조선왕조는 개국 초기 인재난에 시달렸다. 왕조 교체 과정에서 성리학의 거목인 정몽주나 이숭인 등이 희생되었고, 길재, 원천석을 비롯해 두문동 72현 같은 유학자들이 신왕조에 협력하기를 거부했다. 또 왕권 다툼의 와중에 정도전 같은 대학자도 희생되었다. 1396년(태조 5년)에 표전(表箋)[41] 문제로 명나라에게 트집을 잡혔던 것도 따지고 보면 그 때문이었다.

"고려의 경연을 오늘에 되살려 엘리트 교육을 시킵시다."

그때까지 조선은 고려조의 보문각이나 집현전처럼 글을 다루는 기관을 유지할 인적 자원이 부족했다. 그래서 경연을 통해 최소한의 인재 양성 기능을 대행하려 했다. 그러나 어지러운 정치상황에서 학자들과 함께 서책을 들추며 앉아 있을 임금이 없었다.

"이 나이에 내가 무슨 공부를 하리? 너희나 열심히 해라."

태조 이성계도 이런 생각으로 경연 참석을 차일피일 미루다가 1397년에 이르러서야 한두 차례 나가곤 했다. 이런 사정은 태종도 마찬가지였다. 사방에서 형제들까지 자신을 노리는 판국에 한가롭게 '공자 왈 맹자 왈' 할 수는 없는 일이었다. 하지만 고려조의 문관 출신인 그는 글을 다루는 기관의 필요성을 누구보다도 절실하게 느끼고 있었다.

그리하여 제1차 왕자의 난 이후 집현전을 설치했다가 이듬해 1월 보문각으로 이름을 바꾸었다. 하지만 이때의 보문각은 경연의 직능이 빠져 있었으므로 제 기능을 발휘하지 못했다. 또 자신이 보위에 있던 1410년에 집현전 강화론이 대두되었지만 유야무야 넘어가고 말았다. 그때까지도 충신불사이군(忠臣不事二君)을 부르짖는 고려 유신들의 망령이 조선의 하늘을 뒤덮고 있었기 때문이리라.

"도서관을 설치하면 뭐하나. 책도 없고 공부할 사람도 없는데……."

엘리트 집단 집현전

앞서의 여러 가지 상황을 살펴볼 때 세종조에 획기적인 기능을 발휘했던 집현전의 설치는 시대적 요구에 부응한 필연적인 결과였다. 그때는 개국 이후 많은 시간이 흘러갔으므로 유학자들이 가지고 있던 고려에 대한 향수도 희미해졌으며, 충신불사이군 세대의 자손들은 부모 세대와는 달리 학문을 통한 영달을 꿈꾸고 있었다.

"우리도 잘 살아보자고. 배워서 남 주나?"

이런 신세대들은 영명한 임금 세종의 그늘 아래 속속 모여들었다. 그야말로 세상이 바뀐 것이다. 세종은 그들의 역량을 최대한 발휘할 수 있는 제도 정비를 서둘렀다. 그리하여 1418년(즉위년) 자신의 서연관을 경연관으로 바꾸고 그해 10월 처음으로 경연을 열었다.

"임금도 공부하고 신료들도 공부한다. 땡땡이치면 용서 없다."

경복궁 수정전 집현전이 위치했던 자리는 경복궁 수정전으로, 임금이 조회를 보는 근정전이나 사정전과 매우 가까운 곳에 있었다. 세종은 정사를 보는 곳에서 가장 가까운 곳에 집현전을 두고 수시로 정책 자문을 구했다. photo ⓒ 모덕천

세종은 경연을 통해 장차 집현전에 근무할 만한 역량을 갖춘 문신들을 선발하고자 했다. 때문에 다음 해인 1419년 경연의 과목과 교육방침 등에 대해 시강관 정초[42]와 동지경연 탁신, 우의정 박은 등과 면밀한 협의 과정을 거쳤다. 초기 경연에서는 《소학》에서 《대학연의》까지 다루기로 하고 세종 자신이 모범적으로 학문에 몰두했다.

그해는 1년 내내 대마도 정벌과 노상왕 정종의 승하, 강원도 지방의 대기근 등으로 나라 안팎이 어수선했다. 12월경 어려운 정무를 정리한 세종은 드디어 집현전 설치를 명했다.

"일찍이 집현전을 설치하자는 말이 있었는데 번잡한 관계로 논의하

지 못했다. 이제 10여 명의 학사를 뽑아 날마다 강론하는 게 어떤가?"

그리하여 다음 해 3월 세종은 드디어 집현전에 젊고 유능한 문신들을 배치한 다음 경사의 강론을 전담하게 했다. 그로부터 유명무실했던 집현전이 힘차게 그 엔진을 가동하기 시작했다.

이때 설치된 집현전은 정3품 관청으로서 정1품인 영전사로 박은과 이원, 정2품인 대제학으로 유관과 변계량, 종2품 당상관인 제학으로 탁신과 이수를 임명했다. 이들은 다른 관직을 가지며 제도상으로 겸직하는 겸관이었다. 일종의 명예직이다. 이들 외에 실제 집현전의 주인은 전임 학사들로, 세종이 직접 가려 뽑은 젊은 인재들이었다. 초기에 주목되는 인물로 정6품 수찬 안지, 정7품 박사인 김돈과 최만리 등을 들 수 있다.

"너희는 나의 장자방이 되어야 한다."

이처럼 세종은 집현전의 관원들을 나라의 인재 겸 자신의 친위세력으로 양성하여 당장 시급한 제도의 정비는 물론이고 각종 문화 발전의 전위대로 삼았다. 그들 또한 국정 자문관으로서의 역할에 자부심을 가지고 국가 제도와 정책의 연구에 심혈을 기울였다.

고유 업무 경연

집현전 학사들의 첫 번째 임무는 경연과 서연이었다. 경연을 통해 인재를 양성하고 문치를 이룩하고자 했던 세종은 즉위한 지 두 달째부터 매일 경연에 참석했다. 처음에는 따로 경연관을 두지 않았지만 집현전이 양성화된 뒤로는 반드시 학사들이 나가 강의를 해야 했다.

"전하, 상왕의 상중이니 경연을 잠시 그치시지요."

경복궁 사정전 임금의 공식 집무실인 사정전은 왕과 신하가 국정을 논하고 함께 공부하는 경연 장소이다. 부지런했던 세종은 매일 아침 5시부터 시작되는 조회와 경연을 약 20년 동안 하루도 거르지 않고 참여했다. photo ⓒ 모덕천

"아니오. 그것은 당신께서 원치 않으실 것이오."

이처럼 경연은 태종이 승하했을 때도 계속 이어졌다. 그것이 문치의 근본이라 여겼기 때문이다. 하지만 명나라에서 사신이 오거나 주자소에서 인쇄한 책을 교정볼 때만큼은 경연을 폐했다. 또 예외적으로 집현전 학사인 윤회가 모친상을 당해 참석하지 못하게 되자 경연이 잠시 폐지된 적이 있었다.

"우리끼리 갑론을박해봤자 경사(經史)에 밝은 윤회가 없으면 결론을 낼 수가 없다. 그가 올 때까지 잠깐 쉬도록 하자."

세종은 1439년 3월 이후에는 건강을 핑계로 경연을 열지 않았다. 이

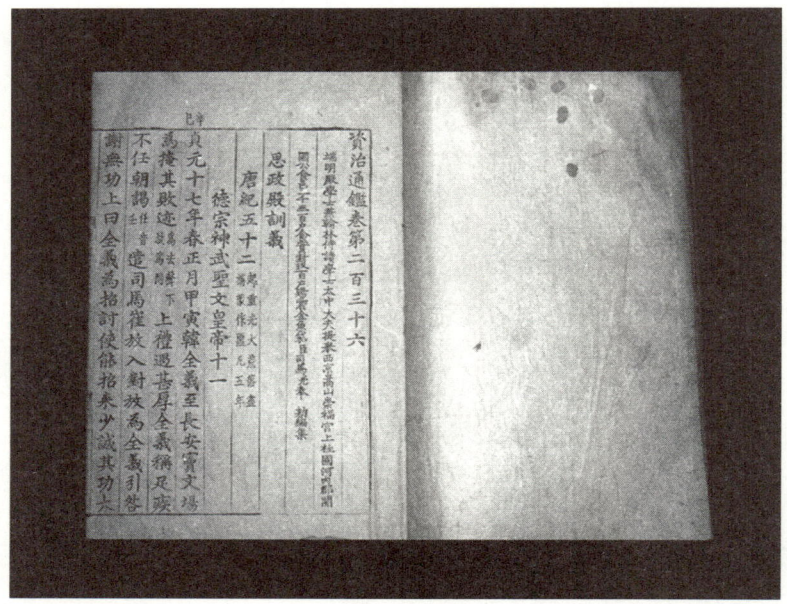

《자치통감》 사마광이 편찬한 《자치통감》은 1,362년 동안의 중국 통사를 편년체로 정리한 책이다. 우리나라에는 고려시대인 1192년에 들어왔고, 한문의 문리 터득과 중국사의 교재로 널리 이용되었다. 국립중앙박물관 소장.

는 홀로 훈민정음 창제에 전념했기 때문으로 추측된다.

경연의 교재는 주로 경전과 중국 사서였는데, 그 중에 《사서대전》《오경대전》《성리대전》 등 영락3대전과 《자치통감》이 주요 교재였다. 그런데 경연관들은 《자치통감》은 교재에서 빼자고 건의했다.

"전하, 《자치통감》은 294권이나 되니 너무 방대합니다. 《근사록》을 공부하는 게 어떻겠습니까?"

"그건 안 될 말이오. 우리가 《자치통감》 체계를 마스터해야 고려사든 조선왕조실록이든 사서를 제대로 편찬할 수 있는 거요."

세종은 그렇게 《자치통감》의 강독을 고집했고, 1434년에는 이 책에 대한 주석 작업까지 해서 1년 뒤에 간행했다. 이는 명나라에서조차 시도하지 않았던 큰 작업이었다.

집현전 학사들은 경연 외에도 세자 교육인 서연, 또 단종이 세손으로 있을 때는 강서원의 강론도 담당했다. 강서원은 1448년(세종 30년) 3월에 처음 세손을 위해 설치되었는데 신숙주와 박팽년이 우익선과 좌익선으로 봉직했다. 학사들은 종실 자제들을 가르치는 종학의 교관인 박사 노릇도 했다. 1428년 7월에는 종학이 설치되었고, 성균관 직강 김말과 집현전 부수찬 남수문도 1433년부터 박사로서 여러 대군의 교육을 담당했다.

집현전 학사들은 이 외에도 자질구레한 일에 틈만 나면 차출되었다. 예문관과 춘추관, 승문원의 고유 업무인 국왕의 명령서를 짓거나 시정의 기록, 사대교린문서 작성은 물론이고, 명나라 사신과 학문을 토론하는 자리에 동원되었다. 또 과거의 시관, 외국에 사신으로 파견되기도 했다.

"그것 참, 가만히 공부만 하게 놔두질 않네. 차라리 다른 벼슬을 주면 얼마나 편할까?"

집현전에 물어보라

세종은 일종의 정학(政學) 협동제도였던 집현전의 당대 최고 인재들을 국가 발전의 기본 과제에 매진하게 함으로써 국가의 기능을 확장하는 한편 학문의 실용성을 대폭 넓히는 데 큰 역할을 담당했다. 한편 고지식한 관료집단 속에 충성심이 뛰어난 리더들을 파견하여 전체 관료들로 하여금 일관된 목표를 지향할 수 있게 만들었다.

"이번 공법에 대한 여론조사는 전하께서 특별히 관심을 기울이는 분야니까 열심히 합시다."

"우리 임금께서 잔병치레가 많아 의학 연구에 기대가 크오. 좋은 약
방문을 찾아내면 큰 상을 내릴 것입니다."

세종 대의 집현전은 크게 도서관, 문헌 연구, 정책 자문이라는 세 가
지의 기능을 가지고 있었다. 그 가운데 제일 먼저 작동했던 것은 왕립
도서관 역할이었다. 도서관에 문헌[43]이 없다면 연구나 자문 기능은 불
가능하기 때문이다. 당시 궁중 도서관으로 보문각, 수문전, 집현전이
있었다. 이 세 기관이 집현전이라는 하나의 도서관으로 일원화된 것이
다. 각종 자료를 한데 모으고 체계화시켜 학사들의 연구 활동을 더욱
편리하게 만들어주기 위해서였을 것이다.

세종은 무엇보다도 집현전의 장서(藏書)[44]를 늘리는 데 주력했다. 서
울과 지방 각지에서 국비로 수많은 책을 사들였으며, 기증자에게는 포
백(布帛)이나 관작을 내렸다. 또 명나라에서 각종 책과 판각을 구입했
고, 절판된 책이 있으면 황제에게 직접 요청해서 채워 넣었다. 이렇게
모은 책들은 주자소에서 인쇄해 우선 집현전에 비치하고, 나머지는 각
정부기관과 대신들에게 하사했다.

"이 책이 최신판이야. 잃어버리지 말고 잘 간직하도록."

세종은 또 충청 · 전라 · 경상 감사에게 종이를 상납하게 하거나 아예
《성리대전》《사서오경대전》 등 새 책들을 목판으로 인쇄해 바치도록 했
다. 또 각종 유교서적 외에도 백성의 생활에 직접 도움을 줄 수 있는
《효행록》《삼강행실도》《향약집성방》 등 수많은 책들을 편찬했다.

"전하, 집현전에는 더 이상 책을 보관할 공간이 없습니다."

장서가 기하급수적으로 늘어나자 집현전은 책 창고가 되어갔다. 이

로 인해 학사들의 행동반경까지 제약을 받게 되자, 세종은 1429년에 대궐 서쪽에 집현전 건물을 새로 짓고, 북쪽에 장서각 5칸을 세운 다음 경사자집(經史子集) 4부 분류체계에 의해 도서를 정리했다.

"필요한 건 말만 해라. 다 해결해주겠다."

집현전의 두 번째 기능은 문헌 연구였다. 초기 왕조의 기틀을 잡기 위해서는 통치이념인 유학을 체계화해야 했다. 그러기 위해서는 경사의 연구가 필수적이었다. 경전은 유학의 기초이고, 역사는 사례이기 때문이다. 때문에 세종은 학사들의 자질에 따라 전문분야를 정해주고 심도 깊은 연구를 요구했다.

"윤회는 경사, 신숙주는 외교, 성삼문은 언어, 음 최만리는 뭐가 전공이더라?"

세종은 정사를 보다가 막히거나 궁금한 사항이 있으면 반드시 집현전 학사들에게 물었다. 그러면 학사들은 자신의 전공에 따라 그 내용을 설명하고 때로는 해결방안까지 제시해야 했다. 기록에 따르면 세종이 가장 많이 물은 것은 오례(길례 · 흉례 · 빈례 · 군례 · 가례)와 사례(관례 · 혼례 · 상례 · 제례)에 관한 내용이었다. 학사들이 사회 전반을 꿰뚫고 있지 않으면 땀깨나 흘릴 일이었다.

조선을 움직이는 핵심 두뇌들

1420년부터 1427년(세종 9년)까지는 집현전 학사들의 인재 양성 기간이었다. 그때까지 고유 업무인 경연과 서연에 집중하던 학사들은 이후 1428년부터 1436년까지 세종이 벌여놓은 각종 문화사업에 동참하면서 정치자문 역할까지 도맡았다.

〈집현전 학사도〉 집현전 학사에 선발되면 특별한 사유가 없는 한 부서 이동이나 지방관으로 가는 일 없이 종
신토록 학술에 전념하도록 했다. 지속적인 연구와 실무를 통해 성장한 인재들을 적재적소에 배치하고 관리한
리더십은 세종의 가장 뛰어난 장점이기도 했다. 세종대왕기념사업회 소장.

대왕 세종의 업적은 대부분 이 시기에 집현전 학사들과 함께 이룩됐다. 그러다 세종이 독자적으로 훈민정음을 창제하고 내불당 건립을 시도하면서부터 학사들과 극단적인 대립 양상을 띠게 된다. 어제의 동지가 졸지에 칼끝을 마주한 꼴이었다.

어쨌든 세종은 집현전의 학사들에게 최고의 대접을 해주었다. 조회에서는 같은 품계 중에 가장 서열이 앞서는 반두(班頭)가 되게 했고, 결원이 생기면 집현전, 이조의 당상관과 의정부에서 가장 유능한 인물을 추천받아 보충했다.

"너희는 엘리트 중의 엘리트야. 열심히 하면 하는 만큼 보상해줄게."

세종은 그들이 마음껏 공부할 수 있도록 여러 가지 편의를 봐주고 음식을 내려주었다. 그리하여 집현전 학사들은 궁궐 안에서 근무했으며 아침과 저녁도 궁궐에서 먹었다. 세종은 그들이 공부하는 것을 보면서 자기 일인 양 흐뭇해 했다. 한번은 신숙주가 밤새워 공부하다가 새벽녘에 책상에 그대로 엎어져 잠이 들자 내관을 시켜 자신의 옷으로 덮어주기까지 했다.

학사들 가운데 나이가 어린 권채, 신석견, 남수문 등은 따로 벼슬을 주지 않고 대제학 변계량에게 지도받도록 했으며, 산이나 절에서 공부하게 하는 사가독서제를 실시하기도 했다. 이는 훗날 독서당제도의 효시가 된다. 이 혜택을 입은 신숙주, 성삼문, 이개, 하위지, 이석형 등은 삼각산 진관사에서, 홍응, 서거정, 이명헌 등은 장의사에서 공부했다.

"이거 책만 보다 늙어죽겠군. 우리도 언제 조정에서 큰소리 한번 쳐보나."

세종의 특별대우에도 집현전 학사들은 종종 불평을 늘어놓았다. 한

번 집현전에 들어오면 부제학에 이를 때까지 수십 년 동안 한 직장에서 근무해야 하니 진력이 날 만도 했다.

기록을 살펴보면 집현전 학사 중에 말단에서 직제학에 이른 사람이 16명, 부제학에 이른 사람은 30명이었고, 10년에서 14년까지 근무한 사람이 15명, 15년에서 19년까지 근무한 사람이 10명, 20년에서 24년 동안 근무한 사람이 5명, 25년 이상 근속한 사람은 신석견 1명이었다. 영명한 임금 세종이 이들의 불만을 모를 리 없었다. 그래서 이렇게 달래기도 했다.

"정미년(세종 9년)의 과거에 집현전 관원이 많이 합격한 것은 늘 문한에 종사한 까닭이라고 여겼다. 한데 근래 관원들이 이것을 싫어하고 대간이나 정조의 직을 희망하는 사람이 많다 들었다. 집현전은 대간과 다를 바 없는데 다른 곳으로 옮기고 싶어하니 한심하다. 게으른 마음을 갖지 말고 종신토록 학술에 전념하라."

세종은 '너희는 가장 좋은 자리에 있고 최고의 대접을 받고 있으니 엄살 피우지 말라.'고 꾸짖은 것이다. 그는 집현전 관원들의 근무지 전보를 극히 제한했고, 어쩔 수 없는 경우라 해도 곧 복직시켰다. 애써 양성한 인재를 엉뚱한 곳에 쓰기가 아까웠던 것이다.

"보검으로 소를 잡을 수는 없지, 암."

이처럼 집현전은 1456년(세조 2년) 성삼문, 박팽년, 이개, 유성원 등 사육신의 본거지란 이유로 폐지될 때까지 초기 조선의 기틀을 잡는 싱크 탱크로서의 역할을 성공적으로 수행했다. 이후 집현전 출신 관료들이 조정의 중심세력으로 등장한 것은 어쩌면 당연한 결과였다.

역사를 오늘의 거울이 되게 하라

- 《고려사》 다시 쓰기 -

조선은 이성계가 위화도 회군을 기점으로 고려 정권을 장악한 뒤 우왕과 창왕, 공양왕을 차례로 폐하고 이룩한 일종의 쿠데타 정부였다. 거사의 주도 세력이 쿠데타를 중국 문왕이 행했던 역성혁명과 마찬가지라고 도금을 했지만, 손바닥으로 하늘을 가릴 수는 없는 일이었다. 게다가 정안군 이방원이 등극할 때까지 벌어진 왕족과 공신들의 이전투구는 누가 봐도 악취를 풍겼다.

그럼에도 자신을 창업군주로 자처했던 태종은 조선의 정통성을 확보하기 위해 노력했다. 《고려사》 편찬은 그 일환으로 추진되었다. 그는 찬탈을 비난하는 패배자들에게 조선이 천명에 따라 자연스럽게 고려에서 이어졌음을 보여주고 싶었다.

"모든 진실은 역사가 말해줄 것이다. 그러니 너희는 입 닥쳐라."

본래 왕조가 바뀌면 이전 왕조의 흥망성쇠를 밝혀 새로운 왕조가 필

3부 찬란한 문화시대를 열다

연적인 역사의 산물이라는 점을 밝힘으로써 후세를 경계하는 것이 중국 사마천의 《사기》 이래 동양 제국의 오래된 전통이었다. 개국 초 태조가 정도전과 정총에게 명해 《고려국사》 37권을 편찬케 한 것도 그런 이유에서였다.

태종에게 고려사를 정리할 필요성이 있다고 주청한 사람은 예문관 대제학 이첨이었다. 그는 고려 공민왕 때 예문 검교를 지낸 역사 전문가로, 실록의 중요성을 누구보다도 잘 알고 있었다. 그는 앞서 태조 때 정도전이 만든 《고려국사》가 고려 멸망의 필연성을 아전인수 격으로 강조했다고 비판했다.

"역사를 읽는 것은 과거를 오늘의 교훈으로 삼고자 함인데, 이래가지고서야 어찌 역사책이라 할 수 있겠소."

1414년 5월, 태종은 춘추관사 하륜에게 명해 고려사를 다시 정리하게 했다.

"내가 보기에는 정도전이 《고려국사》에서 태조의 사실을 매우 허술하게 다뤘소. 다시 써야 하지 않겠는가?"

"옳은 말씀이십니다. 역적 정도전의 일방적인 주장을 역사라 할 수는 없지요."

태종의 말에 한상경이 맞장구를 쳤다. 하지만 이응이 반대했다.

"실록이란 본래 몇 대 뒤에 편찬해야만 공정하게 역사를 바라볼 수 있습니다. 이렇게 서둘러 행할 일이 아닙니다. 잘 아시잖습니까? 태조 때 정도전, 정총, 윤소종은 제멋대로 사초를 고쳐 쓰고도 무사했지만 이행은 제대로 쓰고서도 처벌을 받았습니다. 오늘 이런 일이 다시 생기지 않는단 보장이 없습니다."

이행은 고려 말기에 정몽주를 살해한 조영규를 탄핵했고, 이색과 정몽주에게 이성계의 음모를 알렸던 인물이다. 그러자 태종은 낯을 붉히면서도 고집을 피웠다.

"개국 당시의 기밀은 내가 모르는 것이 없소. 어쨌든 잘못된 것은 고쳐야 하오."

"맞습니다. 조준도 공민왕 이후의 일은 다 잘못 기록되었다고 했습니다. 사실 역사란 게 승자의 기록 아닙니까? 전하께서 원하는 대로 고치십시오."

곧바로 한상덕의 아부가 이어지자 태종은 자신의 뜻을 밀어붙였다. 그리하여 하륜과 남재, 이숙번, 변계량 등에 의해 고려사의 개정 작업이 시작되었다. 하지만 애당초 잘못된 출발이었는지 작업이 지지부진해서 끝을 맺지 못했다.

정론에 입각해 기록하라

즉위 초기 세종도 고려사 개정의 필요성을 인식하고 있었지만, 그 방법에 있어서는 아버지 태종과 완전히 달랐다.

"역사는 제 전문분야이니 맡겨주시지요."

"좋도록 해라. 어차피 내 손에서 떠난 사업이다."

이윽고 상왕 태종의 재가를 받은 세종은 대대적인 고려사 개편 작업에 착수했다. 그는 예문관 대제학 유관, 의정부 참찬 변계량을 실무자로 임명하고 교정에 앞서 두 사람과 심도 깊은 논의를 했다.

"고려사는 국가 통치의 선례로서 현실 정치에 귀감으로 삼아야 할 것이 많습니다. 그러므로 잘잘못을 있는 그대로 기록하여 만세의 거울이

《고려사》 우여곡절 끝에 완성된 《고려사》는 완성된 지 3년 만인 1454년 10월에 이르러 인쇄, 반포되었다. 여러 번 개수되면서 객관성과 공정성이 크게 보완되었다. 규장각 소장.

되게 해야 합니다."

"역사에 모든 선악을 기록하는 것은 뒷사람들을 경계하기 위함이니 그렇게 합시다. 특히 《고려국사》에서 누락된 천재지변에 대한 사항은 빠짐없이 수록하도록 합시다."

"그건 무슨 까닭이십니까?"

"천재지변의 기록은 농사를 짓는 데 귀한 자료가 된다는 걸 모르시오?"

세종은 역사를 국가 경영의 주요 데이터로 활용하겠다는 것이었다. 그 후 세종은 고려사를 좀 더 실용적인 역사책으로 만들기 위해 경연에서 학자들과 종종 난상토론을 벌였다. 그리하여 1421년 드디어 《고려사》 개편 작업이 완료되었다. 그런데 한동안 그 책을 검토한 세종은 춘추관의 사관들에게 커다란 불만을 드러냈다.

"《통감강목》을 읽어보면 그 내용이 무척이나 자세해서 감탄사가 절로 나온다. 거기에 비해 《고려사》는 너무 간략하지 않은가. 좀 더 깊이 있는 서술이 필요한 것 같은데 경들은 어떻게 생각하시오?"

"저희의 능력이 그 정도입니다. 너무 힘든 작업입니다."

"그럼 대언들에게 맡길까?"

"좋은 말씀입니다만 요즘 저희는 너무 바쁩니다."

좌대언 곽존중이 이렇게 손사래를 쳤다. 그러자 세종은 고개를 끄덕였다.

"그래, 역시 집현전에 맡기는 게 좋겠다. 늘 궐내에 머무는 사람이 있으니까 말이다."

그리하여 세종은 집현전의 신장, 김상직, 어변갑, 정인지, 유상지에게 춘추관의 사관을 겸직하도록 했다. 그리고 고려사 편찬에 도움을 주기 위해 경연에서 수시로《통감강목》을 강독하고 주석 작업을 벌이다 눈병까지 걸렸다. 세종의 학자 근성이 여지없이 드러나는 대목이다. 그렇듯 세종의 역사에 관한 관심은 타의 추종을 불허했다. 그는 경연에서 특히 경사 전문가인 윤회의 말에 귀를 기울였다.

"일찍이 정도전은 자기 아버지 정운경이 뛰어난 인물이 아닌데도 전(傳)을 만들어《고려국사》에 넣었습니다. 한데 정몽주와 김진양 같은 고려의 충신은 태조와 맞섰다 하여 기록에서 뺐습니다. 이래서야 바로 된 고려사가 될 수 없습니다. 고려사가 상왕이나 태상왕 전하의 일과 맞물려 어색한 점이 있다 할지라도 감히 정론에 입각해 기록하는 것이 마땅할 줄로 압니다."

"흠, 좀 어려운 문제이지만 단안을 내려야겠군. 그렇게 합시다."

"또 있습니다. 애초에 고려사가 이제현이나 이색, 정도전 등의 대학자들에 의해 씌어졌지만 현재의 관점에서 보면 편향된 부분이 있습니다. 이걸 모조리 고치겠습니다."

"실례를 한번 들어보시오."

"이를테면 이전 책에서 고려의 임금을 왕(王)으로 썼습니다. 이를 본래의 묘호인 종(宗)으로 고치겠습니다. 고려는 애초에 황제국이었다는 사실을 아시지요?"

"음, 그렇군. 가납하오."

이렇게 해서 고려사 개수작업은 일사천리로 진행되었다. 이윽고 1424년(세종 6년)에 《수교고려사(讐校高麗史)》가 완성되었다. 1431년 세종 은 고려사의 일식(日蝕) 기록을 따지면서 다시 개정하라고 명했다. 춘추 관 관리들은 한숨을 내쉬었다.

"어휴, 《고려사》를 또 고쳐 쓴단 말이야? 정말 끝이 없군."

"너희의 일이 역사를 쓰는 일이다. 일하기 싫으면 사표 쓰도록."

이때 세종은 앞서 완성한 고려사의 편찬체계를 문제 삼았다.

"내가 《고려사》를 정독하다 보니 읽기에도 불편하고 빠진 내용이 있 는 것 같소. 기왕 다시 작업하는데 확실하게 결정하고 나갑시다. 역사 를 기전체로 쓰면 작은 일이 섞이게 되어 모든 일을 골고루 기록하기는 어렵지만 읽는 데는 편한 반면, 연대순으로 기록하는 편년체로 쓰면 읽 는 데는 어려워도 사실을 체계적으로 기록할 수 있다는 장점이 있지. 어떤 방법이 좋겠소?"

그러자 맹사성과 권진, 정인지 등이 말했다.

"사마천의 《사기》도 처음에는 편년체로 기록했다가 다음에는 강목법 을 썼습니다."

"그렇지. 그럼 우리도 그렇게 해봅시다."

그리하여 춘추관 사관들은 편년체의 고려사 개정작업을 진행했다. 그런데 1438년(세종 20년) 승지 허후가 경연에서 시강하면서 문제를 제기 했다.

"이전부터 춘추관에서 편찬하고 있는 편년체 고려사에 문제가 많습 니다. 아무래도 《사기》와 《한서》처럼 기전표지(紀傳表志)의 체제로 분류 해 다시 편찬하는 게 나을 듯합니다."

그러자 권제가 반대했다.

"고려사는 원래 간략하기 때문에 그런 방법을 쓰면 더 헷갈릴 게 분명합니다."

이윽고 신료들 사이에 다시 기전체와 편년체를 놓고 논란이 일어났다. 관전자들이야 지겨운 일이었지만 세종은 그런 의견 조율 과정을 즐겼다. 그러면서 과거의 좋은 제도와 역사적인 근거를 찾아 통치 자료로 활용한 인물이 바로 세종이었다.

"시끄럽긴 하지만 합리적인 토론은 어쨌든 좋은 것이야."

역사를 상고하는 데 있어서는 바쁠 게 없다는 것이 세종의 생각이었다. 1439년(세종 21년) 1월 12일 경연에서 세종은 춘추관을 겸임하여 고려사를 편수하고 있던 검토관 이선제에게 일렀다.

"예전에 충선왕이 원나라 학사에게 고려의 왕씨가 용의 자손이란 말을 했다고 한다. 황당하기는 하지만 그런 일이 있었다는 것을 반드시 기록해두어라."

이처럼 세종은 고려사를 정확하고 사실대로 개정하는 데 몹시 신경을 썼다. 그런 와중에 시간이 유수처럼 흘러갔다.

역사는 미완성

1449년, 세종은 우찬성 김종서, 이조 판서 정인지 등에게 최종적으로 고려사의 편찬과 개수의 일을 맡겼다. 하지만 이때도 춘추관에서는 기전체를, 어효첨과 김계희 같은 이는 편년체를 주장하는 등 고려사 체제에 관한 주장이 양분되어 있어 쉽사리 결론을 내리지 못했다. 역시 결정은 세종의 몫이었다.

"우선 자료의 이용 가치가 높은 기전체를 완성한 다음에 편년체 작업을 하자."

그렇게 해서 기전체 고려사 개편작업이 다시 시작되었다. 그런데 그 과정에서 권제가 자기 집안과 관련된 일들을 과장하거나 삭제한 일이 밝혀졌다. 권제는 자신의 아버지 권근이 임금의 어지를 멋대로 고친 일과 그의 조상인 권부, 권준, 권고의 행실이 나쁘게 기록된 것을 고의로 누락시켰다. 또 권부의 부친인 권수평의 집안을 알 수 없다고 씌어 있는데 권제는 그를 태조 왕건의 공신 권행의 후손이라고 고쳤던 것이다. 안지는 그 사실을 알면서도 눈감아주었다. 김종서에게 그 일을 보고받은 세종은 분노했다.

"이런 괘씸한 자들이 있나. 역사를 제멋대로 만지작거리다니, 용서할 수 없다."

세종은 즉시 2년 전에 세상을 떠난 권제의 고신과 시호를 추탈하고, 안지의 벼슬도 빼앗은 다음 조정에서 내쫓아버렸다. 또 제멋대로 내용을 서술한 남수문도 크게 꾸짖었다.

사실 《고려사》는 왕조 변혁기에 이루어진 것이라 그 시기에 활동했던 태조나 정종, 태종에 관련된 내용을 기록하는 일이 몹시 난감한 경우가 많았다. 또 신하들은 신하들대로 자기 가문의 행적을 묘사하는 데 부담이 있었다. 세종 역시 고심했지만 확실한 해법을 찾기 어려웠다.

"어렵구나, 어려워. 역사라는 것은……."

《고려사》 재편찬 작업은 그렇듯 많은 문제점들을 드러낸 채 세종의 손을 떠났다. 기전체로 씌어진 《고려사》의 편찬이 완료된 것은 1451년(문종 1년) 8월로, 세가(世家) 46권, 지(志) 39권, 연표(年表) 2권, 열전(列

傳) 50권, 목록(目錄) 2권, 합계 139권이었다. 이듬해 2월에는 편년체로 쓰어진 《고려사절요》가 완성되었다. 실로 태조에서 문종까지 5대 50여 년 동안의 대작업이 마침표를 찍은 것이었다.

세종의 역사 다시 쓰기 작업은 새 왕조 창건의 당위성을 확립하고 전대 문화의 바탕 위에 새로운 문화를 건설하고자 하는 깊은 소망이 담겨 있었다. 역사는 단절되는 것이 아니라 끊임없이 이어지는 것, 과거는 미래의 버팀목이자 희망이 되어야 한다는 것을 세종은 자신의 한평생을 통해 보여주었던 것이다.

조선의 소리를 만들어라

- 예악의 정비 -

세상을 다스리는 음이 편안해서 즐거우면 정치가 조화롭게 된
다. 이 때문에 성(聲)으로 음(音)을 알고, 음을 살펴 악(樂)을 알고,
악을 살펴 정치를 알게 되어 정치의 도리가 갖추어진다.

《예기》에서 음악과 정치의 상관관계를 설파한 말이다. 고대 중국에서
는 순 임금이 거문고를 타니 봉황이 와서 놀았으므로 태평성대가 도래
할 것을 알았고, 정나라에서는 타락한 음악이 유행하니 천하가 어지러
워질 줄 알았다고 한다.

유교를 정치적 이념으로 삼은 조선은 창업 초기부터 예악을 매우 중
요시했다. 예(禮)는 천지의 질서이고 악(樂)은 천지의 마음이므로 한 나
라에 예악이 잘 갖추어져야만 백성이 선악의 이치를 깨닫고 바른 생활
을 할 수 있다는 것이다.

"예와 악을 함께 지니면 덕이 있다고 한다. 곧 덕은 예악을 지니는 것이다."

세종은 이런 《예기》의 정신을 신봉했고, 자신의 시대에 조선의 독자적인 예악을 완비하고자 했다. 유교에서 예악이란 본래 군자(君子)를 대상으로 했다. 곧 학문을 배우고 익혀 세상을 다스릴 만한 인재들의 덕목이라는 뜻이다. 하지만 신생국가인 조선에서는 무엇보다도 궁중예악의 완비가 시급했다.

"일단 제후의 예악부터 갖추도록 하자. 군자는 다음에 보자고."

건국 초기인 태조 때는 고려의 예악을 사용했지만, 자존심 센 태종은 따로 의례상정소(儀禮詳定所)를 설치해 독자적인 조선의 의례를 연구하게 했다.

왕조의 의례는 오례로 대표되는데, 곧 제사에 관한 길례(吉禮), 국상이나 국장에 관한 흉례(凶禮), 군대에 관한 군례(軍禮), 외교에 관한 빈례(賓禮), 즉위나 책봉, 국혼 등에 관한 가례(嘉禮)를 말한다. 이때 허조가 길례만 완성했을 뿐 태종 대에는 오례의 완성을 보지 못하고 그 유업을 세종이 이어받았다.

1444년 10월, 세종은 첨지중추원사 변효문, 정척, 성균관 사예 민원, 집현전 교리 하위지, 박사 서거정, 교서 교감 박원정, 승문원 부정자 윤서 등에게 명하여 의례상정소에서 입안한 의례들을 참고로 오례의의 주해를 자세히 정하도록 했다. 그 결과 《오례의주》가 완성되었고, 이는 1474년(성종 5년)에 신숙주와 정척이 편찬한 《국조오례의》의 모태가 되었다.

종묘제례악 예악의 중요성을 강조한 세종은 악보와 악기 제작에도 관심을 기울였다. 그리하여 1447년 궁중회례연에 사용하기 위해 종묘제례악을 창작했다.

아악의 정비

아악(雅樂)은 궁중의식에 쓰이는 전통음악으로 궁중제례악을 가리키지만, 넓은 뜻으로는 의식에 쓰이는 당악(唐樂)과 향악(鄕樂) 등을 포괄하기도 한다. 아악은 정아한 음악이란 뜻으로 중국 주나라 때부터 궁중제사음악으로 발전하여 송나라의 대성아악으로 제도화되었다.

"이 사업은 그대만이 할 수 있는 것이다."

세종은 박연을 악학 별좌로 임명하고 고려에서부터 내려온 아악을 대폭 정비하게 했다. 이에 따라 박연은 고대 주나라에 가까운 아악으로 복원하여 음악의 기초를 확립했다. 그는 또 많은 악기를 제작하고

1430년 윤 12월에 제사 아악보와 조회 아악보를 완성하는 등 각종 악보를 만듦으로써 조선의 공식 의례음악을 완성시켰다.

세종은 또 박연과 맹사성, 남급, 정양 등과 함께 채원정의 《율려신서》, 주자의 《의례경전서》, 임우의 《석전악보》 등을 연구하면서 예악 확립에 골몰했다. 박연은 음악에 관한 한 당대 제일로 손꼽혔던 인물이고, 맹사성도 의례와 향악 전문가로 빠지지 않았다. 1411년(태종 11년)에 맹사성이 충주 목사에 임명되자 예조에서는 그가 아니면 음악을 다룰 사람이 없다고 주청하여 취소된 적도 있을 정도였다. 정양은 박연과 함께 악기를 만든 악사이고, 남급도 악기 제작 기술자였다.

한편 개인적으로 음악에 조예가 깊었던 세종은 1447년 6월, 《용비어천가》 가운데 봉래의 7곡, 정대업 15곡, 보태평 11곡, 발상 11곡을 직접 작곡했다. 그는 평소 궁중의례에 우리 음악인 향악을 쓰지 않고 중국 음악을 쓰는 데 불만이 많았다. 하지만 유학을 신봉하는 관료들 때문에 그 뜻을 관철하지는 못했다.

"우리의 처지를 약진의 발판으로 삼아야지 뭐."

조선식 석경 제작

세종은 아악의 정리에 만족하지 않고 이를 정확하게 연주할 우리의 악기 제작을 독려했다. 1423년(세종 5년) 악공들의 연습용으로 금, 슬, 대쟁, 생, 봉소 등의 악기가 만들어졌다. 다음 해는 화, 우, 피리, 훈, 지, 아쟁, 가야금, 거문고, 향비파도 만들어졌다. 하지만 음이 맞지 않아 어색하기 짝이 없었다.

"이건 분명 기본음이 잘못되어서일 것이다."

본래 고려 예종 때 송나라 휘종 황제가 제례악에 쓰이는 종(鍾), 경(磬) 각 1채와 여러 악기들을 각각 2부씩 내려주었는데 매우 정밀했다. 하지만 홍건적의 침입 때 대부분 유실되고, 늙은 악공이 종, 경 두 악기를 연못 속에 던져 넣어 조선에까지 전해질 수 있었다. 그 뒤 명나라 태조와 태종이 또 종과 경을 보내주었지만 모양이 거칠고 소리도 좋지 않았다.

"역시 중국의 문화는 송나라 것이 제일이로군."

1425년 당시 예조에서 제향에 사용하는 석경(石磬)은 송나라의 것 하나뿐이어서, 임시방편으로 기와로 만든 와경(瓦磬)을 사용하고 있었다. 하지만 그 종의 모양도 제각각이고 숫자도 부족해 소리가 어지러웠다.

"이젠 도저히 참을 수가 없다. 이런 엉터리 음악을 언제까지 들어야 한단 말이냐."

"그렇다면 우리가 석경을 만들어보는 게 어떨까요?"

"참 좋은 생각이다. 이제는 소리의 식민지에서 벗어나야 할 때다."

그리하여 세종은 박연과 함께 《율려신서》를 바탕으로 석경 제조에 나섰다. 마침 석경의 재료인 경석이 남양지방에서 생산되었고, 소리를 조율하는 데 쓰이는 검은 기장이 해주에서 났으므로 좋은 징조였다. 그런데 정작 석경을 완성해놓고 보니 기본음인 황종음이 중국의 그것보다 높았다. 하지만 은근과 끈기의 임금 세종은 포기하지 않고 박연을 격려했다.

"첫술에 배부를 수 있나. 자네를 믿네. 반드시 우리의 소리를 찾을 수 있을 거야."

이런 신임의 결과였는지 박연은 1427년 드디어 1틀에 12개가 달린

궁중제례악의 필수 악기인 편경과 편종 궁중제례악에 사용되는 편경은 음색과 음정이 모두 일정해 국악기를 조율할 때 표준이 되는 악기이다. 편종은 편경보다 한 옥타브 정도 더 높은 음을 내며, 중국에서는 종의 크기에 따라 음계가 결정되었으나 조선에 들어서는 박연이 종의 두께 차이로 음계가 달라지도록 제작했다.

조선식 석경을 완성했다. 박연은 석경의 황종음을 기준으로 응종까지 3분씩 자르는 삼분손익법(三分損益法)을 써서 12개의 해죽으로 된 율관(律管)을 만든 다음 검은 기장으로 조율했다. 보고를 받은 세종은 매우 기뻐하며 각종 악기를 그 소리에 맞추도록 했다. 그때 지신사 정흠지가 박연에게 물었다.

"석경의 제도나 성음은 무엇을 따랐는가?"

"제도는 중국식이지만 성음은 제가 12율관을 만들어 완성했습니다."

"허어, 중국의 음을 버리다니 무슨 속셈인가?"

"중국식으로 하면 음이 들쭉날쭉해서 소리가 엉망이 됩니다. 소리를 들어보면 알 것 아닙니까?"

그러자 세종은 박연의 손을 들어주었다.

"내가 들어보니 중국의 경은 지금 박연이 만든 경의 뒤꿈치도 따라오지 못한다. 소리가 맑고 아름답기 그지없다. 그런데 내 귀에 이칙(夷則) 1매의 소리가 좀 높은 것 같은데, 아닌가?"

임금의 지적에 박연은 소스라치게 놀란 후 조심스럽게 경쇠를 두드려 음을 살피더니 진땀을 흘리며 말했다.

"경쇠에 가늠한 먹이 남아 있는 걸로 보아 다 갈아내지 않은 것입니다. 신의 불찰입니다. 즉시 시정하겠습니다."

그가 먹을 갈아내자 과연 소리가 일정하게 되었다. 비로소 세종은 만면에 미소를 띠었다.

"어떤가? 원숭이도 나무에서 떨어질 때가 있는 거라네. 앞으로도 정신 차리고 잘해 보세."

정간보의 제작

"지금의 악보로는 아악밖에는 음을 읽을 수가 없군."

세종은 어느 날 악사들이 사용하는 악보를 보고 혀를 찼다. 당시 악보는 입소리로 기보하는 육보와 중국에서 들어온 율자보와 공척보가 있었는데, 이 세 가지 모두 음의 높이는 알 수 있으나 시가(時價)는 알 수 없었기 때문이다.

"악보는 어떤 음악이든 연주할 수 있도록 간편하게 만들어져야 한다."

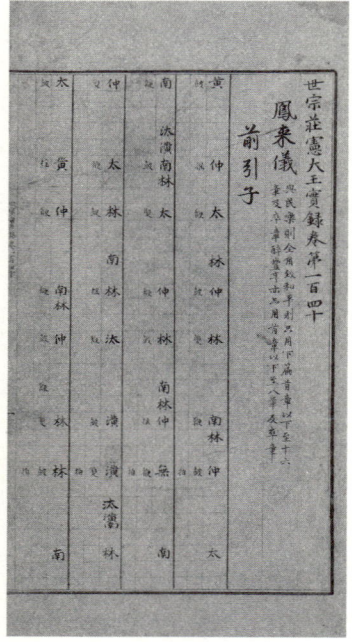

《용비어천가》 중 〈봉래의〉 정간보 〈봉래의〉는 용비어천가의 한글 가사에 맞춰 연주 및 춤과 노래를 하는 것으로, 대궐 안의 연회에 쓰이던 춤과 노래다. 《세종실록》에 실린 〈봉래의〉의 악보는 바둑판 형태의 공간에 12개 음의 높낮이와 길이를 표현했다. 국립국악원 소장.

그렇게 생각한 세종은 고심 끝에 음의 시가와 박자를 모두 표기할 수 있는 정간보를 고안해냈다. 정간보는 1회 32정간, 또는 16정간으로 나누고 각 칸 속에 율명을 써서 음의 높이를 나타낸다. 또 그 옆줄에 고법, 박법, 가사 등을 적은 총보의 형태를 띠고 있다. 이 정간보는 음이 비교적 단순한 당악이나 아악에는 소용되지 않았지만, 복잡한 리듬을 가진 향악과 고취악에는 필수적이었다.

"이런 게 있어야 백성도 음악을 즐길 수 있을 것 아닌가?"

조선의 시간을 찾아라

인간은 자연에서 살면서 시간의 지배를 받는다. 시간은 규칙적인 자연현상을 통해 자신의 능력을 보여주었고, 인간은 그것을 삶 속에 용해시켜 더욱 편리하게 살 수 있는 방법을 찾아냈다. 그들은 해와 달의 움직임, 낮과 밤의 길이, 사계절의 반복 등을 분석하여 역법(曆法)을 만들었고, 알맞은 파종과 수확 시기 등을 알아냄으로써 오랜 수렵시대를 끝내고 정착생활을 할 수 있었다.

무릇 한 민족이 독자적인 역법을 갖는다는 것은 자신이 사는 공간에 대한 확실한 정보를 터득했을 뿐 아니라 완전한 지배권을 확보했다는 뜻이 된다. 그런데 우리 민족은 고려시대에 이르기까지 한 번도 자주적인 역법을 갖지 못하고 중국의 것을 빌려 썼다.

"우리는 그동안 시간의 변방에 살았구나."

고구려는 62년 한나라에서 구해온 태초력을 쓰다가 624년에는 당나

라에서 무인력을 가져다 썼다. 또 백제는 송나라 원가력을 썼고, 신라
는 674년 당나라의 인덕력을 사용했다. 고려 또한 초기에 당나라의 선
명력을 쓰면서 송나라의 역법을 참고하다가 충선왕 때 원나라의 수시력
을 사용했다. 하지만 반원운동을 벌이던 공민왕은 명나라의 대통력을
들여왔다.

이처럼 일관성 없는 중국 역법의 도입으로 인해 우리나라의 농사나
의례는 일관성이 전혀 없었다. 세종은 자신의 치세에 역법을 바로잡지
않는다면 그가 꿈꾸는 왕조의 안정성을 보장할 수 없다고 믿었다. 그리
하여 세종은 조선의 과학신료들에게 수도인 한양을 기준점으로 하는 역
법의 제작을 명했던 것이다.

"이제 우리 실정에 맞는 역법을 만들어봅시다."

《칠정산 내편》의 완성

《칠정산 내편》은 원나라의 천문학자 곽수경이 만든 수시력을 모델로
하여 만든 역법이다. 수시력이란 1281년부터 88년 동안 원나라에서 쓰
였던 역법으로, 북송의 기원력과 남송의 통천력을 본떠 만든 것이다.
명나라의 대통력도 수시력과 대동소이했으므로 따지고 보면 수시력은
중국에서 368년 동안 쓰인 역법이었다.

수시력의 우수성은 정밀한 관측과 창의적인 계산법에 있다. 곽수경
은 수시력 편찬 당시 정확한 천문 관측에 온 힘을 기울였다. 규표를 이
용하여 동지일수를 정확히 측정하여 1년의 길이를 365.2425일로 정했
고, 동지 때 태양의 위치가 확정된 것이 수시력의 특징이다. 또 달의 운
행을 추적하여 일식과 월식의 한계를 정하고, 28숙의 거성을 측정해 해

뜨는 시각과 해 지는 시각을 알아냈다. 수시력에서의 1년은 365.2425 일이며, 한 달은 29.530585일이다. 이 수시력이 우리나라에 알려진 것은 1291년(고려 충렬왕 17년)에 원나라의 사신 왕통에 의해서였다.

"우리나라의 역법은 최고의 관측기로 천문을 읽어 만들었으므로 참으로 정확합니다."

그러자 충선왕 때 최성지가 원나라에 가서 수시력법을 얻어왔다. 그런데 막상 사용해보니 일식과 월식, 오성에 대한 계산방법을 알 수가 없었다. 수시력은 원나라 도읍인 호경(북경)의 북극출지에 맞게 만들어졌기 때문이다. 고려는 하는 수 없이 그 부분만큼은 이전의 대통력을 따라야 했다.

"그것참, 중국에서는 우리에게 제대로 된 역법은 주지 않는군."

1432년 세종은 예문관 제학 정인지와 정초, 정흠지 등에게 고려에서부터 조선까지 이어온 수시력을 바탕으로 한반도의 실정에 맞게 엮도록 했다. 그리하여 10년 동안의 연구 끝에 만들어진 것이《칠정산[45] 내편》이다.

이 역법은《태음통궤》《태양통궤》《대통통궤》등 중국의 역법서적을 바탕으로 만들었으므로 나름대로의 창의성을 발휘했지만 과거 수시력의 한계를 넘어서지 못했다. 그리하여 많은 부분이 수시력과 같았다.

"이만해도 충분히 우리 실정에 맞출 수 있다. 문화 후진국의 오명은 벗은 셈이지."

이렇게 조선의 자존심을 세워준《칠정산 내편》은 간단한 서문과 함께 역일ㆍ태양ㆍ태음ㆍ중성ㆍ교식ㆍ오성ㆍ사여성의 7장으로 구성되어 있고, 마지막으로 한양을 기준으로 하여 해 뜨는 시각과 지는 시각

《칠정산 내편》과 《칠정산 외편》《칠정산 내외편》의 완성으로 역법의 계산이 완벽해져 일식과 월식, 날짜, 계절의 변화 등의 천문 현상을 정확하게 예보할 수 있게 되었다. 규장각 소장.

의 표가 담겨 있다. 이 역법은 효종 때 시헌력이 들어올 때까지 《칠정산 외편》과 짝을 이루어 조선의 대표적인 역법으로 사용되었다.

시간의 독립을 이루다

역시 세종은 하나만으로는 만족하지 못하는 완벽주의자였다. 1432년 그는 《칠정산 내편》을 추진하는 와중에 이순지, 김담 등 당대 최고의 천문학자들을 따로 불러 모아 새로운 역법에 대해 숙의했다.

"역법을 정비하는 데 중국 자료만으로는 한계가 있는 것 같다. 어디 좋은 자료 없을까?"

"최근 서역의 회회력(回回曆)[46]이 그지없이 정확하다고 합니다. 우리의 천문 관측 자료를 회회력과 연계시켜보면 좋은 결과가 나오지 않을까요?"

회회력이란 1271년 몽고족이 서러시아와 페르시아, 시리아, 아라비아 등을 잇달아 정복하고 원나라를 세운 다음 천문학에 뛰어난 이론을 갖춘 이슬람 천문학자들을 초빙해 만든 역법이다. 그 말을 들은 세종의 눈빛이 반짝였다.

"음, 감이 온다. 너희가 한 팀이 되어 정인지 팀과는 별도로 연구하도록 해라."

이때부터 이순지를 비롯한 조선의 첨단 두뇌들은 회회력을 앞에 두고 우리 실정에 맞는 역법을 만들기 위해 심혈을 기울였다. 그 결과 10년 뒤인 1442년(세종 24년) 《칠정산 외편》이 완성되었다.

이로써 조선은 중국으로부터 완전한 시간의 독립을 이루어냈다. 혹자들이 세종의 치적 가운데 두 가지만 꼽으라면 훈민정음과 칠정산의 완성을 드는 것도 그 때문이다. 세종은 몹시 기뻐하며 이 역법을 《칠정산 내편》과 더불어 유용하게 사용하도록 했다. 이때는 세종이 중국의 음운을 연구하며 훈민정음의 다양한 가능성을 모색하고 있던 시기였다.

"우리 겨레의 시간도 만들었으니 나랏말도 만들어볼까."

《칠정산 외편》은 태양(太陽) · 태음(太陰) · 교식(交食) · 오성(五星) · 태음오성능범(太陰五星凌犯)의 5장으로 구성되어 있다. 태양에서는 태양의 운행, 태음에서는 달의 운행, 교식에서는 일식과 월식, 오성에서는 토성 · 목성 · 화성 · 금성 · 수성의 운행, 태음오성능범에서는 달과 오성이 별을 가리는 현상에 대하여 다루고 있다. 이것은 《칠정산 내편》과 비교해볼 때 우주에 대해 전혀 다른 시각을 보여주고 있다.

《칠정산 외편》의 가장 큰 특징은 그 당시까지 중국적 전통에 따라 원주를 365.25도, 1도를 100분, 1분을 100초로 잡았던 것을 그리스 전통에 따라 원주를 360도, 1도를 60분, 1분을 60초로 변경하여 계산했다는 점이다. 그 외에도 평년의 1년은 365일로 하되 128년에 31일의 윤달을 두었고, 태음력의 길이를 354일로 했으며, 30년에 윤일을 11일 더 넣었다. 또 1년의 기점을 동지점이 아니라 춘분점에 두었으며, 황도를 30도씩 12등분했다. 그러므로 태양은 7월 초에 원지점에, 1월 초에 근지점에 있고, 속도는 원지점 부근에서 더디고 근지점 부근에서 빠르다.

백성을 위한 과학, 역법

역사적으로 볼 때 우리 민족은 한 번도 자주적인 역법을 갖지 못했다. 언제나 중국의 그것을 원용하다 보니 나라의 큰 행사인 종묘제례는 물론 백성의 생업인 농업 활동에 허다한 오류가 발생했다. 하지만 고려시대까지 자체적인 역법을 만들 만한 역량이 없었으므로 틀린 역법을 쓰면서 냉가슴을 앓아야 했다.

"이제는 우리도 할 수 있다는 것을 보여주자."

세종은 그렇게 역법의 독립을 통해 조선이란 나라가 민족의 대표성을 가지고 있음은 물론, 그만한 문화적 완성도를 갖추었음을 선언하였다. 실로 《칠정산 내외편》은 당시 세계에서 가장 앞선 천문 계산술이었다.

원나라 이후 명나라의 천문학은 쇠퇴하고 있었으며, 아랍 천문학 또한 마찬가지였다. 일본의 역법인 《정향력(貞享曆)》은 칠정산이 나오고 나서 240년 뒤인 1682년에 나오는데, 이 역법을 만든 시부카와 하루미

관상감 관천대 천문 현상을 관측하기 위해 한성부 북부 관상감이 있던 자리에 세운 천문 관측대이다. 소간의대, 별을 관측하는 대라는 뜻으로 첨성대라고도 부른다. 서울 종로구 계동 현대 그룹 사옥과 창경궁에 남아 있다. photo ⓒ 추수밭

(澁川春海)는 1643년 조선통신사로 일본에 온 박안기로부터 수학적 해법을 배워 《정향력》을 만들었다.

세종 대에 주체적인 역법이 완성되었다는 것은 또 과학적 통치도구를 마련했다는 점에서 매우 의미가 크다. 일찍이 한나라의 동중서는 '천(天)의 사상'을 개창해 제왕의 권위를 일신했다. 곧 삼라만상을 주재하는 하늘의 뜻을 백성에게 전달하는 사제의 역할을 가진 존재가 제왕이므로 백성은 제왕의 말을 믿고 따라야 한다는 것이다.

이 원리는 일식과 월식, 혜성 같은 하늘의 변화, 지진이나 홍수 같은 땅의 재앙이 제왕의 부덕이나 통치 미숙을 꾸짖는 하늘의 메시지라는 재이설(災異說)로 발전했다. 때문에 제왕들은 그런 자연현상이 갑작스런

일이 아니라 정상적인 자연의 움직임이란 것을 증명해야만 했다.

"혜성이 떴어. 하늘이 폭군에게 벌을 내리려는 징조야."

"무슨 소리. 이 혜성은 10년마다 나타나는 주기적인 현상이다."

"개가 해를 집어삼킨다. 재앙이 일어나려나 보다."

"어허, 올해는 일식이 두 번, 월식이 세 번 일어난다고 서운관에서 발표했잖아."

이렇듯 과학적인 천문지식을 통해 역대 제왕들은 백성을 설득하고 가르치면서 최고 통치자로 군림했다. 하지만 세종은 천문지식을 통치적 관념으로 이해하기보다는 백성의 실생활에 도움을 주는 쪽으로 연구를 진행했다.

"올해는 냉해가 예상된다. 수확을 서두르도록 하라."

조선의 산하를 그려라

- 지리지의 편찬 -

　한 나라의 국토를 정리하는 것은 국경선을 뚜렷하게 하겠다는 의도도 있지만, 무엇보다도 그 안에 사는 백성의 안전을 보장하고 국가의 위상을 뚜렷하게 하기 위함이다. 그 안에서 국력을 키우다 보면 마침내 그 세력을 경계선 밖으로 뻗칠 수 있는 것이다. 현재 우리나라의 경계는 세종 때 확정된 것이다. 당시 세종은 《고려사》를 정리하면서 지리지 편찬의 필요성을 절감하고 있었다.

　"이 나라가 어떻게 생겼는지, 어디에 뭐가 있는지 알아야 통치를 할 것 아닌가?"

　1424년 세종의 명을 받은 윤회와 신장은 《경상도지리지》를 비롯해 조선 8도의 지리적 특성과 산물 등을 포괄하는 지리지 편찬에 심혈을 기울였다. 지리지의 서문을 보면 이 작업은 1432년에 완성되었음을 밝히고 있다. 이렇게 만들어진 《신찬팔도지리지》는 1454년(단종 2년)에 8권

8책으로 완성되어 비로소《세종실록지리지》라는 이름을 얻는다.

《세종장헌대왕실록》의 제148권에서 제155권까지 실려 있는 이 책에는 8도에 관한 내용을 자세하게 실었는데, 당시의 경제 · 사회 · 군사 · 산업 · 지방제도 등이 자세히 기록되어 있어 그 시대의 역사지리학과 지방사 연구에 필수적인 자료로 평가되고 있다. 전체적으로는 제148권의 경도 한성부, 구도 개성 유후사로부터 경기도, 충청도, 경상도, 전라도, 황해도, 강원도, 평안도, 함길도의 순으로 되어 있다.

우선 경도 한성부의 연혁과 함께 부윤(府尹) · 판사(判事) 등의 관직과 종묘와 궁실의 건립, 도성의 주위와 사대문과 사소문 등을 언급하고, 한성부의 행정구역인 5부(五部)에 관하여 자세히 밝혔다. 그 밖에 각 도의 하부로 내려가면, 첫째 관아의 구조, 둘째, 그 지방의 연혁, 셋째, 행정구획과 넓이, 넷째, 호구, 즉 지상 방어군과 수군 배치 상황을 적시했고, 다섯째, 토착민들의 성씨와 유명한 인물, 여섯째, 지질, 경작지 면적, 생산물, 공물, 약재의 이름, 그릇 굽는 가마, 사기의 품질, 일곱째, 명승고적, 유적지, 사찰, 역, 삼림, 풍치 등을 자세히 설명했다.

그렇다면 이 책은 세부적으로 어떤 구성방식을 취하고 있을까? 대표적으로 경도 한성부(京都漢城府), 곧 한양에 대한 기록을 살펴보자.

한양은 본래 고구려의 남평양성으로 일명 북한산군이었고, 372년 백제 근초고왕이 남한산에 도읍을 정했으며,《도선비기》에 따라 고려 숙종 때 남경으로 승격되었다. 성 안의 행정구역은 동부 · 남부 · 서부 · 북부 · 중부의 5부로 나누어져 있는데 1만 7,015호가 있었고, 성 밖의 호수는 1,779호였다. 참고로 세종대왕이 태어난 준수방은 북부에 속해 있다.

그 밖에 종묘, 경복궁, 창덕궁, 영제교에서부터 저잣거리와 종루, 태평관 등 도성의 자세한 위치와 크기를 묘사했고, 주변의 산들에 대해 자세히 설명했다. 여기에는 지금의 남산에 있는 봉화의 경로가 밝혀져 있어 관심을 끈다. 그 부분을 잠깐 살펴보면 한양은 철저한 사주 경계 태세가 확립되었음을 알 수 있다.

목멱사(木覓祠)는 도성 남산 꼭대기에 있으니, 소사(小祀)이다. 봉화가 5곳이 있으니, 제1은 함길도와 강원도로부터 온 양주 아차산 봉화에 응하고, 제2는 경상도로부터 온 광주 천천산 봉화에 응하고, 제3은 평안도 · 황해도로부터 육로로 온 무악 동쪽 봉우리의 봉화에 응하고, 제4는 평안도와 황해도로부터 해로로 온 무악 서쪽 봉우리의 봉화에 응하고, 제5는 전라도와 충청도로부터 온 양천 개화산 봉화와 아차산 봉화에 응하고, 또 강원도로부터 온 풍양 대이산 봉화에 응한다.

한강에 대한 기록도 자세한데, 서소문 밖 12리에 있는 가을두(加乙頭)는 풍광이 오뚝하고 기이하게 빼어나고, 남쪽으로 큰 강을 임하여 벽처럼 서서 100길이나 되는데, 나무를 휘어잡고 아래를 굽어보면 터럭 끝이 오싹해진다는 문학적인 표현까지 담겨 있다. 한강의 남북 강안이 도로와 시멘트로 채워져 있는 요즘에는 상상조차 하기 힘든 풍경이 아닐 수 없다.

"가을두는 대체 어디일까?"

또 태조가 세운 흥천사는 황화방에 있는데 선종에 속하며 3층탑이 있고, 태종이 궁을 버리고 절을 만든 흥덕사는 연희방에 있는데, 교종에 속한다고 되어 있다. 조선왕조 초기 국왕들의 불교에 대한 생각을 말해 준다. 세종은 초기에 이 두 절에 대한 투자를 대폭 삭감하여 유신들의 환영을 받았지만, 말년에 내불당 건립문제로 신하들과 대립하는 양상 을 보여준다.

《세종실록지리지》에서 지방으로 가면 더욱 흥미로운 사실들이 발견 된다. 당시 제주는 전라도에 속했는데, 삼성혈(三姓穴) 신화도 실려 있 고, 1002년(고려 목종 5년)에 화산이 폭발하고 지진이 일어나 바다에서 섬 이 솟아났음을 말해주는 기사가 실려 있다.

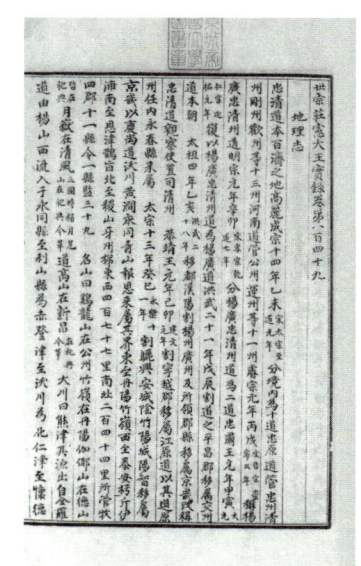

산이 솟아나오는데, 구름과 안개가 자욱하게 끼었고, 벼락 치는 것같이 땅 이 움직였습니다. 무릇 7주야가 지나 서야 비로소 개었는데, 산에는 풀과 나 무가 없고, 연기만이 그 위를 덮고 있습 니다. 바라다보니, 석류황(石流黃) [47] 같 기도 하여 사람이 갈 수가 없습니다.

이처럼 《세종실록지리지》는 지리 역사서 일 뿐만 아니라 우리 국토의 역사적인 변천을 그대로 밝혀놓은 귀중한 자료이다. 정치·경제·사회·군비·교통 등을 망라하여 조 직체계를 분명하게 알려주는 국가 정비의 지

《세종실록지리지》 《세종실록지리지》는 국토 의 위치와 연혁을 중요시하여 지명의 설명과 나열에 치중한 《삼국사기》 지리지의 체제를 탈 피하여 인문지리, 자연지리, 경제·군사적인 내용을 상세히 기술했다. 규장각 소장.

침서로서 훗날 조선왕실의 대표적인 기록문화인《의궤》의 전신과 같은
체제를 보여주고 있다.

이와 같은 기록이 전제되어 있는 국정 시스템 속에서 인적 자원만 잘
갖추어진다면 아무리 도서 산간 지역이라도 얼마든지 조정에서 원격통
제가 가능하지 않을까 싶다. 참고로 세종대왕과 소헌왕후가 잠들어 있
는 여주지방의 지리를 본문 그대로 읽어보자.

여주(驪州)

1. 여흥도호부, 부사 1인. (모든 부사府使는 3품관으로 한다. 4품이면 부사副使
   로 칭한다.) 유학교수관 한 사람을 둔다.

2. 원래 고구려의 골내근현이다. 신라는 지명을 고쳐 황효라 하
   고, 기천군에 속한 현으로 삼았다. (기천은 지금의 천녕이다.)

   고려는 지명을 황려로 고쳤다. 현종 무오년에는 원주 관할이
   었다. 뒤에 감무를 두었다. (황리현이라고도 했다.)

   충렬왕 31년 을사(원나라 성종 대덕 9년) 황비 순경왕후의 출생지
   라 하여 승격하여 여흥군으로 하고 지군사를 두었다.

   명나라 태도 홍무 21년 무진에는 가짜 임금 신우를 이 고을로
   옮기고, 황려부로 승격시켰다.

   공양왕 원년 기사(즉 홍무 22년)에 다시 격을 낮추어 여흥군으로
   했다.

   조선 태종 원년 신사에 중궁 정비의 출생지라 하여 격을 높여
   여흥부로 하고, 음죽현 북촌인 어서이처(於西伊處)를 떼어 여
   흥부에 붙였다.

13년 계사에 고쳐 도호부로 했다. (수원과 여흥부의 명칭이 서로 뒤섞여

단부單府라 함을 고쳐 도호부로 하여 구별했다.)

3. 여강(驪江) (도호부의 관아가 있다. 북쪽에는 나룻배가 있다.) 사방 경계는 동

으로 충주가 31리, 서로 천녕이 10리, 남으로 음죽이 30리,

북으로 지평이 10리이고, 동서가 41리, 남북이 40리이다.

4. 가옥 538호, 인구 1,144명, 군정 및 시위군 75명, 선군

121명이다.

5. 원래 살고 있는 성씨는 일곱인데 민, 이, 안, 필, 윤, 한, 음

씨이고, 인물은 참지정사 문순공 이규보(고려 고종 때 사람), 문하

좌정승 여흥 부원군 문도공 민제이다. (이 사람은 우리 창덕 원소 원경

왕후를 낳았다.)

6. 땅이 기름지고 메마름이 반반이고, 경작지가 6,145경이며(논

이 좀 적다), 토산물은 오곡, 조, 팥, 메밀, 뽕, 삼이며, 공물은

고기와 소금, 진용이다. 약제는 연자이고 사기 굽는 곳이 한

군데인데, 도호부의 북관산에 있다. (생산되는 사기는 중품)

7. 청심루(객사 서북쪽에 있다. 북쪽으로 여강에 깃들여 있다. 옛사람들이 읊은 시가

꽤 많다.), 역이 둘인데 신진, 안평 (공양왕 3년 신미에 새로 두었다.) 이

고, 팔대수(여강 북편에 있다. 예전에는 패다수라고 했다.), 신륵사(고을의 북

쪽에 있다. 항간에는 이 절을 벽사라고 한다.) 가 있다.

실측지도를 만들어라

1399년(정종 1년) 판문하 부사 김사형은 정종의 등극을 알리러 명나라

에 사신으로 갔다가 두 권의 세계지도를 가져온다. 하나는 1330년 원

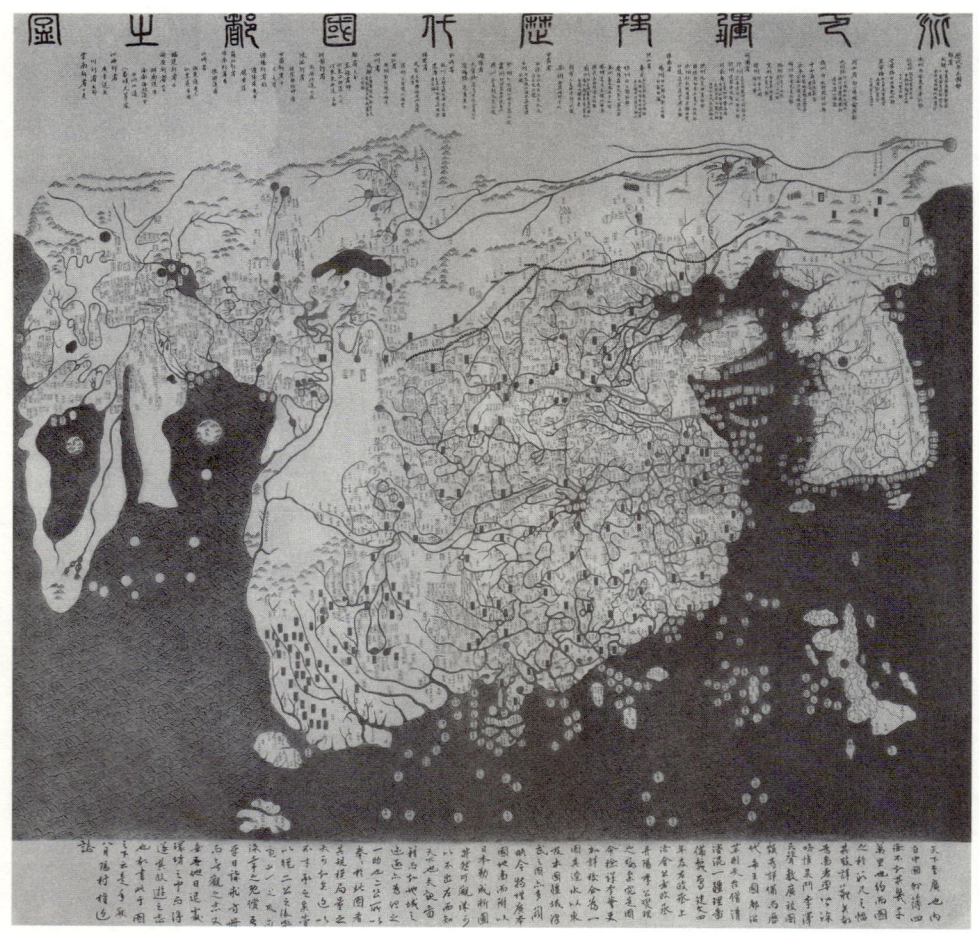

〈혼일강리역대국도지도〉 15세기 초의 세계지도로는 세계에서 가장 뛰어난 지도 가운데 하나로 꼽힌다. 중국을 중앙에 배치하고 동쪽은 조선과 일본, 서쪽으로는 아라비아 반도, 유럽, 아프리카에 이르고 있다. 특히 조선을 다른 나라보다 크게 그려 자부심을 드러내고 있다. 일본 교토 류코쿠 대학 도서관 소장.

나라의 이택민이 만든 〈성교광피도〉였고, 또 하나는 1392년 천태종 승려인 청준이 만든 〈혼일강리도〉였다.

"뭐 이따위 지도가 있나. 좀 더 잘 만들 수 없겠나?"

1402년 태종은 두 지도를 살펴본 다음 서방과 중국 요동지방의 동쪽

부분이 생략된 것을 보고 김사형과 이무, 이회 등에게 이를 보완해 세계지도를 제작하라고 명했다. 그리하여 탄생한 것이 우리나라 최초의 세계지도인 〈혼일강리역대국도지도〉이다.

이 지도는 세로 171센티미터, 가로 146센티미터 크기의 비단에 채색되어 있는데, 한반도와 일본은 물론 서방의 100여 개 지명, 아프리카 지명, 사하라 사막과 알렉산드리아까지 표시되어 있다. 당시 이회는 중국 지도를 참고로 요하 서쪽 부분을 담당해 그렸는데, 아라비아 지도학을 모방해 바다는 초록색으로, 하천과 호수는 푸른색으로, 파도는 검은 줄무늬로 표현했다. 또 자신이 그린 〈팔도도〉를 참작해 우리나라의 부분을 삽입했는데, 45도 각도에서 산지를 평면에 투영하여 일종의 산악 투영도법을 선보였다. 이 지도는 훗날 《동국여지승람》에 있는 〈팔도총도〉보다 묘사가 정확하다는 평가를 받았는데, 안타깝게도 국내에는 없고 일본 교토의 류코쿠 대학 도서관에 소장되어 있다.

"세계는 그렇다 치고 우리 땅이라도 제대로 알아야겠다."

세종은 지리지의 정리와 함께 지도의 제작을 서둘렀다. 당시에는 조선 초에 편찬된 《삼국사》에 실린 정총의 〈삼국도〉가 지도의 전부였다. 정총은 지도를 만들면서 고려조에서 전해지던 〈고려도〉와 함께 이미 만들어진 조선 지도를 이용해 삼국시대 세 나라의 강역도를 만들어 고구려, 백제, 신라의 역사 기록의 첫머리에 끼워놓았다.

이 지도에서는 군현의 이름을 예전대로 기록하고, 다시 조선 초의 지명을 덧붙여 알아보기 쉽게 제작했다. 이와 같은 삼국 지도의 완성은 조선이 개국한 다음 서울에 자리를 잡은 1395년(태조 4년)경이었다. 하지만 세종이 볼 때 이전의 지도는 오류투성이였다. 그래서 1434년 5월,

세종은 호조에 명해 정밀한 지도를 그릴 것을 명했다.

"각 도의 수령들은 자기들 관할구역을 그릴 때 경내에 있는 객사의 위치와 방향을 분명히 하고 산천과 도로를 명시하라. 도로는 이수를 정확히 기입하고 사방의 인접한 군과의 접촉 연락을 상세하게 그려 감사에게 전하라. 그러면 감사는 각기 주군(州郡)의 지도를 차례대로 폭을 맞춰 연접해 올려라."

이때는 세종이 전제와 조세의 개혁을 시도할 때였으므로 이에 관련되어 지도를 필요로 했다. 1436년 2월, 세종은 지승문원사인 정척에게 명해 지리 전문가인 상지(相地)와 화공을 데리고 함길도와 평안도, 황해도에 가서 지도를 그려오도록 명했다. 그리하여 〈팔도도(八道圖)〉가 완성되었다.

이 지도는 이회의 〈팔도도〉와는 달리 제작자가 직접 측량해 만들었다는 점에서 의미를 가진다. 이 지도 역시 우리나라에서는 유실되었고 현재 일본에 있을 것으로 추정된다. 정척은 이후 양성지와 더불어 〈양계지도〉를 완성했고, 양성지는 그의 유업을 받아들여 〈조선도도〉〈팔도각도〉〈황극치평도〉 등 수많은 지도를 제작했다. 이들은 훗날 전국지도 사업에 착수해 1463년(세조 9년)에 〈동국지도(東國地圖)〉를 완성함으로써 1434년 이후 계속된 실측지도 제작 사업을 성공리에 마무리했다.

세종은 당시 지방 수령에게 현지의 상세한 형세도를 그려 보내게 하고, 이를 조정에 비치하여 정사를 볼 때 참고했다. 이는 시기적으로 볼 때 여진족의 침입에 대비하려는 의도가 있었음을 알 수 있다. 지도 제작 사업은 이처럼 안으로는 재정을 확립하고, 밖으로는 북쪽의 여진족, 동남해안의 왜구에 대한 방비라는 현실적인 문제 해결을 위해 진행되었으므로 조선의 원형에 가깝게 그려졌다.

"이만주나 몽거티무르 같은 녀석들이 구체적으로 어디에서 설치는지 알아야 할 거 아니겠어?"

네가 아프냐, 나도 아프다

- 조선 한의학의 정립 -

"내가 등창을 오랫동안 앓았는데 간밤에는 마음대로 돌아눕지 못할 정도로 고통스러웠소. 소갈증이 생긴 지 10여 년이 지났고, 지난여름에는 임질로 오래도록 정사를 돌보지 못했소. 지난봄에는 눈이 어두워져서 걸을 때 사람들이 있는 것은 알았어도 누구인지 알 수가 없었소. 한 가지 병이 나으려 하면 또 한 가지 병이 생기고, 날로 쇠약해지니 정사를 돌보는 데 자신감이 없어집니다."

집권 중반기에 벌써 이렇게 신하들에게 하소연할 정도로 세종은 병골이었다. 소년기에 일각편통(一角偏痛), 즉 한쪽 다리가 아파 10년 동안 고생했고, 보위에 오른 뒤에는 사서를 교정하느라 안질에 걸렸으며, 말년에는 소갈증과 풍질, 임질 등 각종 질환으로 신음했다. 《실록》에 나타난 세종의 질병 기록은 100여 건을 넘는다. 이런 병자 임금이었기에 세종은 질병 치료에 누구보다도 관심이 많았다.

1423년 3월, 세종은 전옥서[48]에 명을 내려 죄수들 가운데 병자들을 동서활인원[49]으로 옮겨 치료받도록 했다. 백성의 질병에도 관심이 많았던 세종은 전의감 제조 황자후에게 백성이 구하기 쉬운 약재로 치료할 수 있는 방법을 연구하게 하기도 했다.

당시 백성은 병에 걸리면 정확한 처방으로 치료하지 않고 무조건 비싼 약재를 사용하거나 무당의 푸닥거리 등으로 가산을 탕진하곤 했다. 또 중국에서 수입한 효과 좋은 당약은 비싸서 가난한 사람들은 엄두도 내지 못했다.

"돈 없으면 병을 고치지 못하니 참으로 분하오."

백성을 위한 《향약집성방》

1431년 노중례, 유효통, 박윤덕 등에 의해 《향약채집월령》이 편찬되었다. 이 의서는 우리나라에서 산출되는 수백 종류의 약재를 채집하는 요령과 약리작용을 기술한 것이다. 이들은 다시 우리나라 고유의 약재로 방문을 지을 수 있는 의학서적의 편찬에 착수했다. 그리하여 1433년 6월, 전 85권 30책으로 이루어진 《향약집성방(鄕藥集成方)》이 완성되었다.

《의방유취》《동의보감》과 함께 한국의 3대 의서로 손꼽히는 《향약집성방》은 질병별로 내과·외과·이비인후과·산부인과·소아과 등 57개 항목으로 나누고, 959종의 증세를 기술했으며, 이에 따른 처방 1만 700여 종을 출전과 함께 상세히 기술했다. 또 700종에 달하는 우리나라 고유의 약재에 관한 총론과 각론을 수록해 실제적 활용도를 극대화하고 있다. 예를 들면 중풍 반신불수에 쓰는 처방으로 기록된 '솔잎 찜질'은 대단히 간편하다.

솔잎 5말가량에 소금 2되를 넣고 뜨겁게 찐 다음 베주머니에 넣어 찜질하는 방법이 그것이다. 열기가 식으면 주머니를 통째로 다시 쪄서 사용한다. 손발이 마비되고 통증이 있을 때도 효과적이다. 솔잎 성분에는 신경안정 작용과 진통효과가 있다. 자극이 온화해 마비를 풀어주는 데 좋으며, 혈액순환을 촉진하고 경락의 울체를 풀어주는 작용이 뛰어나다.

이처럼 실전적인 치료법을 담은 《향약집성방》은 다음과 같이 중요한 특징이 있다.

첫째, 하나의 처방이 3종 이상의 약물로 구성된 경우가 적고, 또 3종 이상의 약물이 들어가는 처방이 수록돼 있다 하더라도 같은 곳에 3종 이하의 간편한 처방을 기록해 선택의 폭을 넓혀주었다.

둘째, 금원 4대 가류(12~14세기 중국 금·원 시대에 활동했던 유완소·장종정·이고·주진형 등을 중심으로 만들어진 학파)의 의서를 거의 인용하지 않았다. 그나마 인용하고 있는 처방들은 3종 이하의 약물로 구성돼 있는데, 그들의 처방 가운데 국산 약재로 수용할 수 없는 처방들은 제외했기 때문이다.

셋째, 인용된 의학이론, 처방, 침구법 등이 대부분 인용서적을 밝히고 있어 의학 연구에 커다란 도움을 주고 있다.

넷째, 침구법에서 자오유주침법처럼 고도의 계산을 요구하는 침법은 생략했다. 무엇보다도 이 책은 조선 땅에서 나오는 약재와 민간에서 간편하게 치료할 수 있는 처방의 정립에 초점을 맞추었기 때문이다.

이처럼 한국적 한의학을 정립하기 위해 편집된 이 책은, 이전에 권중화가 여러 의서를 모아 편집한 《향약간이방》을 조준과 약국 관원들이 다시 편찬해 방문에 따라 약을 구하기 쉽게 만들었다.

세종은 이 책을 보고 크게 기뻐하며 전라도와 강원도 감사에게 인쇄를 명했다. 《향약집성방》은 수시로 수정 보완되었는데, 이후 2,803종의 약방을 분류해 1만 706종으로 정리하고, 침 놓는 법 1,476조를 정리했으며, 향약 약재에 관한 향약본초도 정리했다. 여기에 포제법을 덧붙여 약재 처리 방법까지 일러주었다. 그런 다음 제생원이나 전의감의 관원을 내보내 여러 지방에서 약재를 구해오게 했고, 각 수령들로 하여금 정해진 약재를 공납토록 했다.

"지방에서 약재를 모으는 것도 한계가 있다. 조정에서 직접 약초를 재배하도록 하자."

1439년부터 향약을 산에 심어 생약제를 거두게 하고 사헌부에서 감독하도록 했다. 그와 함께 수령들이 약재를 상납할 때는 수확 일자를 명확히 명기하고, 약재 말리는 법을 지켜야 하며, 약재를 캔 사람의 관명과 성명 등을 일일이 기록하게 했다. 그렇게 실명제를 쓰게 함으로써 약효가 살아 있는 약재를 공급받으려 했던 것이다.

한편 세종은 황자후와 노중례, 박연 등을 명나라에 보내 중국의 약재 중에 우리나라에서 대체할 수 있는 향약재를 찾아내도록 했다. 당시 향약의 가짓수는 자연 생산이 160가지, 재배종이 30종 남짓했다. 《향약채집월령》을 보면 이런 향약제를 12개월로 분류하고 약명에 우리말 이름을 붙였다. 가령 운모(雲母)는 돌비늘, 세신(細辛)은 시금치, 질경(桔梗)은 도라지이다.

의학백과사전 《의방유취》

1443년 세종은 안평대군에게 명해 한방의학을 총망라해 분류, 편찬토록 명했다. 이 일에는 집현전 부교리인 김예몽, 저작랑 유성원, 사직 민보화 등이 참여했고, 뒤에 직제학 김문, 신석조, 부교리 이예, 승문원 교리 김수온, 의관인 전순의, 최윤, 김유지 등이 편집했다.

이때 모은 중국의 의약서적은 164부로, 중국의 한나라 때 약방에서부터 당·송·원·명을 모두 망라하였다. 이를 우리나라에서 쓰기 편하게 91문(門)으로 나누어 편찬한 것이 권수 266권, 책수 264책으로 이루어진 《의방유취(醫方類聚)》인데 고금의 한방의약을 집대성한 것이었다.

이 책은 세종 사후에도 계속 정리되어 1477년(성종 8년)에 이르러 인쇄되기에 이른다. 하지만 너무나 분량이 많아서 30벌만 찍어 내의원, 전의감, 혜민국, 활인서 등 궁중과 민간 치료기관, 인명 구제기관에 나누어주었다.

이 책은 임진왜란 때 대부분 잃어버리고 일본에서 약탈해간 것이 일본 궁내성 도서관에 소장되어 있는데, 그것도 12책이 빠진 252책뿐이다. 훗날 일본의 의관이 결본된 12책을 보완해 완질로 전하고 있다.

법의학에 대한 관심

세종은 의생 훈련에 관심을 기울이는 한편, 온천과 냉천, 한증 치료 법에 특히 관심을 기울였다. 그 자신의 병을 치료하는 목적 외에도 백 성이 쉽게 질병에서 벗어나게 하기 위함이었다. 세종은 온양 온천과 초수리 냉천에서 치료를 했지만 건강을 회복하지는 못했다. 1427년에 는 예조에 명하여 각처의 온천을 수리하게 하고 병자를 치료하는 관원 을 두게 했다. 또 환자들에게 쌀과 콩을 주고 숙식을 관가에서 맡도록 했다.

한편 활인원에서 질병 치료에 이용하던 한증(汗蒸)이 정말 효험이 있 는지 조사했다. 당시 한증막에서 숨을 거두는 사람도 있었기 때문이다. 고려 때도 행해졌던 한증은 가난한 사람들의 치료법이었다.

세종은 또 법의학에 관심을 기울여 검시법을 정리하게 했고, 이로써 과학적 수사기법인《무원록(無寃錄)》의 중요성이 대두되었다. 1419년부 터 관원을 뽑는 과시의 율학에 반드시《무원록》을 넣었고, 1438년부터 는《무원록》에 주를 달아《신주무원록》을 편찬한 다음 관원들에게 나누 어주었다. 이는 훗날 영조 때의《증수무원록》으로 발전하여 과학적 법 의학 확립의 기틀을 잡게 된다.

"《무원록》이 없으면 별순검도 있을 수 없지."

사람은 금수와 다르다

- 윤리의식의 전파 -

　세종은 등극하자마자 나라 안의 효자(孝子)·절부(節婦)·의부(義
夫)·순손(順孫)을 조사하여 보고토록 했다. 명을 받은 정초가 41명을
가려 뽑아 상주하자 세종은 그들에게 정문(旌門)을 세워주고 부역을 면
제해주는 등 풍속을 장려하는 정책을 펼쳤다. 하지만 그는 손가락을 끊
어 피를 먹이는 등 과도한 효성은 자제하도록 하고, 반드시 순수한 마
음으로 어버이를 즐겁게 해드리고 모시는 것을 권장했다.

　"효도는 백 가지 행동의 근본이다."

　그는 자기 부모를 소중히 여기는 사람이라야 남의 부모도 소중히 여
기고, 남의 부모를 소중히 여기는 사람이라야 다른 사람도 소중히 여기
고, 다른 사람을 소중히 여기는 사람이라야 사회에 봉사하고, 사회에
봉사하는 사람이라야 나라에 충성한다고 믿었다.

　반대로 자기 부모를 소중히 여기지 않는 사람은 남의 부모를 소중히

여기지 않고, 남의 부모를 소중히 여기지 않는 사람은 다른 사람을 소
중히 여기지 않으며, 다른 사람을 소중히 여기지 않는 사람은 사회에
봉사하지 않고, 사회에 봉사하지 않는 사람은 국가에 충성하지 않는다
는 것이다. 그러므로 세종은 자신이 솔선수범하여 효도를 실천함으로
써 군주로서의 모범을 보였다.

세종의 효심

세종은 어머니 원경왕후 민씨에게 효성을 다했다. 충녕대군 시절 자
신이 책을 너무 많이 읽다가 건강을 해칠까 봐 몇 권만 남겨두고 중궁전
에 가져다놓을 정도로 사랑을 베풀었던 어머니, 동생 성녕이 죽은 뒤
눈물이 마를 날 없던 분, 젊은 날에는 태종을 위해 군사를 기르고 갑주
와 보검을 챙겨주던 여장부였건만, 나이 들어 남편과의 불화와 친정이
멸문지화를 당하면서 숱하게 마음고생을 했던 어머니였다.

1420년 5월, 세종은 어머니가 학질에 걸리자 '학질은 여러 곳을 자주
옮겨 다녀야 병이 떨어진다.'[50]는 속설에 따라 5월 27일부터 43일 동
안 무려 12곳을 전전했다. 그동안 끼니를 잇는 둥 마는 둥 잠도 제대로
자지 않고 기도했다.

당시 세종은 말 한 필에 내시 두 사람만 대동한 채 이리저리 옮겨 다
녔는데, 한밤중에 길을 잃어 엉뚱한 곳으로 가기도 했다. 그래서 태종
이 민씨를 찾아가기까지 했다. 또 탕약과 음식은 반드시 먼저 맛을 보
고 드시게 했다. 이런 아들의 정성에 냉혈한 태종도 감명을 받았는지
민씨의 손을 꼭 부여잡고 눈물을 흘리기까지 했다.

"명색이 남편인 나보다 자식이 훨씬 낫구려."

《삼강행실도》 왼쪽부터 〈문충정성〉 효자도, 〈서적독행〉 효자도.

　7월 10일, 한 많은 세월을 보낸 원경왕후 민씨는 끝내 병을 이기지 못하고 눈을 감았다. 그러자 세종은 옷을 갈아입고 머리를 풀어헤친 다음 맨발로 거적 위에 엎드려 통곡했는데, 주위 사람들이 그 소리를 듣고 가슴을 저몄다. 당시 날씨가 무더워 바닥에서 습기가 올라오자 신하들이 몰래 기름 먹인 종이를 거적 밑에 깔았다. 세종이 이를 알고 몹시 노여워했다.

　"지금 어머니께서 돌아가셨는데 어찌 나만 편안할 수 있겠는가."

　1422년 5월 상왕 태종이 깊은 병에 걸리자 탕약과 음식을 손수 받들어 드렸다. 하지만 병환이 심해 새로 지은 궁궐로 옮겨야 했는데, 세종은 걸어서 그 뒤를 따라가 간병에 정성을 다했다. 결국 태종은 숨을 거두었고, 마침 흙비가 쏟아졌다. 이때 세종은 20여 일 동안 식음을 전폐

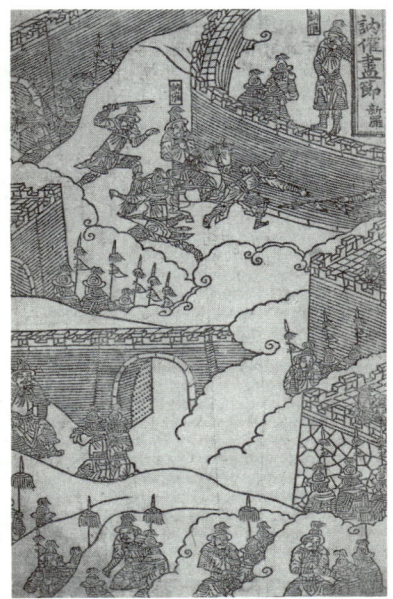

《삼강행실도》 〈강혁거효〉 효자도, 〈눌최진절〉 충신도.

해 몹시 피폐한 상태였다. 이에 신하들이 술을 한 잔 마셔 몸을 데우라고 청하자 이렇게 말했다.

"상중에는 술 마시는 것이 예가 아닌데, 하물며 상주인 내가 어찌 그럴 수 있느냐."

이처럼 효를 몸소 실천했던 세종은 반대로 강상에 어긋나는 일은 법으로 엄히 처벌했다. 범죄자는 오로지 법률에 의거하여 처벌하면 되지만, 그보다는 먼저 행실이 어긋나지 않도록 교화하는 것이 우선이었다.

1428년 9월 27일 형조에서 진주 출신의 김화라는 자가 아버지를 죽인 죄를 보고해왔다. 이에 세종은 몹시 언짢은 기색을 보였다.

"사람을 죽이는 일은 있을 수 있다. 하지만 제 아비를 죽이는 것은 모두 나의 부덕한 탓이다."

이때 판부사 허조가 말했다.

"신의 나이 예순이 넘었는데 이런 일은 처음입니다. 이런 상하의 분별을 깨뜨리는 패륜을 막으려면 엄벌에 처해야 합니다."

"옳은 말입니다. 하지만 사사건건 죄상을 가려 법을 고칠 수는 없습니다."

"그래도 백성에게 경고하는 차원에서 다루는 것이 좋습니다."

허조가 이렇듯 강경한 법 적용을 주장하자 세종은 기분이 좋지 않았다. 허조의 주장대로 하자면 법조문을 고쳐야 했기 때문이다. 세종은 자신이 만든 법을 절름발이로 만들고 싶지 않았다. 10월이 되자 경연에서 효를 권장하는 방법을 논의했다. 이때 판부사 변계량이 건의했다.

"전하,《효행록》을 널리 전파하면 어떻겠습니까? 강력한 처벌이 능사가 아닙니다. 효도와 우애가 풍습이 되게 하여 백성의 마음을 순화시키십시오."

"그것 참 좋은 생각입니다. 역시 교육을 해야 해요."

《효행록》의 전파

《효행록》은 고려 때 권부와 권준 부자에 의해 만들어졌고, 권근이 해설을 덧붙였으며, 이제현이 찬시를 지어 넣은 책이다. 권준이 먼저 효도에 관한 24개 이야기를 뽑아 24폭 그림에 익재의 시 12구절을 담아 아버지에게 바치자, 권부는 38가지 이야기를 뽑아 익재에게 시를 받아 넣은 책이다.

세종은《효행록》을 직접 살펴본 다음 집현전 직제학 설순에게 현재 실정에 맞는 효행 사례를 추가해서 편찬한 다음 전국에 배포하라고 명했다. 그러자 설순은 당시 춘추관에서 작업 중인 《고려사》에서 효행에 관한 기사를 가려 뽑아 새로운 《효행록》을 만들어 인쇄한 다음 나라 안에 배포하여 교육의 지도서가 되게 했다.

세종은 《효행록》만으로는 백성의 윤리와 기강이 바로잡히기 힘들다고 생각하고 설순에게 좀 더 근본적이고 쉬운 계몽서적을 만들도록 했다. 그리하여 1432년 6월, 집현전에서는 《삼강행실》을 편찬하기에 이른다.

이 책은 글을 모르는 사람도 알아볼 수 있도록 그림을 넣고, 본문 끝에는 원문을 요약한 시구를 넣은 효도 지침서였다. 《삼강행실도》는 효자도 · 충신도 · 열녀도로 편성되었는데, 출발은 어디까지나 효에 있었다. 이때부터 정몽주와 길재 등 조선 건국 당시 반대 입장에 서 있던 고려조 효자, 충신들도 선양했다. 1444년에는 《삼강행실》의 내용을 훈민정음으로 번역해 간행했다.

4부

고독한 임금의 초상

한 겨레의 글자를 만들다

- 비밀 프로젝트 훈민정음 -

1443년 12월 30일, 세종은 신하들에게 훈민정음[51]이란 새 문자를 만들었다는 놀라운 뉴스를 발표했다. 그는 새 문자를 쓰는 방법을 간략히 설명하면서 우리 민족이 유사 이래 처음으로 문자를 가지게 되었음을 내외에 천명했다.

"이 글자는 28자로 만들어져 있는데 옛 전자들을 모방했고, 초성·중성·종성, 삼성으로 나뉘며, 이들을 합하면 한 글자를 이룬다. 무릇 한문이나 우리나라 말을 다 적을 수 있다. 비록 글자는 간단하지만 전환이 무궁무진하다."

"주상께서 최근에 음운 공부를 많이 하시더니 이두보다 편리한 발음 기호를 만드셨나 보군."

신료들은 고개를 끄덕이며 웃었다. 그런데 세종은 이듬해 2월경 집현전의 소장학자들을 의사청으로 불러들여 중국의 운서인《고금운회거요》[52]를 정음으로 번역하겠다고 발표했다. 그 말에 깜짝 놀란 집현전 학사들이 앞뒤를 따져보니 세종은 정음을 창제하자마자 곧바로 운서 번역 작업을 시작해 벌써 작업이 대부분 끝나고 인쇄단계에까지 이른 것이었다. 이에 부제학 최만리를 비롯해 일곱 명의 집현전 학사[53]들이 문제를 제기하고 나섰다.

"전하, 우리나라의 중국어 발음이 중국말과 다르다고 해서 그렇듯 언문으로 번역하는 것은 위험합니다."

"무슨 소리, 내가 언문을 실험해보니 중국어의 발음에 가장 유사했다. 그대들이 운서를 아느냐? 사성 칠음은 무엇이고 자모는 몇이나 있는지 아는가? 내가 운서를 바로잡지 못하면 앞으로 누가 이것을 바로잡겠는가?"

"전하의 학문을 의심하는 것이 아닙니다. 다만 너무 급하게 추진하고 계시다는 겁니다. 그리고 본래 운서 번역은 예조의 소관인데 어찌하여 집현전 학사들을 동원하십니까?"

"그들이야말로 언문을 가장 잘 아는 이들이기에 그렇게 한 것이다."

"요즘 전하께서는 눈병도 나시고 건강이 좋지 않습니다. 나라를 위해서는 옥체를 보중할 때입니다."

"그 점은 걱정하지 마라. 세자가 나보다 더 국사를 잘 처리하고 있지 않은가?"

"저희가 듣기에 요즘 세자 저하와 진양대군께서도 운서 번역에 매달린다고 합니다. 이래서야 국정이 바로 될 리 없습니다."

최만리 등 집현전 학사들은 간곡하게 세종을 설득했다. 하지만 세종은 앞으로도 훈민정음 사업에 전력투구할 것을 밝혔다.

"나는 우리 백성에게 훈민정음을 널리 가르쳐 일상 문자로 사용하게 할 예정이다. 말과 글이 같으니 자기 뜻을 표현하기 쉬울 게 아닌가."

"그게 무슨 말씀이십니까? 그럼 한자를 버리겠다는 말씀이십니까?"

"그런 건 아니고……. 한자는 학문, 언문은 실용문자로 삼겠다는 것이다."

"그 정도라면 지금의 이두로도 충분합니다. 무엇 때문에 그런 번거로움을 자처하십니까?"

"옛날 설총이 이두를 만든 것은 백성을 편안케 하기 위해서였다. 언문54도 마찬가지다. 그대들은 설총은 옳고 나는 그르다는 뜻이냐?"

이렇듯 최만리를 비롯한 집현전의 학자들은 세종과 맹렬하게 토론을 벌였다.

나랏말이 중국과 다르니

조선은 고려 말 신흥 사대부들에 의해 주자학을 국가 지도이념으로 삼아 개국한 나라이다. 주자학은 소학, 가례, 가묘, 삼년상 등 실천을 중요시하는 유학이다. 그런데 세종 대에 명나라에서 성리학의 백미라 할 수 있는 영락3대전인 《사서대전》《오경대전》《성리대전》이 들어오면서 유학의 흐름이 바뀌게 된다.

그 가운데 《성리대전》에 속해 있는 소강절의 《황극경세서》와 채원정의 《율려신서》는 세종의 음운학과 음악에 대한 관심을 불러일으켰다. 소강절은 나라의 풍토가 다르면 그곳에 사는 사람의 발음도 달라지므로 정성(正聲)과 정음(正音)이 있어야 바로잡을 수 있다고 했다. 이 두 가지를 바로잡는 일이야말로 왕도정치의 핵심이라는 것이다.

"이것이야말로 내가 제일 잘할 수 있는 일이다."

세종은 내심 의욕을 갖고 음운학 연구에 매진했다. 당시 그는 박연과 함께 《율려신서》를 연구하여 예악을 정비하는 작업도 병행하고 있었다. 때맞춰 명나라에서 《홍무정운》이 들어왔다. 이 책은 1375년(홍무 8년)에 명나라 태조의 명으로 각종 방언이 뒤섞인 중국의 음운체계를 통일하기 위해 편찬된 운서였다.

"이런 일에 조선이 빠질 수 없지. 우리의 음운도 바로잡도록 하자."

이에 고무된 세종과 집현전 학사들은 본격적으로 음운학을 파고들었다. 사실 중국 음운을 바로잡는다는 것은 외교적으로 매우 중요한 일이었다.

일찍이 고려는 외국어 교육기관인 통문관을 운용했고, 조선에서도 1393년(태조 2년) 9월에 사역원을 설치했다. 명나라에 대해 사대를 표방하던 조선으로서는 외교상 다른 언어들보다 중국어가 매우 중요했다. 그런데 당시 조선은 독자적인 문자가 없었으므로 중국의 반절법[55]이나 이두를 사용했다. 그도 모자라면 몽골어로 한자어를 읽는 원나라의 《고금운회거요》나 《몽고운략》을 이용했다. 그런데 당시 명나라와 원나라는 대립관계였으므로 원나라의 발음체계를 이용하는 것이 조선으로서는 몹시 껄끄러웠다.

"에이, 고래 싸움에 새우등 터지는 격이로구나. 차라리 우리 글자를 만들고 말겠다."

세종의 치세는 건국 이래 정치적으로 가장 안정된 시기였고 경제력도 풍부했다. 더군다나 집현전에서 학문에 전념하는 인적 자원은 어느 시

《동국정운》 혼란스러운 우리나라의 한자음을 바로잡아 통일된 표준음을 정하려는 목적으로 신숙주, 최항, 박팽년 등이 편찬했다. '동국정운'이란 우리나라의 바른 음이라는 뜻이다. 건국대학교 박물관 소장.

대 어느 왕조에 비할 바가 아니었다. 또 임금인 세종이 뛰어난 학자였으므로 이런 발상은 언제라도 현실화될 수 있었다. 그런데 음운 연구를 하다 보니 차츰 욕심이 생겼다.

"조선의 한자음을 중국의 한자음과 일치시키면 간단하잖아. 그러기 위해서는 올바른 발음기호, 즉 정음을 만들어야겠다."

그때부터 세종은 이틀에 한 번씩 스스로 중국어를 공부하는 한편, 이변, 김하 등을 요동에 보내 중국어 교과서인 《직해소학》의 발음을 알아오게 했다. 1438년부터는 세자도 사흘에 한 번씩 중국어를 배우게 했다. 그 과정에서 세종은 우리 한자음의 체계가 제대로 정돈되어 있지 않음을 알고 그것을 바로잡기 위해 연구를 거듭하여 《동국정운》을 만들었다.

《동국정운》은 모두 6권으로 각 권마다 45장 안팎인데, 글자마다 훈민정음으로 표시한 다음 그 밑에 한자를 붙였다. 여기에서는 중국 음운의 자모 수에 구애받지 않고 우리말의 음운을 가려 뽑아 썼다. 이때 사용한 23개의 자모는 곧 훈민정음의 초성체제였다. 이와 같은 운서 연구는 정음을 만드는 데 큰 도움이 되었다.

1444년 훈민정음을 완성한 세종은 성삼문, 신숙주, 조변안 등에게 《홍무정운》에 정음으로 음을 단 《홍무정운역훈》[56]을 편찬하도록 명했다. 이런 정황으로 볼 때 세종은 정음을 만들면서 처음에는 이런 생각을 했던 것이 아닐까.

'우리말이 중국말과 달라 문자만으로는 서로 말이 통하질 않는다. 그러므로 우리 어리석은 백성이 뜻하는 바가 있어도 마침내 그 뜻을 알리지 못하는 경우가 많았다. 내가 이 사정을 딱하게 여겨 새로 스물여덟 개의 발음기호를 만들었으니 이것으로 누구나 쉽게 중국말을 잘할 수 있기를 바라노라.'

백성과 통해야 한다

세종은 정음을 만들면서 그것으로 단순히 한자음만 바로잡는 데 그치지 않고 효과적인 국가 통치수단으로 사용할 수 있다는 데 주목했다. 건국 이후 조선은 면리제도와 오가작통법 등을 통해 일사불란한 중앙집권체제를 지향하고 있었다. 하지만 당시 유일한 정보 전달 수단인 한자는 지식인들의 전유물이었고 배우기도 힘들었다. 이는 정치 자체에 커다란 장애물이었다.

"영이 양반들에게만 먹히니 백성의 소리를 들을 수가 없구나."

고려시대에 조정과 백성 사이에서 가교 역할을 했던 향리들은 조선 초기 수령의 행정사역인으로 격하되고 있었다. 때문에 국가의 명령이 가가호호에까지 제대로 전달되지 않았다. 더군다나 대부분의 백성이

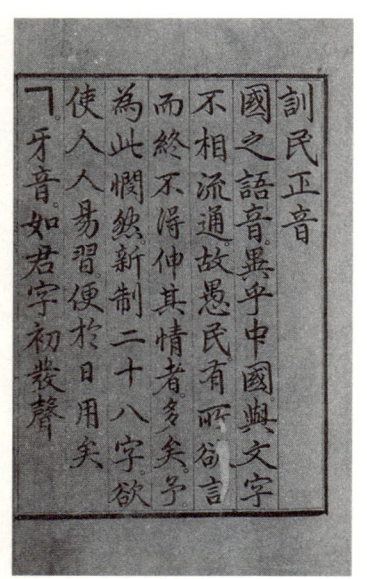

《훈민정음》서문 세종의 훈민정음 창제 목적과 의의를 밝힌 정인지의 서문.

까막눈이라 그들이 쉽게 쓰고 읽을 수 있는 문자의 제작은 매우 유용한 것이었다.

그러나 《훈민정음》서문에는 애초에 정음을 만든 이유가 중국의 발음을 바로잡거나 정확하게 표기할 수 있게 하기 위해서라는 점을 구체적으로 드러낼 수 없었다. 최만리 등이 반대한 것처럼 그와 같은 일반적인 목적으로는 정음 창제를 합리화할 수 없었다. 때문에 세종은 백성의 편안한 의사 표시를 위해서라든지 재판문제, 조정과 백성의 원활한 소통을 근거로 삼지 않을 수 없었다.

최만리 등이 이두로도 전혀 불편이 없다고 주장한 것은 당시 지식층이나 관리들의 시각을 대변한 것이다. 그러나 세종은 최고 통치자로서 전혀 다른 시각을 가지고 정음 창제를 추진했고, 결과적으로 우리 민족의 삶에 획기적인 도구를 선사했던 것이다.

사실 훈민정음은 세종 대 이후에도 백성에게 널리 전파되지 않았다. 당시 편찬한 책들은 모두 한자로 되어 있었다. 다만 세종의 마음이 담긴 《용비어천가》나 《월인천강지곡》, 불경 등이 훈민정음으로 지어졌고, 백성에게 필요한 농서 등 극히 적은 책들만 언해되어 배포되었다. 이두도 공문서나 일반문서에서 계속 쓰였다. 임금의 교서도 한문으로 작성한 다음 백성이 알아야 하는 내용이라면 대왕대비나 왕대비의 언문교서로 대신했다. 그러기에 한자를 진서(眞書), 훈민정음을 언문(諺文)이라고

한 것이다.

한때 한글 전용론자들은 한글[57]이 세계 최고의 문자이므로 한자를 쓰지 말자는 극단적인 주장을 펼치기까지 했다. 그러나 오늘날 동북아 발전의 주역인 중국과 한국, 일본은 한자문화권으로서 동질성을 가지고 활발하게 교류하고 있다. 오늘날 우리가 쓰고 있는 한자음은 세종대왕 시절처럼 중국과도 다르고 일본과도 다르다. 애초에 세종은 그 불협화음을 시정하는 것이야말로 세계 속의 조선이 되는 길이라 믿었던 건 아니었을까.

비밀 프로젝트, 언문

세종이 훈민정음 창제를 선언하기까지 그 내막을 아는 사람이 거의 없었던 듯하다. 어떻게 보면 가까운 집현전 학사들에게조차 알리지 않고 벌인 비밀 프로젝트[58]였던 것이다. 이 일에 협력했던 사람은 겨우 세자와 진양대군, 안평대군 정도였다. 하지만 그는 자신의 최후의 천재성을 쥐어짜듯 심혈을 기울여 우리 겨레 최고의 보물을 탄생시켰다.

당시 세종은 집현전의 그 누구와도 비교할 수 없을 정도로 뛰어난 음운 지식을 갖추고 있었고, 비록 병환 중이라 할지라도 세자에게 국정을 맡기고 그 일에 매진할 정도로 정력적이었다. 심지어 몸이 아파 요양차 초수리 냉천에 갔을 때도 연구 자료를 가져갈 정도였다.

애초에 훈민정음은 소강절의 《황극경세서》, 주자의 《역학계몽》 등 송대의 역학과 음운학에 기인했다는 설, 또 원나라 파스파 문자[59]의 영향을 받았다는 설이 있다. 하지만 20세기 초 안동에서 극적으로 발견된 《훈민정음해례본》 서문에 따르면 훈민정음은 분명히 세종의 독자적인

작품이다. 물론 그가 동양의 음운학에 정통했다는 것은 논외로 하고서
말이다.

세종이 훈민정음을 만든 지 3년 만인 1446년 9월, 비로소 훈민정음
이 완성되었음을 공식적으로 발표했다. 그와 함께 친히 글을 지어 훈민
정음을 만든 취지와 원리를 뚜렷하게 밝혔다.

"나라말이 중국과 달라 한자와 서로 통하지 아니하므로, 우매한 백성
이 말하고 싶은 것이 있어도 끝내 제 뜻을 잘 표현하지 못하는 사람이
많다. 내 이를 딱하게 여겨 새로 스물여덟 자를 만들었으니, 사람들로
하여금 쉽게 익혀 날마다 쓰는 데 편하게 할 따름이다."

이에 발맞춰 예조 판서 정인지를 비롯해 최항, 박팽년, 신숙주, 성삼
문, 강희안, 이개, 이선로 등 집현전 학사들은 이 새로운 문자의 해석과
범례를 짓고 그 줄거리를 서술한 《훈민정음해례본》[60]을 편찬했다.

해례본은 본문인 예의편(例義篇)과 해설인 해례편(解例篇)으로 구성되
었다. 해례에는 제자해, 초성해, 중성해, 종성해, 합자해, 용자례 등이
들어 있다. 이어서 글자를 만든 원리와 글자를 만든 기준, 사용법, 사용
례 등이 자세히 설명되어 있다. 여기에서 중요한 대목을 살펴보자.

우리나라의 문화는 중국에 견줄 만하게 되었으나 다만 우리 나
름의 일상 언어체계만이 중국과 같지 않으므로, 글을 배우는 사람
은 학문의 묘미를 깨우치기 어려움을 근심하고 옥송(獄訟)을 다스
리는 사람은 곡절을 가려냄에 능통하기 어려움을 괴로워했다.
…… 이 스물여덟 자만으로 돌리어 바꾸어 쓰기가 무궁하여 간략
하면서도 요령이 있고 정밀하면서도 통하게 되어 있다. 이런 까닭

에 지혜로운 사람은 아침나절이 되기 전에 이를 깨우쳐 알 수 있고, 어리석은 사람도 열흘이면 배울 수 있다. …… 바람 소리와 학 울음소리, 닭 울음소리와 개 짖는 소리까지도 모두 표현할 수 있게 되었다.

그해 10월, 세종은 대간의 죄를 일일이 들어 훈민정음으로 쓴 다음 환관 김득상에게 명해 의금부와 승정원에 보였고, 11월에는 언문청을 설치해 본격적으로 훈민정음 보급에 나섰다. 이듬해 4월에는 관리를 선발할 때 훈민정음 시험을 먼저 치러 통과한 자에게 다른 시험을 치르게 했다. 또 각종 서적의 번역을 주도했다.

세종은 소헌왕후가 승하하자 극락왕생을 빌기 위해 수양대군으로 하여금 《석보상절》을 짓게 하고, 자신은 애통한 마음을 담아 《월인천강지곡》을 지었다. 이 작품들은 모두 국한문 혼용체로 씌어졌다. 또 백성을 교화하기 위해 《삼강행실도》와 사서오경 등의 언문 번역을 명해 각각 성종과 선조 대에 완성되었다.

한편 조선 건국을 정당화하기 위해 태조, 태종과 그 조상들의 위업을 기린 《용비어천가》가 만들어졌다. 이 노래는 최초에 한문으로 지어졌던 것을 백성에게 널리 읽히기 위해 언문으로 번역한 것이다.

조선은 하늘이 세운 나라이다

- 건국신화《용비어천가》-

　해동(海東) 육룡(六龍)이 ㄴㄹ샤 일마다 천복(天福)이시니 고성
(古聖)이 동부(同符) ㅎ시니.(1장)

　불휘 기픈 남군 ㅂㄹ매 아니 뮐씨 곶 됴코 여름 하ㄴ니. 시미 깊
픈 므른 ㄱ무래 아니 그츨씨 내히 이러 바ㄹ래 가ㄴ니.(2장)

　《용비어천가》의 1장은 해동육룡, 곧 태조와 그 조상들의 사적을 찬양
하고 있다. 또 2장의 샘이 깊은 물, 뿌리 깊은 나무는 그들 여섯 조상의
사적을 가리킨다. 곧 조상들이 이룩한 과거를 바탕으로 후손들은 힘을
합쳐 영광스러운 조선을 이끌어나가자는 것이《용비어천가》의 커다란
전제이다.

　이후《용비어천가》는 3장부터 109장까지는 과거를 노래하고 있으며,
110장에서 124장까지는 후대 왕에 대한 경계를 담고 있다. 마지막 125

종묘 정전 조선왕조 역대 임금의 신위를 모신 종묘의 중심 건물이다. 정전은 태조 이성계의 4대조(목조, 익조, 탁조, 환조) 신위를 모신 곳으로, 이후 조선시대 역대 왕 가운데 공덕이 있는 왕과 왕비를 포함, 총 19분의 제사를 지냈다. photo ⓒ 김현수

장에서는 선조들의 행적과 후대 왕에 대한 당부로 총정리된다. 때문에 《용비어천가》가 음악으로 연주될 때 1장과 2장, 125장은 항상 연주되었다.

조선의 건국신화라고 할 수 있는 《용비어천가》는 세종이 정인지 등 최고의 학자를 동원해 5년여에 걸친 공을 들여 완성되었다. 이 지극한 왕조의 찬가를 세종이 추진해야 했던 까닭은 대체 무엇이었을까.

가문의 선양

건국 초기 조선은 태종 대에 이르기까지 안정된 기반을 갖추지 못했다. 그것은 고려의 신진 사대부들의 들러리로 나섰던 무장 이성계 가문

의 한계였을 것이다. 하지만 태종의 극단적인 왕권 확립 과정을 거쳐 조선은 제대로 된 국가의 틀을 갖추게 되었다. 그런 바탕에서 세종은 고려를 계승한 조선왕조의 정당성을 확보하기 위해 애썼다. 《삼국사》나 《고려사》의 정리가 바로 그것이었다.

"역사는 그만하면 되었으니, 이젠 우리 집안 사업을 좀 벌여보자."

훈민정음을 완성하기 1년 전인 1442년 3월 1일, 세종은 경상도와 전라도 관찰사에게 명해 과거 태조 이성계가 운봉에서 왜구를 소탕했던 일을 기억하는 노인들을 찾아 군마의 수효나 적을 함락시킨 방법 등을 조사해 보고하라고 일렀다. 선왕의 업적에 관한 자료 수집에 나선 것이다.

그런 일이 있고 나서 3년 뒤인 1445년 4월, 권제와 정인지, 안지 등이 총 10권, 125장으로 된 《용비어천가》의 초고를 만들어 바쳤다. 이를 일독한 세종은 집현전의 최항과 박팽년, 신숙주 등에게 명해 초고의 보완을 명했다. 그리하여 1447년 5월에 이르러 한문과 한글이 섞여 있는 《용비어천가》가 완성되었다. 무려 5년 만의 완성이었다.

"이 노래야말로 조선이 하늘의 뜻으로 건국되었음을 증명해줄 것이다. 우리 가문은 원나라에 굽실거리던 무인 집안이 아니란 말이다."

세종은 이렇게 소리치고 싶었던 것일까. 어쨌든 그는 당대 최고의 학자들을 동원해 《용비어천가》를 완성했고, 그해 10월 550본을 인쇄해 군신들에게 나누어주었다.

《용비어천가》가 훈민정음으로 표기되었고, 악장으로 연주되었다는 사실은 의미심장하다. 세종은 조선의 개국과 왕권이 천명을 따른 결과임을 《용비어천가》를 통해 전파하면서, 양수겸장으로 훈민정음까지 널리 알리려 했던 것이다.

"훈민정음만 쓰면 뭐든지 할 수 있지. 문학이면 문학, 음악이면 음악……."

천명

우리나라의 대표적인 건국신화로 고조선과 고구려, 가락국의 신화가 있다. 여기에서는 단군이나 주몽, 김수로왕과 같은 건국 주체들의 특별한 능력이 보인다. 이들의 행위는 국가 건설의 정당성과 신성성을 배경으로 하고 있다. 《용비어천가》역시 마찬가지 의도를 가지고 있지만 내용에서는 전혀 다르다.

《용비어천가》는 선조들의 행적을 노래함으로써 조선 창업의 정당성을 밝히고 후대 왕들에게 선조들의 행위에서 교훈을 얻을 것을 종용하고 있다. 즉 조선의 영원무궁이라는 목적을 가지고 만들어진 것이다. 그렇다면 그 내용의 대강은 무엇인가.

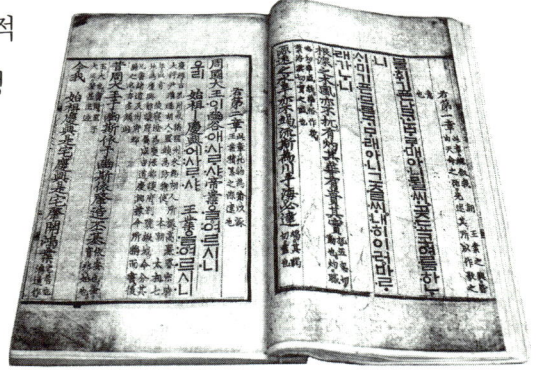

《용비어천가》《용비어천가》는 조선 창업의 정당성을 옹호하는 한편, 중국의 고사와 비교해도 손색이 없을 만큼 건국 과정과 선조에 대한 자존 의식을 담고 있는 작품이기도 하다.

첫째, 나라의 터를 닦음이 오래되었음을 증명하고, 그 진실한 덕을 기려 왕업의 어려움을 강조했다.

둘째, 여러 세대의 큰 업적과 아름다운 일들을 노래로 읊어 오늘날 알게 했다.

셋째, 덕업이 후대에 영원히 나누어진다는 유교의 덕목이 조선 창업의 결정적인 요소임을 강조하고 있다.

아무래도 시대가 시대인 만큼 《용비어천가》에서는 혈통의 신성함보다는 6조의 영웅적 활동을 강조하고 있다. 곧 개개인의 끝없는 노력과 정열이 있었기에 온갖 고통을 이겨내고 한 나라의 조상이 되었다는 것이다. 여기에서 우리는 합리적인 상황을 통해 조상을 영웅으로 만들고 싶은 세종의 뜻을 읽을 수 있다.

"멋진 분들이 멋지게 살았으니까 조선이 만들어졌다는 거지."

목조가 전주에서 경흥으로, 익조가 덕원으로 옮겨가고, 마침내 이성계가 왕위에 오른 것 모두가 천명에 의한 것이다. 그때 백성이 호응하지 않았다면 신화는 없다. 백성이 곧 하늘이다. 《용비어천가》에는 이런 암시도 담겨 있다.

《용비어천가》의 악보는 세종에 의해 이루어졌고, 궁중에서 음악으로 연주되었다. 나라의 상서로움을 드러내는 데 적합했기 때문이다. 1457년(세조3년) 6월 28일에 판서운관사 양성지는 〈용비어천도(龍飛御天圖)〉까지 만들어 임금에게 바쳤는데, 이는 어린 동궁이 《용비어천가》를 이해하기 쉽게 내용을 도표화한 것이었다.

아이러니하게도 세종은 이 《용비어천가》 때문에 내불당 문제로 신하들과 싸울 때 역공을 당하기도 했다. 집현전 직제학 신석조가 이렇게 공격했던 것이다.

"《용비어천가》 107장에 '만국(滿國)이 즐기거늘 성성(聖性)에 그르다 하시니, 백만불찰(百萬佛刹)을 일조(一朝)에 고치시니'란 내용이 있습니다. 이는 불교를 금하는 나라의 국시인데 어찌 강행하려 하십니까."

"시끄럽다. 지금 내 마음은 비록 1,000명이 와서 떠들더라도 바꾸지 못한다."

이때 세종은 극단적으로 자신의 귀를 막고 눈을 막았다. 조상을 극단적으로 찬미하고 후세 왕들에게 경계로 삼으라고 만든《용비어천가》였건만, 내불당에 집착한 세종의 쇠고집을 꺾지는 못했던 것이다.

나는 며느리 복도 없구나

- 세자빈 김씨와 봉씨 퇴출 사건 -

1408년, 12세의 충녕군 이도는 자신보다 두 살이 많은 청송 심씨와 혼인했다. 그녀의 아버지 심온은 개국공신이었고, 숙부 심종은 태조의 딸 경선공주와 혼인한 부마였다. 그러나 충녕을 후계자로 선택한 태종은 장차 벌어질 외척의 발호를 막기 위해 사돈인 심씨 일문을 쑥대밭으로 만들었다.

그때 자신의 친정어머니가 의정부의 노비가 되는 참담한 현실을 두고볼 수밖에 없었던 소헌왕후 심씨, 하지만 그녀는 남편 세종만큼이나 자신을 단속할 줄 아는 여인이었다. 사실 세종은 그 형 양녕만큼이나 여인을 좋아했지만, 대군 시절에는 용의주도하게 자신을 감추고 있었다.

즉위 이후 세종은 아버지가 정해놓은 후궁제도의 틀 안에서 호색의 면모를 유감없이 발휘했다. 그가 취한 일곱 명의 후궁[61] 가운데 가장 사랑했던 신빈 김씨는 내자시[62]의 여종 출신이었다. 그러나 소헌왕후

는 대궐의 안주인으로서 수많은 후궁들을 따뜻하게 대해주었다. 1434
년 막내아들 영응대군을 낳자 자신의 지밀나인을 지냈던 신빈 김씨[63]에
게 양육을 맡기기까지 했다.

이는 흔히 드라마에서 투기와 반목으로 그려지는 왕실 여인들의 모습
과는 전혀 다른 모습으로, 소헌왕후의 인품을 볼 수 있는 대목이다. 세
종은 이런 아내를 몹시 사랑하고 존경했다. 때문에 1436년 세종은 사
정전에서 중전을 이렇게 칭찬했던 것이다.

"조종 이래 가법이 지극히 바로잡혔고, 내 몸에 미쳐서도 중궁의 내
조에 힘입었다. 중궁은 성품이 매우 유순하고 언행이 훌륭해 투기하는
마음이 없었으므로 태종께서 매양 나뭇가지가 늘어져 아래에까지 미치
는 덕이 있다고 칭찬했다."

이렇듯 세종과 중전의 금슬은 매우 좋았다. 그런데 자식들이 문제였
다. 세종의 자식 농사는 양적으로는 풍년이었지만 질적으로는 문제가
많았다. 그 가운데서도 세자로 봉한 맏아들 향으로 인해 재위 내내 근
심을 풀지 못했다. 향은 세종을 닮아 총명했지만 몸이 약하고 아내와의
관계가 좋지 않아 연이은 두 차례의 추문을 야기했던 것이다.

세자빈 김씨의 투기

세종은 1427년 4월 세자보다 네 살 많은 김오문의 딸 김씨를 며느리
로 간택했다. 김씨는 태종의 후궁 명빈의 조카였으므로 왕실과 가까운
여인이었다. 그런데 혼인한 후 2년 동안 세자는 아내를 가까이하지 않
았다. 그는 어렸을 때부터 가까이하던 중전의 시비 효동과 덕금이를 사
랑했던 것이다.

외로움을 견디다 못한 세자빈 김씨는 세자의 관심을 끌기 위해 시녀 호초의 건의를 받아들여 압승술(壓勝術)을 쓰기로 했다. 압승술이란 음양가에서 쓰는 비술로, 남을 저주하거나 사랑을 얻기 위해 각종 비책을 사용하는 것을 말한다.

"남자가 좋아하는 여인의 신을 베어다가 불에 태워서 가루를 만든 다음 술에 타 마시게 하면, 내가 사랑을 받게 되고 저쪽 여자는 멀어져서 배척을 받는다고 합니다."

"그럼 누구의 신을 써야 하니?"

"효동이와 덕금이가 저하를 자주 모시니까 그녀들의 신을 써보세요."

"그럼 네가 몰래 가져오너라."

이렇게 해서 김씨는 두 여인의 신을 베어와 비방대로 해보았지만 아무런 효과가 없었다. 그러자 호초는 또 다른 방법을 알려주었다.

"뱀이 교접할 때 흘린 정액을 수건에 묻혀 품에 간직하고 있으면, 남자의 사랑을 되돌릴 수 있다고 합니다."

세자의 사랑에 목말랐던 김씨는 그 비방을 따랐다. 그런데 동궁에 있던 김씨의 시녀 순덕이가 그 사실을 알고 호초에게 따졌다.

"이런 짓을 마마님께 시키다니 네가 죽으려고 환장을 했구나."

한데 발 없는 말이 천 리를 간다고, 금방 대내에 이 소문이 퍼졌다. 시녀들로부터 그 말을 전해들은 중전은 사태가 심상치 않다고 여겨 세종에게 고했다. 1429년 7월, 세종은 순덕이를 추궁하여 저간에 일어났던 일들을 모두 알게 되었다.

"아, 요망하고 사특하구나. 저런 여인을 세자빈의 자리에 놓아둘 수는 없다."

정업원 궁궐 여인들의 회한이 서린 정업원. 왕이 죽으면 후사가 없는 후궁과 승은을 입은 궁녀들은 이곳에 모여 살았다. 폐서인된 중전이나 후궁의 경우도 바깥출입을 하지 못하고 숨죽이며 살아야 하는 딱한 처지는 마찬가지였다. photo ⓒ 최선경

세종은 7월 20일, 휘빈 김씨를 폐서인하여 사가로 돌려보낸 다음 그녀를 부추긴 시녀 호초를 사형에 처했다.

세자빈 봉씨의 동성애 행각

김씨를 쫓아낸 지 3개월 후인 1427년 10월 15일, 세자는 봉씨를 두 번째 빈으로 맞아들였다. 아버지 봉여는 사헌부 감찰을 지낸 중하위직 관리였는데, 그때부터 초고속 승진을 거듭해 이조 참의에서 형조 참판, 호조 참판을 넘나들었다. 하지만 그는 세자빈이 된 딸이 동성애를 벌이다 발각되어 가문을 나락으로 떨어뜨리리라고는 상상조차 하지 못했을 것이다.

"똑똑한 딸 하나가 열 아들 부럽지 않다니까."

새로 세자빈이 된 봉씨는 매우 활달하고 적극적인 성격의 소유자였다. 평소 세자시강원의 사부조차 가릴 정도로 소심했던 세자는 그런 아내가 버거웠던지 혼인하고 나서 한동안 가까이하지 않았다. 이런 세자를 보고 세종과 중전은 걱정이 태산 같았다.

"세자가 원손을 낳을 생각을 안 하니 뭔가 다른 조치를 취해야겠다."

1430년, 세종은 예조의 건의에 따라 세자의 후궁제도를 법제화했다. 그리하여 세자의 후궁은 정2품 양제, 정3품 양원, 정4품 승휘, 정5품 소훈 등으로 정해졌다. 그런 다음 권전, 정갑손, 홍심의 딸을 후궁으로 들였다. 그러자 세자는 그 가운데 권 승휘와 홍 승휘에게 각별한 사랑을 쏟아부었다. 이를 보고 세자빈 봉씨는 세자를 깊이 원망했다. 그런데 그녀의 질투심에 기름을 붓는 일이 일어났다. 권 승휘가 임신을 한 것이었다.

"그녀가 아들을 낳으면 우리는 쫓겨나고 말 거야."

봉씨는 그렇게 큰 소리로 울었다. 그 이야기를 듣고 세종과 중전이 세자와 봉씨를 불러 타일렀다.

"장차 임금과 중전이 될 몸이니 서로를 아껴주도록 해라."

세자는 그 뒤로 마음을 바꾸어 봉씨를 살갑게 대해주었다. 하지만 봉씨는 그런 세자가 못 미더웠는지 가짜 임신 소동을 벌이기까지 했다. 마음이 상한 세자는 동궁을 떠나 종학(宗學)으로 거처를 옮겼다.

"정말 지겹다. 당신 같은 여자는 처음이다."

"흥, 남자가 당신뿐인 줄 아는 모양이지. 이젠 나도 싫어."

그때부터 궁중에 이상한 소문이 돌기 시작했다. 봉씨가 시녀들의 변

구한말 순정효황후를 모시고 있는 궁녀들 관례식을 치른 궁녀는 담당 상궁으로부터 독립해 근무지가 다른 두 명씩 짝을 지어 룸메이트가 된다. 상궁이 될 때까지 보통 20년 이상 한 방을 쓰기 때문에 은밀한 동성애가 이루어졌다고 한다. 출처_한국민족문화대백과

소에 가서 벽 틈으로 외간 사람을 엿보았으며, 여종에게 남자를 사모하는 노래를 부르게 했다는 것이다. 급기야 그녀가 여종 소쌍과 함께 잔다는 소문까지 나돌았다. 이른바 궁녀들의 동성애라는 대식(對食)이었다. 세자가 그 이야기를 전해듣고 소쌍을 불러 물었다.

"네가 정말 빈과 함께 자느냐?"

"그렇습니다."

소쌍은 눈을 동그랗게 뜨고 그게 무슨 잘못이냐는 듯이 세자를 쳐다보았다. 이런 태도로 보아 당시 궁녀들 사이에 대식은 일상적인 행위였던 모양이다. 세자는 아무 말도 못하고 그녀를 돌려보냈다.

그 후 봉씨는 소쌍에게 몹시 집착했다. 그때 소쌍이 권 승휘의 여종인 단지와 서로 좋아해 함께 자기도 했는데, 봉씨는 석가이라는 시녀에게 일러서 소쌍이 단지와 놀지 못하게 했다. 한편 소쌍과 잠을 자고 나면

몰래 이불을 빨게 했다. 그 소문을 듣고 세종이 중전과 함께 소쌍을 추궁하니 대답이 실로 가관이었다.

"지난해 동짓날에 빈께서 저를 불러 내전으로 들어오게 하셨는데, 다른 여종들은 모두 지게문 밖에 있었습니다. 함께 자자고 해서 사양했으나, 빈께서 윽박지르므로 마지못해 옷을 반쯤 벗고 병풍 속에 들어갔더니, 빈께서 저의 나머지 옷을 다 빼앗고 강제로 들어와 눕게 하여 남녀가 교합하는 형상으로 희롱했습니다."

놀란 세종과 중전은 봉씨를 불러 그 말의 진위를 따져 물었다. 그러자 봉씨는 아무렇지도 않은 표정으로 말했다.

"소쌍이 단지를 사랑해서 밤에 같이 자기도 하고 낮에도 목을 맞대고 혀를 빨았습니다. 이것은 저희끼리 한 짓이지 저와는 아무 상관이 없습니다."

"무슨 소리냐. 우리가 이미 소쌍으로부터 들어 알고 있다."

"근본적인 책임은 세자 저하에게 있습니다. 어찌하여 저를 힐난하십니까."

그 말을 들은 세종은 기가 막혔다. 세종은 즉시 영의정 황희와 우의정 노한, 찬성 신개를 불러들여 부끄러운 집안일을 논의했다. 그러자 노재상들의 의견은 한결같았다.

"마땅히 폐서인하십시오."

"이번이 벌써 두 번째요. 세자가 받을 충격은 어찌합니까?"

"어쩔 수가 없습니다. 그냥 둘 수는 없는 일입니다."

"또 세자빈 간택을 할 수는 없어요. 집안 망신입니다."

"그럼 후궁 중에서 세자빈을 고르십시오."

"휴, 그게 좋겠구려."

세종은 봉씨를 즉시 폐출해버렸다. 시아버지로서 며느리에 대한 살가운 정은 애초부터 없었다. 그런 다음 세종은 세자가 총애하는 권 양원과 홍 승휘를 세자빈 물망에 올렸다. 이때 세자는 홍 승휘를 추천했지만 세종은 나이가 많고 이미 두 딸을 낳은 권 양원을 세자빈으로 올렸다.

"아내는 미모보다는 마음을 봐야 한다. 너도 두 번이나 쓴맛을 보지 않았느냐."

이렇게 해서 세자빈이 된 권씨[64]는 1441년(세종 23년) 7월 23일 원손을 낳았다. 그가 곧 비운의 임금 단종이다. 조정에서는 기쁨에 들떠 대사면령을 내리는 등 호들갑을 떨었지만 잠시뿐이었다. 산고를 이기지 못한 권씨가 이튿날 숨을 거두었던 것이다. 세종은 이 맏며느리의 죽음을 몹시 슬퍼하며 좋아하던 고기도 한동안 먹지 않았다.

"아, 나는 왜 이렇게 며느리 복이 없을까?"

그리운 사람을 그리워하자

- 불경의 편찬 -

1443년 훈민정음을 창제한 세종은 이를 실용화시키기 위해 각종 서적을 정음으로 옮기는 데 주력하고 있었다. 제일 먼저《훈민정음》원문이 언해되었고, 한문으로 쓰인《용비어천가》를 비롯해 각종 유교와 불교서적도 속속 번역되었는데, 여기에는 세자와 수양대군, 정의공주[65]까지 동원되었다.

하지만 이와 같은 작업은 경서를 나누어 읽는 데 도움을 주었을 뿐 책으로 정리해 간행할 시간이 부족했다. 세종의 건강이 최악의 상태로 치닫고 있었던 것이다. 이미 눈은 거의 보이지 않았고 허리를 펴기조차 힘들었다.

1446년 3월 24일, 37년 동안 세종의 반려자였던 소헌왕후가 세상을 떠났다. 일찍이 중전이 되어 본가의 멸문지화를 목도하고 울음을 삼켜야 했던 여인이었다. 그녀는 피로 얼룩진 대궐이 싫었던지 둘째아들 수양대군의 집에서 눈을 감았다.

사랑하던 아내가 죽었는데도 세종은 자리보전을 하기 힘들 정도로 몸이 고달팠다. 하는 수 없이 판예빈시사 신자근의 집으로 옮겨 몸을 추스른 다음 저녁에는 효령대군 집으로 갔다. 장례 절차는 동궁이 도맡아 불교식으로 행하고 있었다.

초재는 장의사에서, 대상재는 대자사, 진관사, 회암사에서 돌아가며 맡았고, 예빈시, 내수소 등 조정의 각 기관에서 비용을 부담했다. 이때 승려와 백성이 구름처럼 몰려들었다. 장례식이 거행된 6, 7월에는 폭풍우가 몰아쳐 근심을 더하게 했다. 7월 16일 발인했지만 광나루에서 폭풍우를 만나 강을 건너지 못하고 상여는 낙천정으로 돌아와 하루를 쉬었다. 이튿날은 다행히도 날이 갰으므로 장지로 향했다. 19일 소헌왕후는 여주의 영릉에 안장되었다.

아내를 잃은 슬픔 속에서도 세종은 쉴 틈이 없었다. 그해 10월 10일, 세종은 대간의 죄를 정음으로 써 보였다. 12월 말에는 이과(吏科) 시험

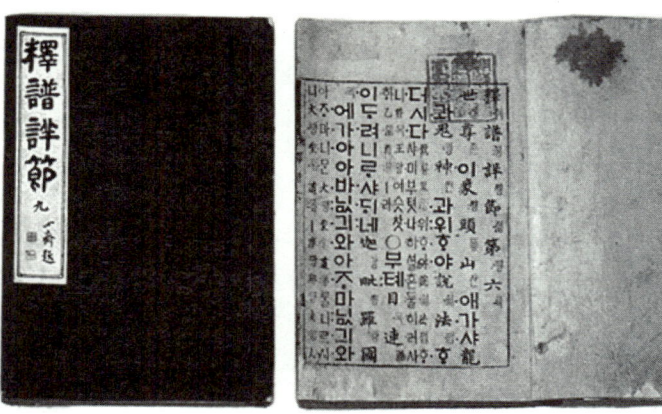

《석보상절》 석가모니의 가계와 그 일대기를 기록한 책으로, 1447년에 수양대군이 편역했다. 먼저 세상을 떠난 소헌왕후의 명복을 빌고 대중을 불교에 귀의하게 하기 위해 지어졌다. 국립중앙도서관 소장.

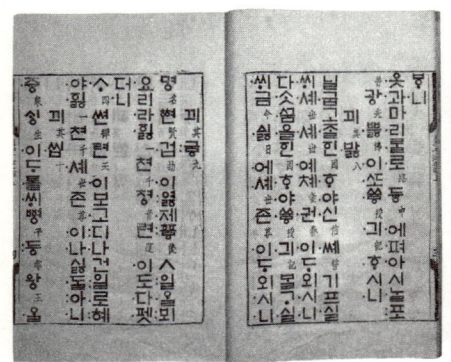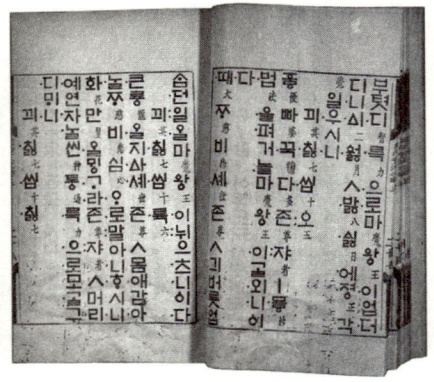

《월인천강지곡》 석가의 전생부터 열반하기까지 전 생애를 소설적인 구조로 서사화한 작품이다. 세종은 신하들의 반대를 무릅쓰고 이를 간행하기 위해 별도로 궐내에 정음청을 설치했다.

에서도 정음을 쓰게 했다. 그처럼 세종은 착실히 훈민정음 대중화 작업을 추진하고 있었다. 그와 함께 부사직 김수온에게 《석가보》를 보충 편찬케 한 후 수양대군을 불러 《석보상절》을 정음으로 주석하게 했다.

"너라면 이 작업을 충분히 해낼 수 있을 거야."

그것은 먼저 떠난 소헌왕후가 극락왕생하리라는 믿음과 소망을 담은 것이었다. 부왕의 뜻을 받든 수양대군은 중국 양나라의 승우가 쓴 《석가보》와 당나라의 승려 도선의 《석가씨보》, 김수온이 편찬한 《석가보》 등을 모아 정리한 다음 정음으로 번역하고 주를 달아 우리글로 된 최초의 불교서적 《석보상절》을 완성했다.

"아아, 수양이 내 마음을 잘 읽었구나."

세종은 그렇게 감탄하며 《석보상절》의 대목마다 훈민정음으로 찬송을 붙여 《월인천강지곡》 3권을 만들었다. 월인천강(月印千江)이란 달이 천 줄기의 강물을 비추듯, 부처님은 한 분이지만 온 누리에 진리를 나타내 가르침을 주신다는 뜻이다.

"부처 백억 세계에 화신하여 교화하심은 달이 천 개의 강에 비추는 것 같으니……."

《월인천강지곡》은 이렇게 시작한다. 그것은 한없는 시공을 넘어서 억겁의 영원 속에서 인간의 진리를 찾으려는 석가세존에게 귀의하려는 뜻이었다. 《용비어천가》에 이어 우리글로 된 문헌 가운데 두 번째인 《월인천강지곡》은 세조가 지은 《월인석보(月印釋譜)》 가운데 일부가 전해오다가 최근 3권 중 1권 192장의 내용이 밝혀진 상태이다.

월인천강의 세계로

태종은 숭유억불정책에 따라 재위 기간 동안 사원의 전답과 노비를 몰수해 군자감과 군기감, 전농시 등에 나누어주었다. 당시 몰수한 전답이 1만 7,200결에 노비가 8,600여 명이었으니 불교가 얼마나 큰 세력을 가지고 있었는지 상상할 만하다. 태종은 또 전국의 사찰을 정비해 242개 사찰만 공식적으로 인정하고 승려 한 명에 전답 두 결, 노비 한 명만 거느릴 수 있도록 했다.

"역시 우리 조선은 유교를 지향해야 해."

이런 태종의 정책을 이어받은 세종은 즉위 초기 이상적인 유교국가 건설을 목적으로 대대적인 불교 개혁을 추진해 유학자들의 박수갈채를 받았다. 242개였던 사찰을 36개 사찰로 줄이고, 이를 선·교 양종으로 구분해, 선종파인 조계종·천태종·총남종 등 18개 사찰 도합 1,970명의 승려에게 4,250결만의 전답을 지급했다. 또 교종파인 화엄종·자은종·중신종·시흥종 등의 18개 사찰 1,800명의 승려에게 3,700결을 지급했다.

이와 같은 세종의 억불정책에 신이 난 성균관 유생들과 학당의 생도들은 떼 지어 사찰에 몰려가 불당을 파괴하고 승려를 폭행하곤 했다. 그러나 세종의 진의는 고려시대부터 비대해진 불교의 재산을 정리하고 양인들이 부역이나 병역을 기피하기 위해 사찰로 숨어드는 폐단을 시정하려는 것이었다. 하지만 선비들의 행패가 심해지자 1435년부터는 그들이 단체로 사찰을 유람하는 것을 금지시키기까지 했다.

"저것들은 선비가 아니라 아예 깡패들이군."

세종은 일찍이 1419년 9월 정종이 붕어하자 장의사와 진관사에서 재를 치렀고, 이듬해 7월에 어머니 원경왕후가 세상을 떠나자 능 곁에 절을 세웠으며, 1422년 5월 태종이 죽자 불교식으로 장례를 지내고 개경사와 진관사에서 재를 베풀기도 했다. 그처럼 불교에 대한 세종의 생각은 국가적인 면과 개인적인 면이 전혀 다른 모양새를 띠고 있었다.

1438년부터 세종의 마음은 점차 불교를 적극 옹호하는 쪽으로 기울어졌다. 태조가 건립한 흥천사 사리각의 개축을 명하고 수리가 끝나자 효령대군의 제안에 따라 축하하는 경찬회를 열었던 것이다. 그러자 많은 신료들이 반대하고 나섰다.

"즉위 이후 어떤 일도 실수하지 않으셨는데 이번에는 많이 실망했습니다."

이런 김종서의 비판에 최만리까지 동조하고 나섰다.

"이 일로 불교가 다시 일어나게 될 것입니다."

하지만 세종은 고전을 빗대어 이들의 의견을 물리쳤다.

"옛말에 현자는 세 번 간해도 듣지 아니하거든 물러나는 법[66]이라 했거늘 어찌 나를 이리도 핍박하는가."

그러자 좌사간 박중림 등이 따지고 들었다.

"그들은 춘추시대의 인물들이라 세 번 간해도 듣지 않으면 다른 나라로 갔지만 저희는 달리 갈 곳이 없습니다. 차라리 파직시켜주십시오."

"좋다. 너희의 뜻을 들어주마."

이렇게 해서 세종은 그들을 파직하고 예정대로 흥천사 사리각 경찬회를 강행했다. 당시 행사는 승려 1만이 몰려올 정도로 성황리에 열렸다.

"이젠 학문과 신앙을 구분할 때도 되지 않았나?"

세종은 그때부터 사찰의 건립이나 보수를 지원했고 왕실 불교를 일으키는 데 진력했다. 소헌왕후가 세상을 떠나자 세종은 스스로 불공을 드렸으며, 《월인천강지곡》 500여 수를 지어 극락왕생을 기원했고, 수양대군으로 하여금 《석보상절》을 짓게 했다. 1448년 7월에는 문소전[67] 서북쪽 공터에 내불당을 지어 일곱 명의 승려로 하여금 돌보게 했다. 뿐만 아니라 자신이 죽기 직전인 1450년(세종 32년) 1월에는 신미대사를 침전까지 불러들여 설법을 들었다.

이와 같은 세종의 불교관은 비단 그 개인에게 국한된 것이 아니라 15세기 유·불 교체기의 시대적 반영일 것이다. 아울러 세종 자신의 병이 날로 깊어지고 사랑하는 아내마저 잃은 상태에서 심리적으로 의지할 데를 찾았던 탓도 있었으리라.

누가 내 마음을 달래주리요

- 내불당 투쟁기 -

너의 고운 목소리와 아름다운 모습이 눈에 선하건만 곱고 맑은 영혼은 어디로 갔단 말이냐. 가슴을 치며 통곡한다. 아무리 참으려 해도 눈물이 가슴을 적시는구나. 넋이여, 내 마음을 안다면 제발 들어주려무나.

1424년, 13세의 맏딸 정소공주를 잃은 세종이 몹시 슬퍼하며 친히 지은 제문이다. 자식을 잃은 아버지의 고통이 사무치게 드러나는 글이다. 세종은 자식이 많았을 뿐만 아니라 이처럼 그들에 대한 사랑 역시 지극했다. 그런데 심신이 쇠약해진 집권 후반기에 또다시 연이어 자식들을 잃고 커다란 충격을 받는다.

1444년 12월 4일에는 승휘 홍씨의 딸이, 같은 달 7일에는 광평대군이, 다음해 1월 16일에는 평원대군이 죽었다. 이듬해에는 평생의 반

온양 어의정 피부병, 눈병을 포함한 각종 병마와 싸워야 했던 세종은 온천을 찾아 온양에 자주 행차했다. 어의정은 세종이 눈병을 치료하기 위해 온양에 왔을 때 치료했다는 우물이다. 세종이 이 물로 눈을 씻자마자 눈병이 치료되었다는 일화가 전해 내려온다.

려였던 소헌왕후까지 잃었다. 세종의 마음에 커다란 구멍이 뚫리고 있었다.

"아아, 궁중에 마음 둘 곳이 없구나."

그런 와중에 병마가 그를 괴롭혔다. 본래 그는 이전부터 두통과 이질, 풍질, 소갈증[68] 등 다양한 병으로 시달려왔다. 그런데 1432년부터는 안질이 심해졌다. 1438년에는 임질[69]로 고통받았다. 차츰 노쇠현상이 일어나 백발이 생기고 백내장도 심해졌다. 모두가 당뇨병의 후유증이었다. 이로 인해 도저히 정사를 돌볼 수 없게 된 그는 세자에게 대리청정을 맡기려 했지만 중신들의 반대로 차일피일 미루면서 병은 더욱 악화되었다.

그런 와중에 세종은 훈민정음 문제로 최만리 등과 격렬한 논쟁을 하면서 매우 지쳐갔다. 아무리 이치에 맞게 설명해본들 정치적인 논리로 맞서는 그들의 이론을 뒤집을 수는 없었다. 그와 함께 군왕의 권위는 땅에 떨어져버렸다. 훈민정음이 그의 민족 최대의 업적으로 칭송받는 것은 아득히 먼 훗날의 일이었다. 그런 과정에서 신하들과 정면충돌했던 내불당 문제는 피폐해진 그의 육신을 나락으로 떨어뜨렸다.

신하들과의 극단적인 반목

본래 창덕궁의 중장 밖 문소전 동쪽에는 예부터 불당이 있어서 일곱 명의 승려가 머물렀다. 그런데 1433년에 허문 뒤로 다시 세워지지 않았다. 1448년 7월 17일, 세종은 승정원에 명하여 창덕궁 문소전 서북쪽 빈터에 불당을 짓게 했다.

"우리 가족의 극락왕생을 비는 소박한 예배당 하나만 만들자."

당시의 조치는 가족의 죽음이라는 실존적 상황에 대한 세종의 인식과 깊은 관련이 있었다. 임금인 그도 어머니가 사경을 헤매는 한계 상황에 봉착하자 약사여래에게 정성껏 불공드리는 일밖에 달리 할 것이 없었다. 또 평원대군이 19세에 홍역으로 급사하고 나서 불과 1년 뒤 중전까지 사경을 헤매자 세종은 신령과 불타에게 의지할 수밖에 없었던 것이다. 그런데 명을 받은 도승지 이사철을 위시해 동부 승지 이계전에 이르기까지 승지 전원이 사직하면서 그 불가함을 논했다.

"궁궐 안에 불당을 설치하는 것은 진실로 불가합니다. 더군다나 문소전은 몸과 마음을 깨끗이 하고 받드는 곳인데, 승려들이 근처를 얼씬거리게 할 수는 없습니다."

"불경이야말로 사특한 마음을 씻어주는 것이다. 정녕 내 마음을 모르느냐?"

이런 세종의 설득에도 신하들은 흔들리지 않았다. 7월 18일 이사철과 신석조 등이 명을 거두어달라고 상주했지만 세종은 고개를 내저었다.

"내가 불당을 세우려는 자리는 중장 밖이다. 창덕궁의 문소전은 원래 궐내가 아니고 담 바깥이 아닌가. 대궐 가까운 자리에 있어서 다른 사람의 통행을 금하려는 것으로, 담을 싸서 대궐에 연결한 것뿐이다."

"그건 말도 되지 않습니다. 궐내의 불당은 우리나라에서는 용납될 수 없습니다."

"너희가 대체 무슨 권리로 반대하느냐."

세종이 짜증을 내자 이번에는 육조의 판서들이 들고 일어났다.

"내가 즉위했을 때는 나라 사람들이 죄다 현군이라 칭송하더니 요즘에는 내가 하는 정사에 대해 다 이치에 맞지 않다 하고 옳다고 하는 것은 하나도 없으니, 불법에 대해 나 혼자 어떻게 하겠는가. 이미 불법에 대해 어떻게 할 수 없는 지경이고, 다만 선왕을 위해 불당 한 채 세우겠다는데 왜 이리 싸늘한가?"

그러자 좌의정 하연[70] 등이 모두 직임을 사퇴하면서 고했다.

"불당이 궁 밖에 있다 해도 안 되는 일인데 만약 불당을 대궐 뒤에 세운다면 대궐 위에 절이 있어 아침저녁으로 종소리, 북소리와 범패 소리가 궁중에 들리고, 절에서 궁을 내려다보는 것을 어떻게 눈 뜨고 보겠습니까?"

이조 판서 정인지도 마찬가지 의견이었다. 그런데 예조 판서 허후가 한 술 더 떴다.

"장차 저희가 흥천사와 흥덕사 두 절도 없애고자 하는데 하물며 새 절이라니요?"

"경은 두 절을 없애고 싶다고? 그럼 당장 일꾼을 뽑아줄 테니 어서 가서 무너뜨려보거라."

세종이 이렇게 강경하게 나서자 그는 입을 다물었다. 하지만 조정 내외의 반대는 끝도 없이 이어졌다. 사헌부와 사간원에서도 나섰다.

"이미 없어진 절을 대체 무엇 때문에 다시 세우려 하는지 이해할 수 없습니다. 예전에 공법을 물을 때처럼 여론조사를 한번 해보십시오. 모두가 반대할 것이 분명하지 않습니까. 아무리 무지렁이라도 지금 전하의 명을 이해하지 못할 것입니다. 제발 명을 거두어주십시오."

"닥쳐라. 너희는 공과 사도 구분하지 못하는가. 이것은 조정의 일이 아니라 왕실의 일이다. 참견하지 말라."

이렇게 해서 내불당 건립문제는 정당한 토론이 아니라 군신 간에 감정싸움으로 비화되었다. 7월 19일 하연 등은 법전을 들고 나와 불당 건립의 불가함을 다시 따졌다. 정인지 또한 임금은 모든 일을 여러 대신들과 의논하여 시행하더니 이 일만은 혼자 결정하고 귀를 막아버렸으니 대체 어찌된 일이냐고 따졌다. 그러자 세종이 말했다.

"경들은 처음 궁중이 안 된다고 해서 내가 성 밖에 세울 것을 허락했다. 그런데 지금 또 성 밖도 안 된다고 하니 내가 세 살배기 어린아이인 줄 아느냐. 경들은 《육전》을 근거로 따지는데, 그것의 법은 아랫사람을 위해서 말하는 것이지 윗사람을 위해 말한 것이 아니다. 대체 나를 임금 취급이나 하고 있는 것이냐?"

"그렇기야 하겠습니까? 저희는 다만 조선의 국기가 흔들릴까 두렵습니다."

"그렇게 불교가 무서우면 유학은 왜 닦는 것이냐?"

"좀 심하십니다."

"좋다. 그럼 내가 대폭 양보하마. 불당을 한 칸만 짓도록 하자. 그럼 되지 않겠느냐? 내가 잠시 부왕의 혼백을 위로하고자 하는 것이니 이것으로 종지부를 찍자."

"천부당만부당입니다. 오늘 한 칸의 절과 한 명의 승려가 훗날 천백 승려의 본거지가 안 된다는 보장이 없습니다. 대체 전하께서는 모두가 반대하는 일을 홀로 하려 하시니 답답합니다. 대체 누구와 함께 정사를 돌보시려 하십니까?"

이것은 일종의 파업 경고로서 임금에 대한 명백한 도전이자 협박이었다. 이제 세종의 왕권은 바닥에 떨어진 것이나 다름이 없었다. 20일에는 대간이 배불론의 핵심인 불교를 망탄, 이단, 무군무부의 교라는 배척론을 폈다. 예전에 태종이 사사의 개혁과 절의 전장을 빼앗고 다시는 절을 세우지 않았으며, 부처를 숭앙하는 마음을 없앤 것은 대단한 업적이었고, 세종 또한 성 안에 선 · 교 양종만 두고 나머지를 폐지한 일이야말로 유학의 도에 다행한 일이었다며 불당 건립을 반대했다.

"정말 미치겠구나. 나는 일일이 답을 못하겠다."

세종은 분개했다. 하지만 조야의 상소는 멈추지 않았다. 성균관 생원인 유상해의 상소가 또 그를 자극했다.

"전하는 즉위 초에는 나라 정치에 힘쓰고, 간언을 잘 받아들이시더니 왜 이렇게 변하셨나요? 제발 고집을 꺾으십시오."

"그래, 이놈아. 나는 귀 막고 눈멀었다."

이제 세종은 논쟁 그 자체도 싫어졌다. 21일 우참찬 정갑손, 예조 판서 허후가 의정부와 육조의 뜻이라면서 역사에서 궁중에 불사를 경영하는 일로 신라의 사금갑 이야기를 예로 들었다. 그것은 신라 임금 소지 마립간이 까마귀의 경고로 궁에 들어와 사통하던 궁녀와 승려를 활로 쏘아죽인 일화를 말하는 것이었다. 그러면서 이런 역사는 여러 신하들의 뜻을 따르는 것이 현명하다는 논리였다. 하지만 세종은 냉랭했다.

"이미 정해진 일이니 다시 생각할 것조차 없다."

그러자 대간, 성균관 생원, 집현전 신석조 등이 역사 중지를 간했고, 22일에는 영의정 황희까지 반대하고 나섰다. 또 종학 박사 김신민, 성균관 겸사성 윤상 등과 행성균관 대사성 김반, 집현전 부제학 정창손 등이 상소했으며, 23일에는 정갑손과 허후 등이 다시 상소했다. 그러자 세종이 말했다.

"내가 고집 부리는 것이 맞다. 나는 불도를 아직 다 개혁할 수 없고, 조종을 위해 절을 세우고 싶은 것이다. 내가 한번 결심했으니 따르라. 이 결정을 번복한다면 아이들이 천자를 다시 외우는 것처럼 미련한 짓이다. 다시는 대답을 하지 않겠다."

그러자 정갑손과 첨사원 첨사 김구, 대간, 종부시 판사 등과 승문원 판사 김황 등이 상소했다. 심지어 세종이 불당을 세우려면 사사(寺社) 창설을 금지하는 법을 없애야 하며, 이것은 군주가 만든 법을 군주 자신이 파괴하는 우스운 꼴이라고 비꼬기까지 했다. 또 대간은 불교 신앙의 일곱 가지 불가론을 제시하면서 여말선초의 배불론을 역설했다. 더군다나 집현전 대제학 정창손은 도를 넘는 비난을 쏟아냈다.

"나라가 태평한 지 오래되니 전하께서는 교만하고 편안해져서 토목을 일으키려 하십니까?"

"지금 너희는 한 가지 일로 세 번 간하는 것을 이미 지나서 열 번 간하는 것에 이르렀다. 나를 임금으로 보기나 하는 것이냐?"

"이런 간언은 백 번이라도 할 것입니다. 듣기 싫으시면 저를 쫓아내십시오."

"그게 네 뜻이라면 그렇게 해주지."

그렇게 해서 집현전 학사들이 파면되자 조정 신료들이 너도 나도 파면을 요청했다. 심지어 성균관의 유생들까지 방을 붙이고 집으로 돌아가 버렸다. 그러자 세종은 좌의정 하연, 좌찬성 박종우, 우찬성 김종서, 좌참찬 정분 등을 불러 유생들을 국문하라고 명했다. 그러자 하연 등이 반대했다. 하지만 세종은 단호했다. 의금부에 명하여 성균관과 4부의 유생들 가운데 20세 이상은 다 추국하라고 명했던 것이다. 이에 좌승지 조서안이 가서 유생들을 문초하려 하자 그들은 이렇게 소리쳤다.

"망군의 망조에 누가 응하겠는가?"

이쯤 되면 세종은 이미 왕이 아니었다. 논란이 계속되는 가운데 세종이 중신들을 달랬다.

"불당을 궁궐 가까이에 세우려는 것은 내가 옮겨가고 싶어서이다. 그러면 불당은 불당이 아니라 궁궐이 되는 것이다. 예전에 황보인, 권제의 말을 듣고 여기로 왔는데 내가 다른 곳으로 옮겨간다 하여 해될 것이 없지 않은가?"

하지만 신하들은 꿈쩍도 하지 않았다.

"예전의 말을 뒤집지 마십시오. 절을 새로 짓는 것은 만대에 무익한 일로, 30년 동안 아름다운 정치를 편 전하의 이름에 누를 끼칠 것입니다. 사필이 먼저 30년 선정과 선치를 기록한 뒤에 갑자기 불당의 건립을 적어 넣으면 충을 거슬리게 됩니다."

화엄세계를 그리워하다

그해 8월 초까지 내불당을 둘러싸고 군신 간의 논쟁은 지루하게 계속되었다. 이에 세종의 피로감은 극에 달했다.

"이쯤 되면 너희가 양보를 해야 해. 나는 임금이란 말이다."

"절대로 안 됩니다. 이 나라는 유교국가입니다. 임금이 석가모니에게 무릎 꿇는 꼴은 눈 뜨고 볼 수 없습니다."

"그럼 임금 노릇 때려치우겠다."

세종은 신하들이 끝까지 양보하지 않자 세자에게 양위하겠다는 폭탄선언을 했다. 이 최후의 카드가 다행히 먹혀들었다. 신료들은 극단적인 세종의 태도에 질려버린 것이었다.

"저희를 임금을 쫓아낸 역신으로 만들 작정이십니까."

"그게 아니라면 나를 그만 괴롭히란 말이다."

"알겠습니다. 전하의 뜻대로 하십시오."

그러자 세종은 한숨을 내쉬며 거처를 임영대군의 집으로 옮긴 다음 좌참찬 정분에게 불당 역사의 관리를 맡겼다.

"이제 됐다. 날씨가 추워지기 전에 역사를 마쳐야겠다. 선군 4,000명을 동원하고 싶지만 이목이 두려우니 이달에 1,000명, 내달에 1,000명을 동원하라."

"서두르면 10월 중순이면 준공할 수 있으니 선군을 사역시키지 않아도 됩니다."

이때 정분은 세종의 명에 선선히 응했지만 대간의 반대는 여전했다.

창덕궁 구선원전 유학을 국시로 삼은 조선에서 불당을 궐내에 세운다는 것은 신하들의 입장에서 볼 때 건국이념을 부정하는 엄청난 사건이었다. 기록에 따르면 지금의 창덕궁 구선원전인 문소전 서북쪽에 내불당이 있었다고 한다. photo ⓒ 모덕천

얼마 뒤 목효지가 지리설을 내세워 반대했지만 세종은 꿋꿋했다. 그 무렵 세종은 세자의 섭정 절차를 결정하고, 8월 11일 세자가 계조당에서 조참을 받고, 승화당에서 정사를 보았다. 세자는 어머니 소헌왕후의 추석제를 맡아 지냈다.

이때 세상은 조정의 분란만큼이나 시끄러웠다. 지방 각처에 도적이 심하여 삼범의 절도는 사형시켰고 강도 역시 사형시켰다. 서울에서도 소격전에 도적이 들었는데, 도적이 소격전 노비를 칼로 위협하고 도망쳤다. 형조와 한성부, 의금부에서 군사를 풀어 도적을 10리 밖에서 잡은 일도 있었다. 또 야인과 왜인들의 움직임도 심상찮았다.

어수선한 가운데 세종의 측근들은 불교에 열심이었다. 수양대군, 안평대군이 불경을 번역했고, 사복 소윤 정효강은 하루 종일 정좌한 채 불경을 외웠으며 왕자와 대군들에게 설법까지 했다.

"《대학》《중용》이 법화, 화엄의 미묘에 미치지 못한다."

9월 13일은 왕세손 홍위가 《소학》을 처음 배우던 날이었다. 좌익선 박팽년 등은 국운을 진강하게 했다. 세종은 이 손자에게도 《동국정운》을 배우게 했다. 우리 글자도 알아야 하고, 한자 공부도 동국의 것을 익힘으로써 훗날 등극한 뒤 정음의 근본을 활용하게 하려 함이었다. 또 《총통등록》을 각 도의 절제사, 처치사들에게 내려 보내 화포와 화약의 원리를 가르쳤다.

"전하의 뜻이 이루어졌습니다. 경하드립니다."

1448년 12월 5일, 드디어 내불당이 완공되고, 경찬회가 닷새 동안 벌어졌다. 불당은 금주와 단청의 채색이 빛나고 붉은 비단을 늘였으며, 나무 향기 그윽한 가운데 전각에 금불 삼존을 안치했다.

불당 밖을 흐르는 건천에서 하루에 승려 700~800명을 먹였는데, 닷새 동안 쌀 2,570여 섬을 썼다. 새로 만든 악곡과 관현악기에 악공이 50인, 무동 10인이 예습을 했고, 부처에게 음성 공양을 했다. 종경과 범패, 관현악주가 대궐 안에 널리 퍼졌다. 당시 수양대군은 곁에 있던 성임에게 물었다.

"자네는 공자와 석가 중에 누가 낫다고 생각하나?"

"공씨의 책은 읽어보았지만 석씨에 대해서는 아는 게 없습니다."

"쯧, 안됐군. 부처님의 도가 공자보다 훨씬 낫다네."

세종이 잠든 여주 영릉 세종과 소헌왕후의 합장릉인 영릉은 조선 최고의 명당 가운데 하나로 꼽힌다. 일생 동안 끊임없이 임금으로서 자신에게 주어진 과제와 싸웠던 인간 이도는 이제야 이곳에서 쉼을 얻지 않았을까. photo ⓒ 세종대왕유적 관리소

그 쓸쓸한 종장

1450년 1월 17일, 한 달 동안 긴 꼬리를 늘어뜨리며 하늘을 밝히던 혜성이 사라졌다. 그리고 닷새 만에 세종은 갑작스레 중풍을 맞아 쓰러졌다.

"아아, 이 대궐은 내게 맞지 않아."

1월 22일, 고통 속에서도 세종은 정침을 피하여 흥인문 밖에 있는 효령대군의 집으로 거처를 옮겼다. 소식을 들은 신하들은 흥천사에 승지를 보내 재를 올리고, 명산대찰에 기도하는 한편 임금의 병을 낫게 할 처방을 찾기에 골몰했다. 이틀 후 세종은 조금 회복 기미를 보이자 고

집스레 조정에 나왔다가 다시 쓰러지고 말았다.

윤 1월 1일, 세종은 명나라에서 오는 사신 예겸의 영접을 수양대군에게 대행토록 했다. 이때 세자가 종기가 심해서 자리보전을 해야 했던 것이다. 쇠약한 군왕과 후계자의 모습은 이후 조선의 혼란을 예고하는 것만 같았다. 윤 1월 24일에는 안숭선의 집으로 옮겼다. 하지만 병세가 좋아지지 않자 세종은 최후를 예감했다.

"동별궁으로 가자. 나는 그곳에서 떠나련다."

2월 4일, 안국동에 있는 여덟째 아들 영응대군의 집으로 거처를 옮긴 세종은 아픈 몸으로 평소처럼 정사를 돌보았다. 세자는 전날에야 종기의 근이 빠져 거동이 가능했다. 세종은 세자를 안정토록 했는데 오히려 자신의 병이 더 심해졌다. 그리하여 2월 17일, 세종대왕은 마침내 그리운 소헌왕후의 곁으로 돌아갔다. 왕위에 오른 지 32년, 향년 54세였다.

5부

세종과 그의 신하들

나는 왕위를 양보하지 않았다

- 양녕대군 이제 -

"아, 저놈은 어찌 아버지와 나를 판에 박은 듯 닮았는가."

조선의 창업군주를 자처했던 태종은 새 나라가 후계자에 의해 확고부동한 기틀을 잡아 만세토록 무궁하기를 바랐다. 그렇게만 될 수 있다면 자신의 평생에 배어 있는 선혈의 자취가 피할 수 없는 개혁의 역사로 그려질 것이었다. 한데 그 소망을 이루어주리라 믿었던 세자 제는 날이 갈수록 실망스런 모습을 보여주고 있었다.

해동일룡으로 추앙받던 아버지 이성계의 뜨거운 혈기를 그대로 이어받았음인가. 세자는 세자시강원의 고리타분한 커리큘럼에 적응하지 못하고 궐을 뛰쳐나가 사냥과 엽색행각으로 날을 지새웠다. 또 어린 충녕의 장난감인 매를 빼앗는가 하면, 남의 집 강아지를 훔쳐오기까지 했다. 게다가 장안의 무뢰배들과 어울려 남의 소실을 빼앗기까지 하자 태종은 그만 질려버리고 말았다.

"차라리 세자를 충녕으로 바꾸어버릴까?"

"제발 참으십시오. 영웅호색이란 말도 있지 않습니까?"

고지식한 황희가 태종을 달랬지만, 세자가 어리를 처가에 숨겨둔 다음 아이까지 갖게 한 사실이 밝혀지면서 폐세자는 돌이킬 수 없는 현실이 되어가고 있었다. 더군다나 세자빈이 그 사실을 알면서도 입을 다물었고, 장인 김한로도 이를 방조했다는 것을 알고는 태종은 벌어진 입을 다물 수가 없었다.

"꼴을 보아하니 장차 세자가 보위에 오르면 무슨 짓을 할지 상상도 못하겠다."

호랑이 태종은 즉시 김한로의 벼슬을 빼앗고 귀양을 보냈다. 그것은 일찍이 처가인 민씨 일문을 도륙한 일이나 훗날 세종의 장인 심온 집안을 멸문시킨 것처럼 나름의 명분을 행한 것과는 전혀 다른 것이었다. 장차 나라의 주인이 될 아들의 방탕을 부추긴 데 대한 아버지로서의 분풀이였다.

그렇지만 세자는 이런 아버지의 마음을 아는지 모르는지 내관을 통해 더욱 고약한 항의서한을 보냈다. 대저 영웅이라면 누구나 호색하는 법이고, 아버지 당신께서도 예외가 아닌데 어찌 그렇게 매정하게 구느냐는 내용이었다.

당시 세자는 경국지색의 미인 어리에게 빠져 헤어나지 못하고 있었다. 어리는 세자의 운명이 기울어지게 만든 여인임에 분명했다. 하지만 세자는 그때까지도 자신이 세자의 자리에서 쫓겨나리란 생각은 전혀 하지 않았다.

"이 정도의 잘못으로 폐세자가 된다면 조선에 왕이 될 사람은 아무도 없을 거야."

그러나 세자는 아버지 태종을 몰라도 한참 몰랐다. 태종에게는 이미 대안이 있었던 것이다. 적장자 제가 자신의 꿈이었다면, 이미 학문에 일가를 이룬 셋째 도는 자신의 업적을 담보할 현실이었다. 그리하여 편지 사건이 일어나자 태종은 사흘 만에 세자를 충녕대군으로 교체해버렸던 것이다.

무릇 폐세자의 운명은 무엇인가. 어느 나라 어느 왕조의 역사를 보더라도 후계자였다가 밀려난 존재는 가장 먼저 제거되는 것이 상례였다. 그것은 종사의 안정성을 보장하기 위해 취하는 필요악에 다름 아니었다. 그 점을 알기에 태종은 최후의 선언을 하고 나서 눈물을 흘렸고, 새로 세자가 된 충녕에게 우애를 강조했던 것이다.

"알고 보면 불쌍한 놈이니 네가 잘 대해주어라."

어떤 면에서 태종은 시대의 흐름을 정확히 꿰뚫고 있었다. 근친혈족과의 인간적 정리에 매몰되어 있는 세자가 신생국 조선을 바로세울 수 없다는 것은 자명했다. 이젠 무인의 시대가 아니라 문인의 시대가 되어야 했다. 그러기에 충녕대군처럼 덕과 학문이 뛰어난 군주가 필요했던 것이다.

양녕의 진실

양녕대군 이제, 그는 태조 이성계가 1392년에 조선을 개국하고 나서 2년 후 이방원의 장남으로 태어났다. 태종이 등극한 후 1404년부터 1418년까지 약 14년 동안 세자의 자리에 머물렀던 그는 경회루와 숭례문의 현판을 쓸 만큼 명필이었고, 동서고금의 전적을 두루 섭렵한 천재

양녕대군이 쓴 〈후적벽부〉 양녕대군이 초서체로 쓴 소동파의 〈후적벽부〉. 힘이 느껴지는 숭례문 현판과는 또 다른 유려함이 느껴진다. photo ⓒ 이정근

였으며, 타고난 무골이었다.

"세자야말로 문무를 겸비한 일세의 영웅이 될 것이다."

이런 기대감으로 그의 곁에는 태종의 철권통치 종식을 기다리는 권신과 외척들이 들끓었다. 사실 그는, 동북 변방의 무장이었던 아버지 이성계를 도와 정몽주를 죽이는 등 온갖 악역을 자처하면서 조선을 창업했고, 경쟁자 정도전 일파를 제거했으며, 권력을 위해 형제들까지 도륙했던 아버지 태종과는 전혀 다른 인물이었다.

이제는 누구든 마음에 들면 흉금을 열고 대화를 나누었고 여항간에 들어가 막걸리 한잔도 마다하지 않을 정도로 성격이 호방했다. 더군다나 그는 어린 시절에 외갓집인 대학자 민제의 집안에서 성장했던 탓에 추종하는 사람들이 많았다. 하지만 태종은 세자 주변에 몰려드는 인물들을 극도로 경계했다.

"너희가 아무리 내게 충성하는 척해도 실은 세자 꽁무니를 쫓아다니는 거 다 안다. 이 나라가 어떻게 만든 나라인데⋯⋯."

그리하여 태종은 무려 네 차례나 양위파동을 일으키며 세자를 따르는 중신들을 차곡차곡 정리했다. 그 과정에서 세자의 외가이자 자신의 처가인 민씨 집안도 멸문시켜버렸다. 비로소 세자는 자신이 살벌한 정치판의 한가운데 있음을 절감하게 되었다.

"아, 이건 아버지가 아니라 저승사자로구나."

궁궐에는 부왕 태종의 칼바람이 도처에 흐르고 있었다. 세자에게는 감옥이나 다름없었다. 하지만 그 자리를 떠나면 금세 바람 앞에 촛불 신세가 된다. 자유를 찾는 유일한 길은 보위에 오르는 길뿐이었다.

"기다리자, 기다리자, 기다리자."

그렇게 다짐하고 또 다짐했건만 삶은 무료하고 무심했다. 세자의 발길은 저도 모르게 궐 밖으로 향했다. 그곳에는 인간들이 있었고 웃음이 있었다. 아름다운 여인들의 지분 냄새가 그를 취하게 했고, 사내들의 호탕한 힘겨루기가 잠든 혈관을 뒤흔들었다.

"그래, 어차피 시간이 지나면 옥좌는 굴러오는 것, 우선 미칠 것 같은 현실에서 벗어나 보자."

그때부터 세자는 밖으로 나돌기 시작했다. 그러자 기다렸다는 듯 구종수나 이오방 같은 사람들이 달라붙었다. 이미 왕위가 보장된 인물, 그에게 충성을 다해 신임을 얻는다면 미래는 탄탄대로일 것이다. 세자도 이들의 속셈을 잘 알고 있었다. 그러기에 함께 희희낙락하다 도포까지 벗어주었던 것이다.

"얘들아, 염려하지 마라. 내가 왕위에 오르면……."

이런 그가 효성이 지극해서 태종의 본심을 알아차리고 충녕대군에게 왕위를 양보했으며, 은근히 차례를 기다리는 효령대군을 꾸짖었다는 것은 실로 코미디 같은 설정이 아닐 수 없다.

"나는 결코 왕위를 양보하지 않았다."

세종의 여유

그렇다면 폐세자 사건 너머에는 무슨 진실이 감춰져 있는 걸까. 태종에 의해 보위세력이 남김없이 와해되고 혈혈단신이 되어버린 세자는 방황했다. 그런 와중에 자신의 자리가 위태로워졌다는 사실을 알고 당황하지 않을 수 없었다.

"믿을 수 없어. 아버지가 좀 세게 나오는 거겠지."

과연 태종은 불같이 화를 내다가도 금방 물러섰다. 이런 부왕의 마음이 변치 않으리라고 세자는 철석같이 믿었다. 그런데 언젠가부터 그 눈길이 충녕을 향하는 걸 느낄 수 있었다. 아버지의 신하들도 공공연히 자신을 무시하고 충녕을 침이 마르게 칭찬했다. 세자시강원의 사부들조차 그랬다.

"이럴 수가! 책상물림인 셋째가 내 자리를 위협하다니 있을 수 없는 일이야."

하지만 그것은 엄연한 현실이었다. 다급해진 그는 자신이 누구보다도 뛰어난 왕재란 점을 아버지 태종에게 증명해 보이려 했다. 《실록》에는 세자가 그토록 좋아하는 사냥도 마다하고 열심히 공부했다는 기록이 보인다. 하지만 때는 이미 늦었다.

"한량을 이 나라의 왕이 되게 할 수는 없다."

이미 태종은 적장자로 대통을 이어야 한다는 입장에서 벗어나 현명한 자식을 선택해 나라를 반석에 올려놓음으로써 자신의 정당성을 증명해 보이겠다는 결심을 굳혔던 것이다. 그렇지만 아버지로서 자식에 대한 정은 어쩔 수 없었던 듯 폐세자 교지를 발표하는 그의 눈에서 굵은 눈물이 흘러내렸다

그리하여 태종의 맏아들 제는 졸지에 세자에서 양녕대군이 되어버렸다. 임금이 될 사람이 돌연 왕권을 위협하는 존재로 뒤바뀐 것이다. 그야말로 목숨을 부지하기 힘든 상황, 이젠 살아남는 것만이 절대 과제가 되어버렸다. 그는 입을 앙다물었다.

"두고 보아라. 이대로 엎어지지는 않을 것이다."

어쨌든 지금은 처연한 미소와 처진 어깨를 보여야 했다. 그가 보기에 새로 세자가 된 충녕은 따뜻한 가슴보다는 냉철한 이성이 넘치는 인물이었다. 자칫 그의 비위를 건드렸다간 미래를 기약할 수 없었다.

무엇이 그리 급했을까. 불과 두 달 뒤에 충녕을 보위에 올리고 상왕이 된 태종은 강화도에 집 100여 칸을 지어 양녕에게 주었다. 하지만 중신들의 성화 때문에 양녕은 광주, 양근, 이천, 청주 등지로 떠돌이 생활을 해야 했다. 그 와중에 세종은 궁궐로 그를 불러 위로하는 등 아름다운 우애를 보였지만, 궐문을 나오는 그의 모습은 깃털 빠진 매의 형상이었다.

그렇지만 타고난 성격 탓이었을까, 울분을 이겨내지 못함이었을까.

양녕은 1419년 1월 30일 처소인 광주에서 도망쳐 아차산 기슭에서 하룻밤을 보낸 뒤 방황하다가 다음 날 궁궐에 잡혀왔다. 그런데도 그는 궐내에서 비파를 타는 등 이해할 수 없는 행태를 보인다. 이 사건으로 인해 주변 사람들로부터 핍박을 받은 어리는 목을 매 자결하기까지 했다.

"아아, 세자가 용인 줄 알았더니 미꾸라지였네."

이때 태종은 수강궁에 그를 불러들인 다음 병조 판서 조말생, 참판 이명덕, 지신사 원숙, 좌대언 김익정, 좌부대언 윤회 등 여러 대신들이 있는 자리에서 오랫동안 가슴속에 담아두었던 말을 꺼냈다.

"정말 부끄럽다. 내가 젊은 시절에 아들 셋을 연이어 잃고 양녕을 낳

았는데 죽을까 두려워서 처가에 맡겼고, 효령은 태어나자마자 앓았으
므로 홍영리의 집에 맡겼다. 그런 뒤 주상을 낳은 것이다. 당시 나는 정
도전 일파로 인해 언제 죽을지 모르는 형국이라 항상 가슴이 답답하고
아무런 낙이 없었다. 그래서 대비와 더불어 서로 양녕을 안아주고 업어
주고 하면서 무릎 위를 떠나게 한 적이 없었다."

태종은 이처럼 양녕을 애틋한 심정으로 키웠음을 밝혔다. 하지만 이
제 양녕은 자신의 후계자가 아니므로 단지 아들로서만 대하겠다고 말했
다. 앞으로 그가 아프거나 명절 때 부모를 보고자 한다면 마땅히 부자
간의 정을 나누겠지만 국법을 어기면 의정부나 육조에 회부돼도 절대
비호하지 않겠다는 것이었다. 공과 사를 분명히 가리겠다는 뜻이었다.
그러면서 태종은 양녕을 꾸짖었다.

"어리, 그 아이가 죽은 것은 모두 너 때문이다. 참으로 슬프고 민망한
일이다. 이제 네가 할 일이 뭐가 있겠느냐. 내가 매 2연과 말 3필을 줄
테니 매사냥이나 다니며 여생을 보내도록 해라."

그러자 양녕은 고개를 번쩍 쳐들고 말했다.

"아버지, 기왕 주시려거든 매를 길들이는 시종도 주십시오."

실로 뻔뻔스러운 행태였다. 그는 과거에 영명하던 세자가 아니었다.
태종은 혀를 찼다.

"이놈아, 너는 네 몸 하나 제대로 간수하지 못하는데 딴 사람을 어찌
다스리겠다는 것이냐. 다른 건 몰라도 매 길들이는 건 네가 잘하니 혼
자 열심히 해보거라."

그 후에도 양녕은 반성하기는커녕 남의 첩을 빼앗는 등 구태를 되풀
이했다. 급기야 장월하, 고치우, 김경 등 추종자들과 함께 처가인 김한

로 세력과 접촉한 일이 드러나 조정을 긴장시켰다.

1422년에는 충복이었던 김인의가 양녕에게 상감 칭호를 함으로써 정치적 소용돌이를 몰고 왔다. 그런 사실이 공론화되었다는 것은 양녕대군이 요주의 사찰 대상이었음을 말해준다. 그런 일이 있을 때마다 사방에서 양녕을 처단하라는 상소가 빗발쳤지만 세종은 여유가 있었다.

"부왕께서 살아계십니다. 쓸데없는 소리 하지 마시오."

그런데 상왕 태종이 세상을 떠나고 1년 뒤, 또 양녕에 대한 탄핵이 잇달았다. 양녕이 무리를 모아 병권을 찬탈하려 한다는 소문이 파다했기 때문이다. 하지만 세종은 오히려 그를 감싸면서 노비와 종자, 토지 등을 보냈다. 더불어 그의 집에 공인과 잡인의 출입을 엄금했다. 그것은 일종의 경고였다.

"형님, 더 이상은 곤란합니다. 주변을 정리하세요."

세종은 왕조시대에 있을 법한 소문과 참소를 근거로 친형을 죽이는 군주가 되기는 싫었을 것이다. 이미 조정은 그의 손아귀에 완벽하게 장악되어 있었다. 아버지 태종이 그에게 준 최고의 선물이 바로 그것이었다.

노추(老醜)

흐르는 세월은 마침내 양녕에게 한풀이할 기회를 제공해주었다. 세종이 세상을 떠나고 후계자 문종이 요절한 뒤 어린 단종이 보위에 오르자 야심만만한 조카 수양대군이 김종서와 황보인 등을 제거하고 정권을 장악했다. 이때 양녕은 보란 듯이 정치의 전면에 나섰다.

"난 아직도 죽지 않았다."

단종이 폐위된 뒤 1456년에 단종 복위를 둘러싸고 왕족 간의 투쟁이 벌어졌을 때 종친의 제일 어른이었던 그는 수양대군의 편에 서서 안평대군이나 금성대군 등의 죽음을 추인해주었다. 또 그것을 빌미로 세종 시대에 자신을 겨냥했던 신료들을 모조리 제거했다. 이런 양녕대군을 보고 세조는 언젠가 웃으며 말했다.

"숙부님을 보면 늘 사냥이 생각난답니다."

할아버지 이성계의 피를 이어받은 양녕과 세조는 그렇게 뜨거운 사람들이었다. 하지만 정답던 이들은 얼마 지나지 않아 불협화음을 일으킨다. 1459년(세조 5년) 학자들과 함께 고금의 서법을 논하던 세조는 농담 반 진담 반으로 이렇게 말했다.

"나도 마음만 먹으면 명필이라오."

그러자 곁에 있던 양녕이 이렇게 그의 속을 뒤집어놓았다.

"군주는 능히 몇 사람을 당해낼 재주가 있어도 자화자찬하는 게 아니랍니다."

그 말을 들은 세조의 안색이 붉게 물들었다. 아니나 다를까. 임금을 능멸한 양녕대군을 벌하라는 상소와 탄핵이 빗발쳤다. 여기에는 그해 양녕이 하삼도를 순행하면서 온갖 탐학을 저지른 죄과도 포함되었다. 그가 수하들의 수탈을 돕기 위해 무단히 군대를 동원했다는 것이다. 엎친 데 덮친 격으로 경상도 창녕의 이봉이란 자가 양녕이 하삼도를 순행하는 것은 동경의 왕이 되려는 것이라는 유언비어를 퍼뜨리다 체포되기까지 했다. 그런데 의외로 세조는 관대했다.

"이 빠진 늙은이를 건드려 무엇에 쓰겠는가. 그만두어라."

그렇듯 평생을 좌충우돌하며 자칭 임금의 형이자 부처의 형으로 군림했던 양녕은 숱한 일화만 남긴 채 역사의 뒤안길로 사라졌다. 왕이 될 뻔한 몸으로 천수를 채웠다는 것, 그것이야말로 전제시대에 살았던 양녕대군 이제의 홍복이 아니었을까.

누가 그를 대신할 수 있겠는가

- 집현전의 터줏대감 최만리 -

　한글학자 김윤경은 일찍이 자신의 저서《조선 문자 및 어학사》에서 최만리가 훈민정음 창제를 반대한 일을 들어 '한글 창제를 반대한 저능아의 발광'이라고 혹평했다. 이러한 평가는 당시 사회에 들끓던 애국주의와 맞물려 최만리를 역적보다도 나쁜 인물로 규정해버렸다.

　"어떻게 한글 창제를 반대할 수 있지? 정말 지독한 모화주의자야."

　오늘날까지도 혹자들은 한글에 관련된 이야기가 나오면 늘 최만리란 인물을 조롱하고 힐난하면서 상대적으로 세종대왕의 위대함을 칭송하곤 한다. 그러나 진실을 캐다 보면 우리가 그동안 숲을 보지 못하고 얼마나 썩은 둥치 하나에 집착했는지를 알게 될 것이다.

　최만리, 그는 세종과 평생 끈끈한 동지의식으로 묶여 있었고, 집현전의 핵심인물로서 그 시대의 문화 발전에 일익을 담당했던 당대 최고의 지식인이며 청백리였다. 이런 그를 훈민정음과 관련해 집현전 신하들을 대표해서 올린 상소 기록만을 근거로 극단적인 사대주의자이며 반민족주의자로 규정짓는 것은 실로 어처구니없는 일이다.

세자의 담임선생

최만리는 고려 때 해동공자라 칭송받았던 최충의 12대손이며 《보한집(補閑集)》의 저자인 최자의 6대손이다. 그의 외동딸은 덕수 이씨 가문의 이의석에게 출가했는데, 그의 증손자가 율곡 이이이다. 이처럼 최만리는 고려와 조선을 일통하는 대학자의 핏줄을 타고났다.

그는 1419년 4월에 증광문과 을과에 합격하여 정9품 정자(正字)로 관리생활을 시작한 뒤 이듬해에 집현전의 정7품 박사로 등용되었다. 세종이 설치한 집현전의 멤버로 발탁된 것이다. 이는 젊은 그의 학문이 세종의 브레인 역할을 할 수 있을 만큼 뛰어났다는 것을 말해준다.

세종의 인재 양성 방침에 따라 집현전에서 학문에 전념하던 그는 1427년 문과 중시(重試)에 급제하여 교리에서 응교가 되었고, 그해 7월 세자가 명나라 황제를 배알하러 갈 때 서장관 겸 검찰관으로 정인지, 김종서와 함께 명나라에 다녀왔다. 인물 면면을 보아도 알 수 있듯이 최만리는 미래의 조선을 짊어질 동량으로 일찌감치 낙점된 것이다. 그해 8월 세종은 세자에게 이렇게 일렀다.

"매일 서연에 정인지와 최만리가 참석하는 일을 규정으로 만들어라. 그들이야말로 고금의 유익한 말과 바른 정치는 물론 민간의 이야기까지 통달한 학자들이다."

그때부터 최만리는 집현전 관리이면서 세자의 서연에 나가는 우문학을 오랫동안 겸임했다. 그때 세자는 최만리와 박중림이 강의할 때는 스

<**회강반차도**> 왕세자가 공부하는 서연 장면을 담았다. 매월 초하루와 보름에는 세자와 세자시강원 관원들이 모여 배운 내용을 복습했다. 책이 놓여 있는 오른쪽 빈자리가 세자의 자리다. 규장각 소장.

스럼없이 질문도 하는데 다른 관원들이 들어오면 부끄러움을 탔다.

"세자가 낯을 가리다니 별일이구나. 어쨌든 공부는 마음 편히 하는 것이 좋지. 아예 최만리를 담임선생으로 삼아야겠다."

1432년, 세종은 서연관을 겸관이 아닌 녹관으로 바꾸고 최만리를 종 3품직인 세자좌보덕에 임명했다.

"전하, 그럼 이제부터 집현전의 일은 하지 말라는 겁니까?"

"그야 당신이 알아서 하시오. 내겐 세자 교육이 더 중요하니까."

당시 최만리는 매우 엄하면서도 마음이 따뜻한 스승이었다. 세자가 조금이라도 잘못을 저지르면 냉정하게 야단을 쳤지만 칭찬에도 인색하지 않았다. 훗날 세종은 그때의 일을 회고하면서 세자시강원 관리들이 세자에게 좋은 말만 일삼는 것을 경계하기도 했다.

"최만리처럼 매를 들 때는 들고, 떡을 줄 때는 줘야 스승 대접을 받는 거요."

1435년 7월, 최만리는 다시 집현전으로 발령이 났다. 집현전 학사들의 일이나 서연관의 일이 크게 다르지 않으니 별도의 녹관을 둘 필요가 없다는 이조의 건의를 세종이 받아들인 것이었다. 이듬해 4월 최만리는 집현전 직제학으로서 초시의 대독관(代讀官)이 되었다.

그 후 최만리는 1438년 7월, 집현전의 실질적인 최고 책임자인 부제학이 되었고, 이듬해에는 강원도 관찰사로 외직에 나갔다가 1년 뒤 다시 집현전 부제학으로 복귀했다. 그리하여 1444년 훈민정음에 대한 상소문제로 사직할 때까지 그 자리를 지켰다. 그가 세상을 떠난 것은 낙향하고 나서 1년 후인 1445년 10월 23일이었다.

누가 그를 대신하겠는가

최만리가 공직생활 25년의 대부분을 집현전에서 근무했다는 것은 세종이 그의 학문을 얼마나 높이 평가했는가에 대한 반증이다. 그런데도 5년 동안 집현전을 나와 세자의 스승이 되게 한 것으로 보아 두 사람이 인간적으로도 매우 가까웠음을 알 수 있다. 세종과 최만리 사이를 말해주는 일화 하나를 살펴보자.

최만리는 평소에 술을 즐겨했는데, 어느 날 술이 깨지 않은 채로 어전에 들어갔다. 그러자 세종은 혀를 차며 말했다.

"경은 간밤에 술독에 빠졌던 모양이구려. 몸 생각 좀 하시오."

"죄송합니다. 다시는 이런 일이 없도록 하겠습니다."

"사람이 마음만으로 술을 어떻게 이기나. 당신은 앞으로 술자리에서 석 잔 이상 마시지 마시오. 알겠소?"

이 매정한 어명이 자신의 건강을 염려하는 것임을 모를 리 없었던 최만리는 한동안 석 잔의 술만 마셨다. 하지만 천하의 주당인 그가 견디기엔 몹시 고통스런 일이었다. 그러던 어느 날 아침, 집현전에 들른 세종은 최만리에게서 술 냄새를 맡았다.

"아니, 어떻게 또 취해서 등청했지? 내 명을 어긴 것인가?"

그러자 곁에 있던 한 신하가 웃으며 말했다.

"그는 평소처럼 석 잔의 술만 마셨습니다. 다만 잔이 좀 컸을 따름입니다."

그 말을 들은 세종은 크게 웃으며 공관에게 명했다.

"역시 최만리로다. 내가 졌다. 여봐라, 집현전에 은으로 커다란 술잔을 만들어 가져다놓아라. 술 좋아하는 부제학 전용으로 말이다."

이것은 최만리 집안의 가승(家乘)에 전해지는 이야기이다. 실제로 집현전을 계승한 홍문관에는 세종이 하사한 은잔이 있었는데 임진왜란 때 사라졌다고 한다. 그 외에도 세종은 최만리에게 신문(新門) 밖 고개 근처에 저택을 하사했는데 1,000칸의 집이 들어설 만큼 넓었으므로 사람들이 천간허(千間墟)라고 불렀고, 고개 이름을 최만리의 이름을 따서 만리현(萬理峴)이라 불렀다는 이야기가 전해지고 있다.

이렇듯 가까웠던 세종과 최만리의 관계는 불교문제와 훈민정음 문제로 인해 산산조각이 나고 말았다. 더 이상 세종을 설득할 수 없다고 결론지은 최만리는 미련 없이 벼슬을 박차고 고향으로 돌아갔다. 건강도 좋지 않은 상태에서 신하들의 간언조차 외면하는 세종의 행태는 오랫동안 정석 플레이를 해오던 주군이 아니었던 것이다.

"그 사람은 내 마음을 알아줄 줄 알았는데……."

세종은 최만리가 떠나간 후 집현전 부제학 자리를 비워둔 채 그가 돌아오기만 기다렸다. 신료들이 공석으로 남아 있는 부제학을 임명하라고 청했지만 세종은 요지부동이었다.

만리재 풍경 만리재는 현재 서울시 중구 만리동과 마포구 공덕동 사이에 있다. photo ⓒ 모덕천

"최만리가 없는 지금 누가 그를 대신하겠는가?"

그런 세종의 기다림에도 최만리는 1445년 10월 세상을 떠났다. 그의 부음을 들은 세종은 오랫동안 끼니를 거른 채 슬퍼했다. 오랫동안 최만리의 자리였던 집현전 부제학은 그의 사후 3년 뒤에야 정창손에게 돌아갔다.

언문 창제 반대 상소의 실체

1444년 2월 16일, 세종은 최항과 박팽년, 신숙주, 이선로, 이개, 강희안 등 집현전의 소장학자들을 의사청으로 불러 모은 다음 훈민정음으로 중국의 운서인《고금운회거요》를 번역하도록 명했다. 이 작업의 감독은 세자와 진양대군, 안평대군에게 맡겼다.

"이 일은 국가의 중대사이므로 반드시 내게 보고하여 결재를 받아야 한다."

그러자 2월 20일, 집현전 부제학 최만리, 직제학 신석조, 직전 김문, 응교 정창손, 부교리 하위지, 부수찬 송처검, 저작랑 조근이 함께 이른바 언문 창제 반대 상소[71]를 올렸다. 그들은 옛사람들이 이미 만들어놓은 운서(韻書)를 가볍게 고치고 근거도 없는 언문으로 음을 달아 장인들로 하여금 인쇄하여 유포시키려 한다며 커다란 우려를 표명했다. 이로 미루어볼 때《운회》의 번역은 기록과 달리 완성 단계에 있었음을 알 수 있다. 세종은 그처럼 훈민정음에 관련된 사업을 속전속결 작전으로 밀어붙이고 있었던 것이다.

상소를 올린 인물 면면을 보면 집현전의 핵심 멤버 대부분이 나섰음을 알 수 있다. 그들의 상소 내용은 크게 네 가지로 요약된다.

첫째, 언문을 쓰게 되면 한문을 사용하지 않게 되니 훗날 백성이 중국의 예법을 모르게 될 것이다.

둘째,《운회》번역은 예조의 고유 업무인데 세자와 집현전의 소장학자들이 중요한 국사를 논의하는 의사청에 가서 일을 처리하는 것은 부당하다.

셋째, 《운회》를 언문으로 번역해 현실 한자음을 서둘러 고치려는 것은 졸속이다.

넷째, 임금의 건강을 돌보는 것이 중요하다.

우선 그들은 사대의 관점에서 훈민정음 창제를 반대했다. 당시의 사대란 중국 중심의 천하관으로 볼 때 약소국으로서는 인정할 수밖에 없는 생존전략이었다. 그것을 현대의 자유주의적 관점으로 비판할 수는 없는 것이다. 이 점에 있어서는 세종과 최만리의 의견이 크게 다르지 않았다.

그들의 실질적인 반대 이유는 훈민정음 자체가 아니라 《운회》를 훈민정음으로 번역해 음을 달아 펴내도록 한 것이었다. 졸속으로 운서를 번역하려는 것을 반대한 것이다. 그러기에 세종이 토론 중에 '그대들이 운서를 아느냐' 하고, '내가 아니면 누가 이것을 바로잡겠느냐'고 말한 것이다.

세간에 알려진 것처럼 최만리가 훈민정음 창제를 따지는데 세종이 난데없이 운서 타령을 하며 고집을 피운 것이 아니란 뜻이다. 즉 최만리는 당시 조선에서 쓰이고 있는 한자음을 서둘러 훈민정음을 사용해 바꾸려는 시도를 반대한 것이다. 그의 예견대로 당시 세종의 한자음 개선 작업은 실패로 돌아갔다. 결과적으로 최만리 등의 주장이 옳았던 것이다.

물론 상소문에는 이두만으로 충분한데 굳이 언문을 만들어 써야 할 이유를 모르겠다는 말이 여러 차례 나온다. 이는 세종이 훈민정음 창제를 자신의 존재의지에 무게를 두었지만, 최만리는 그것을 국가경영의 시각에서 보았기 때문이다.

영원한 일인지하 만인지상의 재상

- 황금시대의 주역 황희 -

조선의 대표적인 임금이 세종대왕이듯 조선의 대표적인 신료를 꼽는다면 단연 황희(黃喜)일 것이다. 그는 육조의 판서를 모두 역임하고 20여 년 동안 정승의 자리에 있으면서 높은 인품에 청렴결백한 생활태도로 오늘날까지 관리들의 귀감으로 남아 있다. 하지만 양지가 있으면 음지도 있는 법, 60여 년의 관직생활 중 그는 두 번의 좌천과 세 번의 파직, 한 번의 폐서인, 4년 동안의 귀양살이 등 우여곡절도 많았다.

황희는 1363년 2월 10일, 개성 가조리에서 태어났다. 한데 세상에 나온 지 며칠 되지 않아 부모는 아기의 배가 불러오고 온몸에 열이 심해지자 깜짝 놀라 의원을 불렀다.

"이 아기는 보통 사람보다 장이 길어서 배설이 쉽지 않아 그런 것이니 크게 걱정하지 않으셔도 됩니다."

의원의 말에 반신반의한 부모는 제발 아기가 오래 살라는 뜻으로 아

명을 수로(壽老)라고 지었다. 그래서
였을까. 황희는 훗날 90세가 되도록
장수하면서 초기 조선의 기반을 잡는
데 큰 공을 세웠다. 그의 묘지명에는
'90세가 되어도 총명이 감퇴되지 않
아 조정의 법도와 경사자서(經史字書)
들을 촛불처럼 환히 기억했고, 더욱
이 산수(算數)에 있어서는 제아무리
젊은이라도 감히 공(公)을 따를 수 없
었다.'라고 기록되어 있어 그의 두뇌
가 얼마나 뛰어났는지를 증명해준다.
《청구야담》에는 황희에 대한 재미있
는 일화가 소개되어 있다.

방촌 황희 영정 황희는 관직생활 동안 탁월한 정치 능력과 세종의 신임에 힘입어 국정 지도자로서의 능력을 마음껏 발휘할 수 있었다.

그가 장차 숨을 거두려 할 때 시중들던 아이가 물었다.

"대감께서 돌아가시면 저희는 어떻게 살아가지요?"

그러자 황희는 빙그레 웃으며 이렇게 말하고 세상을 떠났다.

"공작은 날거미만 먹고도 사는데 무엇을 걱정하느냐?" [72]

그로부터 오랜 시간이 지난 뒤 명나라에서 공작 한 쌍을 조선에 보내
며 잘 길러서 돌려보내라고 했다. 사람들은 공작을 처음 보는지라 어떻
게 먹여야 될지 고민에 빠졌다. 그때 한 관리가 옛날 황희 정승이 짐승
에 대해 해박했음을 기억해내고 지푸라기라도 잡는 심정으로 황희의 집
을 찾아갔다. 그러자 시중들던 아이가 황희가 남긴 말을 전해주었다.

관리가 돌아가 공작에게 날거미를 주자 잘 먹고 잘 자랐다. 이에 임금
이 감탄했다.

"현명한 재상은 죽어서도 나라를 살리는구나."

이 땅의 백성을 위해

젊은 날 황희는 정7품 무관인 별장으로 근무하다가 27세 때인 1389년
(고려 공양왕 1년) 문과에 급제하여 성균관 학록(學錄)이 되었다. 한 해 전인
1388년 5월, 우군도통사 이성계는 북벌에 나섰다가 압록강 위화도에서
말머리를 돌려 개성으로 진격하더니 6월에 우왕을 폐위시키고 아들 창
왕을 세웠다. 이듬해 1389년 11월에는 다시 창왕을 폐위시킨 다음 공
양왕을 세웠고, 3년 후 마침내 임금을 쫓아낸 후 조선을 건국했다.

1392년 7월 17일, 등극한 조선의 태조 이성계는 모든 신료에게 이전
과 마찬가지로 정무를 보도록 명했다. 하지만 혁명의 뒤끝이라 조정의
변화는 불가피한 것이었다. 곧 거센 숙청의 바람이 불어왔다.

"내 어찌 무뢰배 같은 이성계 일파에 굴종할 것이냐."

이렇게 생각한 황희는 미련 없이 벼슬을 내던지고 임선미 등 고려의
유신 71명과 함께 개성 송악산 두문동에 은거했다. 그러자 새 정부에서
조정에 출사하라는 거센 압력이 몰아쳤다. 이에 황희는 평소 존경하던
유학자 이화정 이공을 찾아 금강산으로 피신했다. 그런데 이화정은 오
히려 그를 설득했다.

"오늘날 자네 같은 사람이 은거한다면 이 땅의 백성은 누굴 믿고 살겠
는가?"

그것은 조정에 인재가 없어 통치를 잘못하면 괴로운 건 백성이란 뜻

광한루 56세 때 남원으로 귀양을 갔던 황희는 이곳에 광통루(廣通樓)를 지었다. 이 누각의 아름다움에 반한 정인지가 "아! 참으로 아름답도다. 이는 실로 월궁(月宮)의 광한청허부(廣寒淸墟府)가 아닌가."라며 감탄했다는 일화가 있다. 이 때부터 사람들이 광통루를 광한루(廣寒樓)라 고쳐 불렀다고 한다.

이었다. 그 말에 감명을 받은 황희는 산에서 내려왔다. 그가 조정에 들어오자 태조는 매우 기뻐하며 당시 세자로 책봉된 이방석을 보필하는 정7품 세자우정자[73] 벼슬을 주었다.

"황희야말로 일인지하 만인지상의 재목이다."

그 후 황희는 조정에 복무하며 태종의 신임을 받았지만, 폐세자 사건에 연루되어 귀양을 가는 신세가 되었다. 태종이 세자의 행각에 분개했을 때 앞장서서 변호한 괘씸죄가 적용되었던 것이다. 하지만 태종은 충녕대군을 세자에 책봉하고 나서 그를 중히 쓰라고 일렀다.

"황희는 곧 한나라의 사단(史丹)과 같은 사람이니 그에게 무슨 죄가 있겠는가?"

　세종은 등극하고 얼마 지나지 않아 당시 60세였던 황희를 불러들여 요직에 임명했고, 4년 뒤인 1426년에는 이조 판서를 제수했다. 그리고 불과 석 달 만에 우의정에 임명했다. 또 8개월 후에 세종은 영의정 자리를 비워둔 채 그를 좌의정으로 삼아 실질적인 의정부의 수장으로 삼았다.

　그때부터 황희는 신하들의 우두머리로 세종의 황금시대를 보필하는 주역이 되었다. 그러므로 세종의 치적은 모두가 황희의 손을 거친 것이었다. 하지만 후덕한 인품의 황희 정승은 손사래를 치며 이렇게 말했을 것이다.

　"무슨 말씀을. 공은 모두 대왕의 몫입니다. 저는 그저 설거지 담당이지요."

　4년 후인 1431년 영의정이 된 황희는 그로부터 19년 동안 정승의 지위에 있다가 87세 때인 1449년, 임금이 승하하기 불과 4개월 전에 영의정 부사에서 물러났다. 장장 23년 동안 국정의 최고 책임자로서 근무했던 것이다.

　세종은 말기에 국정을 세자 향에게 일임하고 훈민정음 창제와 불경 언해, 내불당 창건 등 자신의 문화적인 소망을 달성하는 데 전념했다. 하지만 그 일조차 세자나 다른 왕자들의 도움을 받았으므로 정사는 전적으로 황희의 몫이었다. 때문에 그는 노구를 이끌고 조선의 국정을 전담해야 했다. 하지만 탁월한 국정 조율 능력으로 인해 조그만 불협화음도 일어나지 않았다. 그러기에 백성은 그를 황희 정승이라 부르며 존경해 마지않았다.

"역시 황희 정승이 있어야 나라가 제대로 굴러간다니까."

그때부터 황희 정승이란 호칭이 하나로 굳어져 오늘날까지 재상 하면 황희라는 이미지가 굳어진 것이다. 실로 세종은 모든 방면에서 든든한 황희 정승이 있었기에 마음껏 자신의 역량을 펴나갈 수 있었다.

법은 법대로

황희는 영의정이던 1434년 2월, 세종이 금과 은의 매매를 금지하는 법을 만들려 하자 '유명무실한 법을 세워서는 안 된다.'고 강력히 반대했다. 금은의 매매는 본래 은밀히 행해지는 일이므로 매매금지법은 헛것에 불과하다. 만일 법을 만든 다음 밀거래자들을 철저하게 잡아들이지 못하면 거래자들은 항상 마음 조리며 살게 되고, 반대로 금을 구하고 싶어도 법 때문에 구하지 못하는 사람은 상대적으로 불만을 품게 되기 때문이다. 법을 세울 때는 시행을 전제로 해야 한다. 사회 가치관에 배치되는 법을 만들면 시행이 어렵고, 마침내 범법자를 양산하는 부작용이 따른다는 것이다.

"법은 어디까지나 일관성이 있어야 하고 범죄를 예방하는 차원에서 수립되어야 합니다."

이것이 법률에 대한 황희의 소신이었다. 정치에서 가장 중요한 점은 백성으로부터 믿음을 얻어야 한다. 가뜩이나 건국 초기의 기틀을 잡아나가는 상태에서 백성의 믿음을 얻지 못하면 나라가 흔들리게 된다. 그러므로 법률을 만들 때 태산처럼 단단하게 균형을 잡아야 한다는 것이다.

"한번 세운 법은 절대로 쉽게 고쳐서는 안 됩니다. 그들에게 믿음을 주십시오."

황희는 명문화된 법전의 필요성을 역설하면서 조선 최초의 법전인 《경제속육전》을 편찬했다. 그 후 소모적인 법의 개정을 저지하면서 자신의 소신을 지켜나갔다. 이때 세종은 법의 안정적인 정비 차원에서 개정이 필요하다면서 재위 내내 황희와 열띤 토론을 했다. 이런 적극적인 정책 토론의 결과 세종의 치세는 더욱 안정될 수 있었다.

그는 한편으로 명확한 죄인에 대한 형벌의 엄정성을 주장했다. 형벌의 목적은 범죄 예방에도 있다. 때문에 법률에 따라 엄격하게 형벌을 집행함으로써 예비 범죄자들을 줄일 수 있다고 생각했던 것이다. 아울러 그는 윤리와 도덕이 기반이 되는 풍속을 권장했다. 법은 법대로 집행하되 인성을 순화시키는 따뜻한 정치가 그의 본질이었던 것이다. 이와 같은 양수겹장의 묘수는 세종의 태평성대에 크게 기여했다.

정은 정대로

"나라의 주인은 임금이나 양반이 아니라 백성입니다."

황희는 이런 확신을 가지고 백성 중심의 행정을 펼쳤다. 예를 들면 진도는 113호에 불과한 지역이었지만 성을 쌓고 군대를 주둔시켜 그들의 생명과 재산을 보호해주었다. 또 강원도 지방에 대기근이 닥치자 신속하게 구휼미를 풀어 백성을 구했다. 이런 황희의 정책은 세종의 통치 기간 동안 안정감을 실어주었다.

황희는 모든 인간은 평등하다고 생각했던 희귀한 사고방식의 소유자였다. 계층별 신분체계가 엄존했던 당시에 그는 노비 출신의 장영실 같은 인물을 적극적으로 받아들임으로써 세종의 과학정책에 커다란 뒷받

황희 신도비 1505년(연산군 11)에 신숙주가 황희의 공적을 기려 글을 짓고 명필로 이름난 안침의 글씨로 신도비가 세워졌다. 묘는 현재 경기도 파주시 탄현면에 있다. photo ⓒ 모덕천

침을 해주었다.

"노비도 하늘이 보낸 똑같은 사람이다. 절대 차별하지 말라."

이런 유언까지 남겼던 황희는 관청의 여종에게 산월과 산후 100일간의 출산휴가를 제도화한 선각자였으며, 도망쳐온 왜인들을 망명객으로 받아들이고 굶주린 왜인들을 구휼했던 인도주의자였다.

원수가 세운 나라, 그 백성을 위하여

- 청백리 맹사성 -

어느 날 병조 판서가 좌의정 맹사성의 집에 찾아와 국사를 물었다. 그런데 마침 소나기가 쏟아지자 천장에서 비가 새기 시작해 집 안 곳곳에 물난리가 났다. 하지만 맹사성은 태연히 삿갓을 건네준 다음 하던 이야기를 계속했다. 집에 돌아온 병조 판서는 이렇게 탄식하면서 자기 집 행랑채를 모두 부숴버렸다.

"4조의 판서를 지낸 재상이 저렇듯 청백한데 내 꼴이 참으로 부끄럽구나."

위와 같은 일화를 남긴 청백리 맹사성은 황희와 함께 조선 최고의 재상으로 추앙받는 인물이다. 그는 평소 소를 타기를 즐겼고 손수 악기를 만들어 불었다. 성격이 몹시 소탈하여 벼슬이 낮은 사람이 방문해도 복장을 갖추고 문밖에까지 나와 맞이했으며, 손님에게 반드시 상석을 내

줄 정도로 겸손했다. 후세인들에게도 맹고불이라 하면 소 등에 올라타 피리 부는 노인을 연상시킬 정도로 친근한 인물이다.

고불(古佛) 맹사성은 1360년(고려 공민왕 9년) 7월 17일에 개성에서 맹희도의 맏아들로 태어났는데, 그의 탄생과 어린 시절에 관한 두 가지 재미있는 야담이 전한다.

그의 아버지 맹희도는 정몽주와 절친한 친구였다. 1360년 정몽주는 문과에 급제했지만 그는 낙방한 탓에 혼자 공부하고 있었다. 그러던 어느 날 맹사성의 어머니 조씨가 뜨거운 태양을 삼키는 꿈

아산 맹씨 행단의 은행나무 아산 맹씨 행단 안에는 맹사성이 심은 600여 년 된 은행나무와 고택이 있는데, 이 건물은 우리나라 민가 가운데 제일 오래된 집이다. photo ⓒ 모덕천

을 꾸었는데 그 이야기를 전해들은 부친 이부 상서 맹유가 즉시 아들을 집으로 불러들였다. 그리하여 맹사성을 낳았고, 맹희도는 과거에 급제하는 겹경사를 안았다.

당시 명장 최영이 같은 마을에 살았는데, 어느 날 낮잠을 자다가 짙은 안개 속에서 용 한 마리가 배나무에서 승천하는 꿈을 꾸었다. 깜짝 놀라 깨어보니 어린 맹사성이 배나무에 올라가 배를 따고 있었다. 비로소 범상한 아이가 아님을 깨달은 최영은 맹유에게 찾아가 자신의 손녀딸과 혼약을 맺었다. 그러므로 고려조의 충신 최영은 맹사성의 처조부

가 된다.

당시 고려는 홍건적의 침입과 세제의 문란, 권신들의 전횡으로 인해 국운이 날로 기울어져가고 있었다. 그러자 공민왕에 의해 중용된 신돈은 전민변정도감으로 조정에 일대 개혁의 회오리바람을 일으켰다. 이로 인해 이부 상서 맹유는 자리에서 쫓겨났지만 맹희도는 정치와 거리가 먼 수문관 제학으로서 자리를 지킬 수 있었다.

이때 어린 맹사성은 대유학자인 양촌 권근의 제자가 되어 청운의 뜻을 품었다. 하지만 아버지마저 벼슬에서 쫓겨나고 어머니는 열 살 때 세상을 떠났다. 집안이 이렇듯 풍비박산이 나자 맹사성은 정신적인 충격을 받고 방황했지만 곧 마음을 다잡고 25세의 늦은 나이로 성균관에 입학하여 1년 만에 전 과목 합격증서인 조흘첩(照訖帖)을 따냈다. 그리고 1386년(고려 우왕 12년) 27세의 나이로 문과에 장원급제함으로써 조정에 참여할 수 있었다.

정8품 춘추관 검열로 벼슬을 시작한 그는 이후 여러 벼슬을 거쳤지만 이성계의 역성혁명으로 조선이 건국되면서 커다란 비극을 맞이했다. 그의 집안은 이성계와 정적인 최영 장군의 사돈이었으므로 쿠데타 세력의 시퍼런 칼날을 피하기 어려웠다.

결국 할아버지 맹유는 두문동 72현의 일원으로 불타 죽었고, 아버지 맹희도는 두문동에 숨어 있다가 충청도 한산으로 도망쳐 간신히 목숨을 건졌다. 시간이 지나 세상이 조용해지자 맹희도는 아산에 있는 최영의 집에 살면서 금곡서원을 세워 유학에 몰두하는 한편 아들 맹사성에게 출사를 종용했다.

"세상이 바뀌었다. 너는 아직 젊으니 미래를 찾아가거라."

예문 전공 재상

"저 같은 사람도 이 나라에서 할 일이 있을까요?"

"당신 같은 인재가 자진해서 출사하다니 정말 고맙소."

맹사성이 조정에 나오자 이성계는 반색을 하며 맞이했다. 그만큼 당시 조선은 인재난에 허덕이고 있었다. 그리하여 최초에 수원 판관을 지낸 맹사성은 면천 현감을 거쳐 예조 의랑이 되었다. 1406년에는 정3품 이조 참의가 되었고, 이듬해에는 예문관 제학을 겸직하며 4월 18일에 실시된 친시에서 황희와 함께 대독관이 되었다. 그해 9월 세자가 명나라에 갈 때 시종관으로 동행한 맹사성은 한성 부윤을 거쳐서 세자시강원 우부빈객이 되었다. 그처럼 조선 조정에서 승승장구하던 맹사성은 1408년 사헌부 대사헌으로 부마 조대림을 취조했다가 커다란 봉변을 당하고 말았다.

조대림은 개국공신이며 당시 영의정 조준의 아들로 태종의 사위였는데, 자질이 경망스러웠다. 조대림의 집 여종 한 사람이 관노 출신의 호군 목인해라는 자의 아내였다. 목인해는 그를 기화로 조대림과 자주 만나 태종의 신임을 받을 계책을 논의했다.

"무사를 범궐케 한 다음 이를 공께서 사전에 잡아내도록 하면 큰 벼슬을 얻을 것입니다."

그러나 이 계책은 사전에 밀고되어 사헌부에서 조사에 들어갔다. 그때 재판권을 가지고 있던 대사헌 맹사성은 직권으로 조대림에게 벌을 주었다. 그러자 태종이 대노했다.

"부마를 함부로 취조하다니, 이는 왕실을 우습게 여기는 것이 아니고 무엇이냐. 용서할 수 없다."

태종은 이를 정권에 도전하는 역모로 규정짓고 사헌부 관리들을 모조리 하옥하는 한편 대표인 맹사성을 죽이려 했다. 하찮은 모리배의 간계가 왕권을 침해하는 역모로 비화한 것이다. 그러자 권근과 하륜, 성석린, 조영무 등 공신들이 나서서 일제히 그를 변호했다.

"맹사성은 모반한 것도 아니며 무고한 것도 아닌데 극형을 내리는 것은 너무나 심합니다."

그러자 태종은 눈을 부라리며 말했다.

"좋다. 나 혼자 다스리는 나라가 아니니까 참겠다. 하지만 차후 왕실을 위협하는 짓은 어떤 일도 용납하지 않겠다."

그렇게 해서 맹사성은 장 100대를 맞고 한주에 있는 향교로 유배됐다. 그 사건은 태종이 신하들을 제어하기 위해 그를 시범 케이스로 삼은 것이었다. 이듬해인 1409년 태종은 그에게 직첩을 돌려주고 외직으로 전근시키는 한편 미두 20석을 하사하며 위로했다.

"내 사정 뻔히 아는 당신이 참아야지 어떡하나. 나중에 술이나 한잔 하세."

1411년 12월 9일, 태종은 맹사성과 유정현, 이승상 등을 위해 잔치를 베풀어주었고, 이듬해 그를 황해도 관찰사로 임명했다. 그러자 영의정 하륜이 태종을 말렸다.

"지금 예악을 바로잡는 것이 시급한데 음악에 밝은 맹사성을 외직에 보내는 것은 불가합니다. 부디 예조에 머물러 악공들을 다스리게 해주십시오."

"알았소. 저 사람이 음악에도 조예가 있었군."

그렇게 해서 맹사성은 예조에 계속 머물다 1416년에 예조 판서, 이듬

구괴정 구괴정은 맹사성, 황희, 권진이 각각 세 그루씩 아홉 그루의 느티나무를 심은 데서 유래했다. 이곳에서 세 정승이 국사를 논했다고 하여 삼상당(三相堂)이라 불리기도 한다. photo ⓒ 모덕천

해인 1417년에는 호조 판서에 임명됐다. 그만큼 태종은 맹사성의 능력을 신임하고 있었다. 그때 아버지의 병환이 위중해 사직을 청하자 그를 충청도 관찰사에 보임하고 내의원의 탕약을 건네주기도 했다.

1418년 아버지 맹희도가 세상을 떠나자 태종은 그를 다시 불러들여 공조 판서 겸 세자우빈객으로 삼았다. 하지만 세자 제가 폐위되고 충녕대군이 세자로 책봉되어 곧바로 보위에 오르면서 맹사성은 이조 판서에 제수되었다.

"경이 조정에 밝으니 관리들 서열을 좀 명확히 해주세요."

세종은 예술적 기질이 뛰어난 맹사성의 능력을 존중해 관습도감 제조를 겸하게 했다. 이후 예문관 대제학과 의정부 찬성사, 판주군 도총제 부사 등의 요직을 역임한 맹사성은 1427년에 이르러 우의정이 되었다.

1429년에는 맹사성에게 궤장을 내려 늙은 신하의 노고를 치하했다.

〈남지기로회도〉 기로회는 70세 이상이 된 고관급 원로대신과 연로한 임금의 모임을 말한다. 국가에서는 이들의 장수를 축하하고 예우하기 위해 기로소를 설치하여 봄가을에 정기적으로 연회를 베풀었다. 서울대학교 박물관 소장.

1431년 좌의정으로 봉직하던 그는 4년 뒤인 1435년 76세의 고령을 이유로 은퇴한 다음 온양으로 내려가 노후를 보냈다. 그렇게 벼슬을 놓은 지 3년 뒤인 1438년, 그는 한성에서 79세를 일기로 숨을 거두었다.

맹사성과 황희는 세종시대의 황금 콤비로서 일세를 풍미했다. 황희가 분명하고 강직한 성품을 지녔다면, 맹사성은 어질며 부드러웠다. 그리하여 황희가 군사문제나 외교문제, 문물과 제도의 정비에 관여할 때 맹사성은 악공을 가르치거나 과거 응시자들의 학문을 점검하는 등 유연성 있는 업무를 전담했다. 이 두 사람은 공사의 구분이 명확하고 청렴하다는 공통점을 지니고 있었기에 세종의 왕도정치 구현에 커다란 공헌을 했다.

언제 어디서든 무엇이든

- 멀티 플레이어 이천 -

불곡(佛谷) 이천(李蕆)은 세종시대 뛰어난 무장이자 과학자로서 평생 다재다능한 면모를 보여준 인물이었다. 남방의 대마도 정벌과 북방의 야인 정벌 등에 공을 세운 것은 물론이고, 천문기구 제작의 책임자였을 뿐만 아니라 금속활자 인쇄술을 발전시켰고, 화약무기 개발, 악기 개량, 도량형 표준화 등에 주도적인 역할을 했던 그야말로 세종의 멀티 플레이어였다.

세종은 당시 자신이 기획한 과학기술 프로젝트의 총감독으로서 선수들을 적재적소에 배치했다. 그는 신분이나 계급에 구애됨이 없이 장영실이나 이순지, 김담, 정인지, 정흠지 등 개인적으로 최고의 역량을 갖춘 전문가들을 한데 모은 다음, 이천이란 인물을 중심에 세웠다.

이런 세종의 기대에 부응하여 이천은 천문기기의 실제 제작과 개발을 담당한 장영실의 패스를 이론천문학자인 이순지나 정인지 등 스트라이

커들에게 정확하게 어시스트해줌으로써 《칠정산 내외편》이라는 조선의
독자적인 역법을 개발하고 농업의 과학화를 완성시키는 등 빛나는 활약
상을 보여주었다.

군인에서 과학자까지

이천은 1376년(고려 우왕 2년)에 경상도 예안에서 군부 판서 이송의 아들
로 태어났다. 그의 어머니 염씨는 고려 말 권력자였던 염흥방의 누이동
생이었다. 당시 최영과 이성계는 염흥방을 제거하면서 이천의 아버지
이송을 포함해 일족을 모조리 죽였지만, 이천과 동생 이온은 다행히 승
려의 도움으로 목숨을 건졌다.

조선 건국 이후 1393년 18세의 어린 나이로 그는 뛰어난 무술을 인정
받아 정7품 별장(別將)이 되었고, 1402년에 무과에 급제했으며, 1410
년에는 무과 중시에 합격했다.

1419년 이천은 충청도에 침입한 왜구를 격퇴하면서 우군 첨총제가
되었다가 곧바로 우군 부절제사가 되어 이종무가 지휘한 대마도 정벌에
참전했다. 이때 그는 우군 절제사인 이지실을 보좌해 공을 세우고 좌군
동지총제에 오른 다음 곧 종2품 충청도 병마절도사가 되었다. 평범한
무장이었던 이천의 과학적인 능력이 발휘되기 시작한 것은 바로 이때부
터였다.

"이런 썩은 군선을 가지고 어떻게 왜구를 잡을 수가 있나. 좀 궁리를
해보자."

이천은 조선의 군선이 속도가 느릴 뿐만 아니라 물에 잠기는 선체가
빨리 썩는 것을 보고 이를 시정할 방법이 없는지 연구에 연구를 거듭했

다. 그리하여 판자와 판자를 이중으로
붙이는 갑조법(甲造法)의 시행을 조정에
강력히 주청했다.

"이 방법으로 배를 만들면 항해 속도
도 빨라질 뿐만 아니라 군선의 내구성
도 강해집니다."

과연 그의 제안으로 만들어진 군선이
왜구 토벌에 혁혁한 공을 세웠다. 이때
세종은 새삼스러운 눈으로 그를 바라보
게 되었다.

"이천에게 저런 능력이 있는 줄 미처
몰랐다. 테스트를 좀 해보자."

주자소 터 주자소는 조선시대에 활자의 주조를 담당하
던 관서로, 태종 대인 1403년에 설치되었다. 궐과 떨어
져 업무에 차질을 빚는다는 이유로 현재 충무로에 있던
주자소를 1435년 경복궁 안으로 옮겼다. 지금도 충무
로 일대에 인쇄소가 많은 것은 그 전통이 이어진 것이 아
닐까? photo ⓒ 모덕천

세종은 공조 참판이던 이천에게 금속활자 제작을 맡겼다. 당시 주자
소[74]에서 사용하고 있던 활자는 계미자였다. 고정된 청동판에 밀랍을
녹여 붓고 활자를 꽂은 다음 밀랍이 말라붙은 뒤에 인쇄를 했는데 밀랍
이 연약해 활자가 흔들리는 단점이 있어서 대량으로 인쇄할 수가 없었
다. 더군다나 글자체도 크고 거칠었다. 세종은 집현전을 중심으로 문
화통치를 구상하면서 새로운 활자의 필요성을 절감했던 것이다.

과연 이천은 세종의 기대를 저버리지 않고 1420년 경자자 주조에 성
공했다. 이 활자는 글자를 작고 정교하게 했고 조판용 동판과 활자를
평평하게 만들었는데, 특히 인쇄할 때 밀랍을 사용하지 않았으므로 하
루에 20여 장 이상을 인쇄할 수 있었다.

이천은 이에 만족하지 않고 김돈, 김빈, 장영실, 이세형, 정척, 이순

지 등 당시 과학기술자들을 총동원하여 1434년에 경자자보다 더 아름다운 갑인자(甲寅字)를 개발했다. 20여만 개의 활자로 주조된 갑인자는 대나무로 조판하여 빈 곳을 완전히 메우는 조립식으로 대소활자를 필요에 따라 섞어서 조판할 수 있었고, 하루에 40여 장을 선명한 농도로 인쇄할 수 있었다.

"오, 실로 아름다운 활자로구려. 이제는 무슨 책이든 손쉽게 인쇄해 나누어볼 수 있게 되었소."

갑인자를 대한 세종은 희색이 만면했다. 이로써 조선의 활판인쇄기술[75]은 세계적인 수준에 도달했던 것이다. 이때부터 조선은 출판 강국으로서 방대한 《자치통감강목》을 비롯해 수많은 인문과학 서적들을 찍어낼 수 있었다. 이천이 경자자 주조에 성공하자 세종은 또 다른 프로젝트로 도량형[76] 표준화 사업도 맡겼다.

"요즘 관청이나 사가에서 사용하는 저울이 정확하지 않아 문제가 많다 하오. 당신이 이걸 해결해보시오."

"그거야 쉬운 일입니다."

이천은 1422년 6월 20일 저울 1,500개를 만들어 바쳤는데 매우 정확했다. 이에 세종은 흡족해 하며 백성이 필요한 만큼 제작하도록 했다. 그 후 도량형 표준화 사업은 급속도로 진행되어 한 잔(盞), 한 작(爵), 한 대야(錯), 한 병(瓶), 한 동이(東海) 등으로 정비되었다.

《자치통감강목 속편》 갑인자는 우리나라 금속활자 인쇄술의 절정으로, 조선 말기까지 여러 차례 추가, 보충 제작하여 사용했다. 사진은 갑인자로 인쇄한 《자치통감강목 속편》. 출처_ 한국민족문화대백과

천문의기 프로젝트

1425년, 이천은 병조 참판에 올랐고, 1429년에는 중군 총제가 되어 나라 안의 동과 철광산을 조사했다. 이때 그는 동이 포함되어 있는 동석을 구별하는 방법을 개발해 각 광산에 전파했다. 1431년에는 경복궁 근정전의 화재에 대비해 궁궐 지붕에 쇠로 만든 걸이를 일일이 설치했다. 또 병선 개량을 위해 시험선을 제작했으며, 사거리가 많이 나가는 활의 개발에도 나섰다.

"그것참, 저 사람은 못 하는 일이 없군."

그의 능력에 새삼 감탄한 세종은 그해 12월 우군 도총제로 승진시키더니 이듬해인 1432년에는 지중추원사 겸 상의원 제조로 임명해 악공의 악기와 관복 등의 개선 작업을 맡겼다.

"이런 일도 잘할 수 있겠소?"

"여부가 있겠습니까. 무엇이든 맡겨만 주십시오."

이처럼 이천은 다양한 부문에서 전문가들을 지휘하여 성공적인 마무리를 이루어냈으므로 세종의 신임은 깊어만 갔다. 이윽고 세종은 그동안 구상하던 천문의기 프로젝트를 공개하면서 다음과 같이 명했다.

"이제 우리도 독자적인 역법이 필요하다. 예문관 제학 정인지와 대제학 정초는 천문의기에 관한 과거의 내력과 출전을 연구하고, 지중추원사 이천과 호군 장영실은 천문의기의 제작을 감독하라. 우선 북극출지의 값을 알아야 하니 간의를 먼저 만들도록 하라."

그리하여 이천은 총감독, 장영실은 제작 실무 책임자가 되었다. 그들은 이론가인 이순지의 뒷받침을 받아 먼저 혼천의를 비롯한 목간의를 제작했고, 이어서 대간의, 소간의, 혼의, 혼상, 현주일구, 천평일구,

정남일구, 앙부일구, 일성정시의, 자격루 등 수많은 관측기구를 제작해냈다. 이 기기들을 설치하기 위해 호조 판서 안순과 함께 간의대를 경복궁 경회루 북쪽에 건설했다.

이 간의대는 높이 9미터, 길이 14미터, 넓이가 9.8미터인 현대식 천문대로서, 동양에서는 원나라의 곽수경이 연경에 세운 관성대 이후 가장 큰 규모였다. 간의대 중앙에는 주망원경 격인 간의를 설치하고, 간의의 남쪽에 간의의 방향을 잡는 데 필요한 방위 지정표인 정방안(正方案)이 설치되었다.

간의대 서쪽에 설치한 규표[77]는 해가 머리 꼭대기 위에 떠 있는 하지에는 그림자가 가장 짧고, 멀리 남쪽에서 비스듬히 비추는 동지 때 가장 긴 것에 착안해서 만들어진 표준달력이다. 간의대 서쪽에는 작은 집을 지어 혼천의와 혼상을 설치했고, 연못 남쪽에는 기계식 자동 물시계인 자격루, 동쪽으로는 임금의 시계인 흠경각루가 세워졌다.

"아, 이제 곧 우리 조선이 중국의 시간에서 독립할 수 있겠구나."

이로써 조선왕조는 자주적인 역법을 세울 수 있는 과학적 기반을 완성한 것이었다. 이런 바탕에서 정인지, 이순지, 김담 등에 의해 완성된 《칠정산 내외편》은 우리나라 최초의 역법으로 조선의 자주성을 내외에 과시한 일대 쾌거였다.

무장의 혼

1437년 천문의기 제작 사업이 한창일 때 평안도와 함경도에서 야인들의 침입이 잦아졌다. 그러자 세종은 당시 62세인 이천을 평안도 도절제사로 임명하고 정벌을 맡겼다. 명을 받은 이천은 자신이 개발한 대포를 이끌고 나가 보란 듯이 야인들을 격퇴했다. 그 공으로 세종은 그를 정헌 호조 판서(正憲戶曹判書)로 봉했다. 이듬해 노구에 지친 이천은 세종에게 은퇴를 청했다.

"어머니가 86세라 자식 된 도리로 마지막 가는 길까지 수발해드리고 싶습니다."

"경이 없으면 조선도 없소. 조선은 아직 경을 필요로 합니다."

그러면서 세종은 1443년, 그를 군기감의 제조에 임명했다. 그는 군기감에서도 타의 추종을 불허하는 과학적 사고를 발휘했다.

"무기가 제각기 규격이 다르니 제작이나 수리에 문제가 많다. 제일 시급한 것은 역시 표준을 정하는 것이다."

이천은 당시 생산되는 환도의 길이가 일정하지 않아 불편하다는 것을 알고 조선군에게 가장 적합한 환도의 길이와 너비를 연구한 다음 길이 1척 7촌 3분과 너비 7푼짜리 및 길이 1척 6촌 및 너비 7푼의 환도를 생산했다. 또 방패의 길이와 넓이를 확정하여 공격과 수비에 편하도록 개량했다.

그와 함께 변방의 험한 산악지대에서 출몰하는 야인들을 정벌하기에 적합한 야포 개발에 심혈을 기울였다. 그는 선진화된 중국의 제철기술을 입수해 무쇠로 연철을 만든 다음 구리 대신 쇠로 대포를 만들어 실전에 사용하게 했다. 그 과정에서 이천은 모친상을 당했지만 같은 시기에 세종대왕이 승하하자 삼년상도 치르지 못하고 세종의 능에 관련된 업무를 맡았다.

"결국 전하께서는 저를 불효자로 만드셨군요."

이천은 그렇게 한탄했지만 세종의 뒤를 이어 즉위한 문종 역시 그를

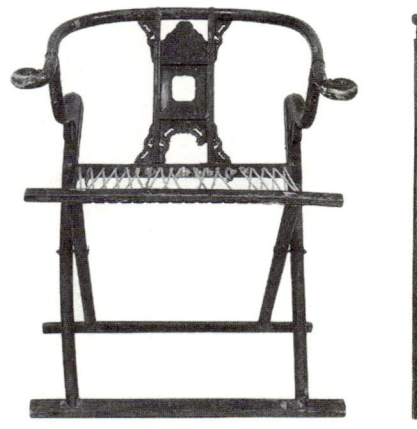

궤와 장 조선시대에는 70세가 넘은 신하에게 공경의 뜻으로 나라에서 의자인 '궤(几)'와 지팡이인 '장(杖)', 가마 등을 주었다.

놓아주지 않았다.

"불효는 충성으로 갚으십시오. 그것이 대감의 사명입니다."

문종은 이천을 판중추원사(判中樞院事)에 임명한 다음 최고의 국가 공신으로 예우하는 뜻에서 궤장을 하사했다. 1451년 11월 76세를 일기로 세상을 떠나자 문종은 몹시 슬퍼하며 익양공(翼襄公)이란 시호를 내렸다.

눈을 들어 하늘을 보라

- 조선 최고의 이론천문학자 이순지 -

세종은 즉위 이후 오래전부터 구상해온 조선의 수성 프로그램에 동참할 젊은 인재들을 물색하고 있었다. 그러던 중 동궁행수(東宮行首) 직에 있던 이순지가 눈에 띄었다. 그의 아버지 이맹상은 공조와 호조 참의를 거쳐 원주 목사와 강원도 관찰사 등을 역임한 인물이었으므로 음직으로 벼슬을 얻었던 것이다. 한동안 이순지를 관찰하던 세종은 어느 날 그를 불러 말했다.

"이봐, 음직으로는 승진에 한계가 있다는 거 알고 있나?"

"물론입니다, 전하."

"나하고 뭔가 큰일을 하려면 정식 관문을 거쳐야 해. 학문도 그만하면 충분할 것 같은데."

"무슨 뜻인지 알겠습니다. 조금만 기다려주십시오."

1427년, 이순지는 당당히 문과에 급제하여 음직의 멍에를 벗어버리고 외교문서를 담당하는 승문원에서 근무하게 되었다. 임금과 수시로 마주하는 자리였다. 그때부터 세종은 틈만 나면 이순지와 함께 수학과 천문 등에 대해 토론했다. 당시 세종은 《양휘산법(楊輝算法)》과 같은 수학책을 연구하는 등 기초학문에 푹 빠져 있었다. 세종은 그가 수학에 뛰어난 능력을 가지고 있음을 알고 기뻐했다.

"그대는 산학(算學)을 어찌 생각하는가?"

"조선의 과학 발전을 위해 꼭 필요한 학문으로 알고 있습니다."

"맞는 말이야. 지금 우리나라에는 역법이 없어서 골치 아프네. 그걸 만들려면 천문이나 수학 쪽에 전문가가 필요한데, 내 생각에는 자네가 적임자일세."

"그 분야는 중인들의 몫이 아닙니까?"

"그러니까 내가 부탁하는 거 아닌가. 제대로 된 학자가 그 일을 해야 되지 않겠나? 혹시 자네도 문과, 이과 차별하는 사람인가?"

"천만에요. 그럴 리가 있겠습니까."

"그럼 계통을 차근차근 밟아가게. 우선 서운관 일을 맡아보게."

세종의 명에 따라 서운관 판사가 된 이순지는 조선의 산학과 천문, 음양, 풍수를 도맡으면서 뛰어난 관찰력과 수리능력을 마음껏 발휘하기 시작했다. 1432년 경복궁 경회루 북쪽에 간의대가 세워지고 나서 매일 밤 다섯 명의 서운관이 천문을 관측했는데, 이순지는 관측의 최고 책임자였다. 그런데 1436년 모친상을 당한 그는 관례대로 3년 동안 관직을 내놓고 낙향했다. 그러자 세종은 크게 낙심했다.

"이순지 아니면 누구를 믿고 하늘을 맡길 수 있겠는가."

이때 승정원에서 홍문관 정자로 있던 김담[78]을 추천했다. 한데 김담

은 천문과 수리에 일가견이 있었지만 경험 부족으로 인해 관측과 계산
에 오류가 잦았다.

"아무래도 이순지를 불러 올려야겠다."

"그는 삼년상을 치르고 있습니다. 그를 불효자로 만드시렵니까?"

"조선의 역법을 만드는 데 이순지가 꼭 필요하다. 이것은 국가의 백
년대계에 관련된 일이다. 불충이 불효보다 더 큰 죄라는 걸 모르는가."

세종은 즉시 이순지를 소환해 정4품직을 제수하고 서운관 일을 계속
하게 했다.

"전하께서 이렇듯 나를 신뢰하니 어머니께서도 용서해주시겠지."

《칠정산 내외편》의 완성자

세종은 이천과 장영실 등 당대의 뛰어난 과학자들에게 천문 관측기구
와 시보장치 등 각종 과학기기를 발명하게 했다. 하지만 이는 농업의
과학화를 실현하기 위한 과정일 뿐이었다. 그 종착점은 역시 역법(曆法)
이었다.

자주적인 역법의 제정은 백성에게 농사에 알맞은 시간을 가르쳐주며,
관리를 다스리고 제왕의 권위를 세운다는 '관상수시(觀象授時)'와 '치력
명시(治曆明時)'의 핵심요소였다. 그러기에 세종은 이순지, 김담, 정초,
정흠지, 정인지[79] 등 당대의 과학자들을 총동원하여 역법 제정에 나섰
던 것이다.

당시 조선은 오랜 시행착오를 거쳐 중국의 곽수경이 만든 수시력을
쓰고 있었다. 그런데 수시력의 기준점이 중국의 북경이었기 때문에 우
리나라의 실정과는 여러모로 맞지 않았다. 조선 역법의 기준점은 반드

이순지 묘 이순지는 천문학 외에도 음양학, 풍수학에도 능통한 인물이었다. 이런 능력을 인정받아 세종과 세조 대의 왕실 장지를 결정하는 데 결정적 역할을 하기도 했다. 그의 묘는 현재 경기도 남양주군에 있다.

시 한양이어야만 했다. 그러기 위해서는 정밀한 한양의 위도, 즉 북극출지를 알아야만 했다. 세종이 간의대를 세워 천문 관측을 하게 한 까닭이 바로 한양 중심의 북극출지를 계산해내기 위해서였다. 이윽고 이순지는 오랜 관찰과 계산 끝에 한양의 북극출지를 찾아냈다.

"전하, 한양의 북극출지는 38도로 확인되었습니다."

"그래? 좀 이상한데? 자네가 잘못 계산한 게 아닌가?"

"이전에 알던 사실과는 전혀 다르지만, 계산상으로는 맞습니다."

이순지는 확신을 가지고 있었지만 세종은 그의 계산에 오류가 있다고 생각했다. 동료 학자들도 마찬가지였다. 그런데 얼마 후 중국《원사(元史)》의 〈천문지(天文志)〉에서 한양의 북극출지가 38.25도 정도라는 기록을 발견한 세종은 깜짝 놀랐다.

"아, 역시 이순지로다."

이때부터 세종은 이순지의 능력을 재삼 신뢰하게 되었다. 이 대목은 당시 조선이 과학 부문에서 중국에 훨씬 뒤져 있음을 증명한다. 세종은 재위 내내 중국의 수준을 따라잡기 위해 부심했고, 그 과정에서 실무자들을 중국에 파견해 선진 과학기술을 습득하게 했다. 세종 대의 과학 발전은 그처럼 끈질긴 도전정신에서 비롯된 것이다.

"모방은 창조의 어머니라니까."

그 후 이순지는 김담, 이천, 정초 등과 힘을 합쳐 각종 천문학 서적을 편찬했는데, 그 가운데 《칠정산 내외편》의 완성은 우리나라 최초의 역법이란 점에서 획기적인 사건이었다.

칠정산(七政算)이란 '칠정을 계산한다'는 뜻이다. 곧 해 · 달 · 수성 · 금성 · 화성 · 목성 · 토성의 일곱 개 행성의 운동을 관찰하여 조선의 중심인 한양을 기준으로 북극출지를 계산해냈던 것이다. 그 결과를 바탕으로 정인지 등에 의해 《칠정산 내편》이 만들어졌고, 이순지 등에 의해 《칠정산 외편》까지 완성되었다.

"이제야 저 하늘이 조선의 것이 되었다."

세종은 크게 기뻐했다. 실로 《칠정산 내외편》의 완성은 당시에는 훈민정음 창제와 비교할 수 없을 정도의 큰 업적이었다.

각종 천문서적 편찬

그렇게 조선의 역법을 만들어내는 데 성공한 이순지는 천문과학에 관련된 서적 편찬에 열중했다. 1445년에 편찬한 《제가역상집(諸家曆象集)》은 천문, 역법, 의상, 구루에 관한 당대의 지식을 정리한 것이다.

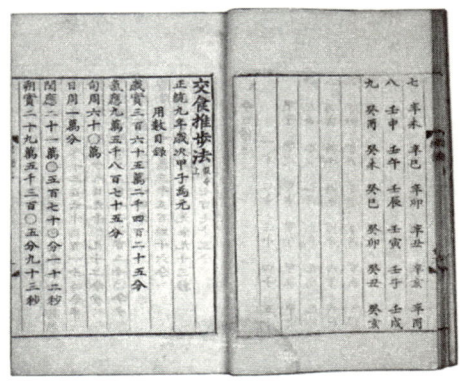

《교식추보법》 교식(交食), 즉 일식과 월식의 시각과 상황을 추산하는 방법을 실제의 계산 예를 들어 상세히 설명하고 있다. 규장각 소장.

의상이란 천문기구를 말하고, 구루란 해시계와 물시계를 말한다.

그는 또《천문유초(天文類抄)》를 통해 동양의 기본 별자리 28수와 은하수, 그 밖에 천지, 해와 달, 5행성, 상서로운 별, 별똥별, 요성, 혜성, 객성 등 중국 천문학의 성과들을 자세히 설명했다. 이 책에서는 현대에는 천문학의 영역에서 벗어난 바람, 비, 눈, 이슬, 서리, 안개, 우박, 천둥, 번개 등 각종 기상현상에 대해서 점성술적인 시각으로 풀이했다. 그는 천문학 외에 점성술과 풍수지리학의 대가였던 것이다.

《선택요략(選擇要略)》은 그가 국가의 중요행사를 위해 택일이나 길흉을 판별하는 방법을 모은 책이다. 상권에는 간지에 따른 길흉의 판별법을 적었고, 중권에는 길흉을 관장하는 신장(神將)에 대해, 하권에서는 결혼, 학업, 출행, 풍수, 장례 등 일상생활에서 살펴야 할 길흉의 판단법을 다루었다.

1458년에는 김석재와 함께《교식추보법(交食推步法)》을 완성했다. 이 책에서는 세종 때 정리되었던 일식과 월식의 계산 법칙을 외우기 쉽게 산법가시(算法歌詩)로 짓고 사용법 등을 덧붙였다. 그 시와 노래는 원래 세종이 만들었는데, 두 사람은 가사와 시구에 포함된 뜻을 좀 더 자세하게 설명한 것이다. 이 책은 훗날 천문 분야 관리채용의 1차 시험인 음양과 초시의 시험교재로 쓰였다.

이처럼 조선시대 가장 위대한 천문학자였던 이순지는 1465년(세조 11년) 세상을 떠났다. 세조는 그의 죽음을 애통해 하며 정평군(靖平君)이란 시호를 내렸다.

신분의 한계에 도전하다

- 노비 출신 발명가 장영실 -

세종 치세의 찬란한 업적들은 임금 개인의 뛰어난 식견과 학문적 소양에서 비롯된 것이었지만, 그를 보좌했던 뛰어난 인물들이 있었으므로 가능한 것이었다. 그 가운데 과학 분야에서 독보적인 역량을 발휘한 인물이 바로 장영실이다.

그는 천민 출신으로서는 드물게 신분의 벽을 뛰어넘어 당대 최고의 과학자가 된 사람이다. 즉위 초기부터 세종은 고려에서 이어져온 전제와 세제의 개혁이라는 커다란 과제를 눈앞에 두고 있었다. 그 목적을 달성하기 위해서는 우선 농업 생산성을 향상시켜야 했다.

그런데 농지 확충이나 생산성 증가는 일조일석에 가능한 일이 아니었다. 때문에 세종은 그 전제조건으로 근대적 농법의 보급과 농업과학의 창설을 고안해냈다. 《농사직설》이나《칠정산 내외편》 등은 이런 목표를 향한 일관된 행보였다. 장영실을 파격적으로 기용한 것도 세종의 이런 의도에 부합되는 것이었다.

"자연의 변화를 계수화하기 위한 도구가 필요하다."

자신의 농업 발전 프로젝트에 조선 최고의 발명가 장영실을 영입한 세종은 그가 각종 농업 진흥에 필요한 과학기기를 개발할 수 있도록 인적·물적 투자를 아끼지 않았다. 그런 기구를 통해 세종은 농부들이 적기에 종자를 파종하고 더 많이 수확할 수 있는 방법을 찾아내고자 했던 것이다.

관노에서 나라의 장인으로

장영실의 아버지는 원나라 소항주 출신의 기술자였고, 어머니는 동래현의 기생이었다. 그가 조선에 기술 전수 차 왔다가 기생에게 자식을 갖게 했던 것이다. 그러므로 장영실은 천상 천민이었지만, 아버지로부터 과학적 자질을 물려받음으로써 인생 역전이 가능할 수 있었다.

소년 시절 동래현 관노였던 장영실은 자신의 처지를 비관하지 않고 시간이 날 때마다 병기 창고에 들어가 병장기와 공구들을 손질함으로써 현감에게 성실성을 인정받았다. 차츰 그는 천재적인 소질을 발휘했고, 한양까지 자신의 이름을 알렸다.

"이 기계는 녹이 슬어서 폐기한 건데 대체 누가 고친 거야?"

"동래현의 노비 장영실의 솜씨라던데……."

"거참 대단하군. 노비로 썩히기에는 아까운 사람이야."

장영실의 이름이 《실록》에 등장하는 것은 1412년, 그때 장영실은 관상감 출신의 남양 부사 윤사웅의 추천으로 이미 궁중에 들어와 기술자로 일하고 있었다. 1421년, 장영실은 윤사웅과 함께 중국에 파견되어

관성대에 설치된 각종 천문기구를 살펴보고 사용원리와 제작기술을 익히고 돌아왔다. 이들이 귀국하자 세종은 양각혼의성상도감을 설치한 다음 천문 관측기구를 만들도록 했다. 세종은 그가 좀 더 자유롭게 천문기구를 만들 수 있도록 벼슬을 내리려 했지만 중신들이 완강히 반대했다.

"저 사람의 능력을 보고 말하시오. 나는 공조 판서라도 제수하고 싶구면."

"천민에게 벼슬을 내리면 사회의 기강이 무너집니다."

"안 되겠구나. 네가 뭔가를 보여줘야 되겠구나."

이런 세종의 격려를 받은 장영실은 1424년에 수동 물시계인 경점기(更點器)를 대폭 보완해냄으로써 실력 발휘를 했다. 그러자 세종은 보란 듯이 장영실을 상의원 별좌[80]에 임명했다.

"이제 알았소? 이 사람은 보통 기술자가 아니라 과학자란 말이오. 이런 사람에게 벼슬을 주지 않는다면 내가 어떻게 왕 노릇을 할 수 있단 말이오."

그렇게 해서 장영실은 천민에서 일약 임금을 보좌하는 공식 관리가 된 것이었다. 세종은 장영실의 재능만 받아들인 게 아니라 인간적으로도 친근감을 가지고 대했다. 세종의 전폭적인 신뢰와 지원을 받으면서 장영실의 능력은 일취월장했다.

조선의 시간을 바로잡다

"역시 우리 실정에 맞는 역법을 만들어야겠다."

1432년부터 세종은 농업 생산성을 높이기 위한 과학기술 프로젝트에

총력을 기울였다. 천문 관측기구를 제작하는
의표창제(儀表創製)를 시작한 것이다. 총 지휘
는 예문관 제학 정인지에게 맡겼다.

세종은 우선 천문 관측 관청인 서운관을 확
장하는 한편, 대형 천문대인 대간의대(大簡儀
臺)를 경복궁 안에, 소형 천문대인 소간의대
(小簡儀臺)를 북부 광화방 근처에 짓게 했다.
여기에 필요한 각종 기구 제작에는 공조 참
판을 역임한 과학자 이천에게 맡겼는데, 여
기에 장영실이 참여했음은 물론이다.

"자네가 없으면 이 복잡한 기구들을 어떻
게 만들 수 있겠나?"

혼천의 천체의 운행과 위치를 측정한 천문관측
기구이자 동력장치를 이용해 시간을 알려주는
시계이다.

그들은 우선 오늘날의 각도기와 비슷한 간의[81]를 만들어 한성의 위도
를 새로 측정하는 한편, 그것을 기준으로 각종 기구를 제작했다. 그 과
정에서 세종은 장영실을 정5품 무관직인 행사로 승진시켰다. 이에 더욱
힘을 얻은 장영실은 1년 만에 천체의 운행과 그 위치를 측정하는 천문
시계 혼천의[82]를 완성했다. 그렇게 바쁜 와중에도 장영실은 개인적인
창의력을 발휘해 자동 물시계인 자격루[83]를 만들었다.

"이건 신기에 가깝군. 물시계가 이렇게 정밀하게 작동하다니 사람의
능력이 아니다."

그의 능력에 새삼 감탄한 세종은 정4품 무관 벼슬인 호군을 제수했
다. 장영실이 뛰어난 작품을 완성할 때마다 세종은 그렇게 벼슬을 올려
주어 발명 의욕을 자극했다. 그리고 경복궁의 경회루 남쪽에 보루각(報

경복궁 흠경각 흠경각은 당시 후원에 설치돼 있던 여러 과학 기구들을 한 곳에 모은 과학연구소였다. 이곳은 세종시대의 눈부신 과학 발전을 이끈 중추적인 역할을 했다. photo ⓒ 모덕천

漏閣)을 짓게 한 다음 그 안에 자격루를 설치했다. 이듬해인 1434년 7월 1일 드디어 세종은 자격루를 조선의 표준시계로 선포했다.

"이제 우리 조선의 시간을 찾았다."

이 자격루는 보루각에 설치했다고 해서 보루각루(報漏閣漏)라고 불렸고, 궁궐 안에 있다고 해서 금루(禁漏)라고도 불렸다. 그때부터 보루각의 자격루에서 시간을 알려주면 궁궐 밖 종루에서 오정(낮 12시)이나 인정(밤 10시경) 등의 시각을 북이나 종을 쳐서 백성에게 알렸다. 서울의 종로(鐘路) 거리 이름은 바로 이 종루에서 유래되었다. 안타깝게도 이 자격루는 임진왜란 때 소실되었다. 현재 전하는 것은 1536년 숭례문과

홍인지문에서도 시간을 알려주기 위해
추가로 제작된 것이다.

앙부일구 시계판이 가마솥같이 오목하고, 이 솥이 하늘을 우러르고 있다고 해서 앙부일구라는 이름으로 불렸다. 이 형상은 둥근 지구 모양을 상징한다. 국립고궁박물관 소장.

자격루를 완성함으로써 세상을 놀라게
한 장영실은 계속 발명 의욕을 불태웠
다. 그리하여 5년 후인 1438년 그는 더욱
정교한 자동 물시계인 옥루(玉漏)[84]를 만
들어냈다. 옥루는 시간을 알려주는 자격
루와 천체의 운행을 관측하는 혼천의의
기능이 합쳐진 다목적 시계였다. 이로써
시간은 물론 계절의 변화와 절기에 따라
해야 할 농사일까지 알려주는 기계가 탄
생한 것이었다.

"아아, 이건 환상이야. 농업국가인 조
선에 이처럼 유익한 발명품이 또 어디 있겠는가?"

세종은 장영실의 능력에 탄복하지 않을 수 없었다. 기쁨을 감추지 못
한 그는 자신의 집무실인 경복궁 천추전 서편에 흠경각을 짓고 옥루를
설치한 다음 수시로 관찰했고, 우승지 김돈에게 〈흠경각기(欽敬閣記)〉를
짓게 했다.

"여보게, 이게 대체 어떻게 해서 움직이는지 말해줄 수 있겠나?"

"전하께서 들으셔도 잘 모르십니다. 저만이 아는 특별한 메커니즘으
로 작동되는 거거든요."

"하하, 그렇단 말이지. 좋아, 좋아. 아무튼 자네 때문에 내가 요즘 참
으로 즐겁네."

그때 장영실의 손으로 만들어진 과학기기로는 혼천의를 간소화한 대간의와 소간의, 휴대용 해시계인 현주일구, 천평일구, 시간과 함께 남북의 방위도 알려주는 해시계인 앙부일구, 밤낮으로 시간을 잴 수 있도록 만든 천문 관측기구인 일성정시의, 해의 그림자에 따라 절기를 알 수 있게 만든 규표 등이 대표적이다. 이 기구들은 1434년에 완성된 경복궁의 대간의대 안팎에 설치했다. 대간의대[85]는 높이가 9.5미터에 이르는 왕립천문대로서 당시 세계에서 가장 큰 규모였다.

"1단계 사업이 끝났으니 2단계 사업에 돌입하자."

세종은 옥루의 발명으로 7년여에 걸친 의표창제 사업이 완결되었다고 판단하고, 본격적으로 다음 단계의 사업에 착수했다. 조선의 역법 제작을 위해 조선 최고의 이론천문학자인 이순지에게 바통을 넘긴 것이다.

과학 선진국을 꿈꾸다

장영실은 실로 에디슨 뺨칠 정도의 발명왕이었다. 그는 천문기기 이외에도 수많은 실용기구들을 만들어 조선의 과학기술입국을 선도했다. 그 가운데 하나가 1434년에 주조한 금속활자인 갑인자이다.

우리나라의 금속활자 개발은 고려 고종 때인 1234년에 세계 최초의 금속활자본인 《상정고금예문(詳定古今禮文)》 인쇄 이후 답보상태에 빠졌다. 조선에서는 1403년 금속활자인 계미자(癸未子)가 만들어졌는데, 크기도 일정하지 않았고 활자를 고정하는 데 밀랍을 사용했으므로 많은 양의 인쇄물을 찍을 수가 없었다.

"이거 몇 번 인쇄하면 밀랍이 다 녹아버리니 원. 도대체 마음 편히 책을 찍어낼 수가 없네."

"그래, 그럼 장영실에게 새 활자를 만들어
달라고 해야겠다."

1420년, 이천은 김돈, 김빈, 장영실 등과
함께 계미자보다 작고 정교한 경자자(更子字)
를 만들었다. 이를 다시 개량한 것이 갑인자
이다. 대소 활자 두 종류로 20여만 자가 넘
는 갑인자의 효용은 대단했다. 아름답고 선
명한 인쇄는 물론이고 종전보다 두 배나 빨
리 인쇄할 수 있었던 것이다. 주자소에서는
이 갑인자를 이용해 수많은 서적을 인쇄함으
로써 세종 대 문화발전에 일익을 담당했다.

금영측우기 동그란 통은 빗물을 받는 그릇으로,
여기에 주척이라 부르는 자가 있어 측우기에 고
인 빗물의 깊이를 쟀다. 기상청 소장.

현재 갑인자는 전해지지 않지만《대학연의》《분류보주 이태백시》등 갑
인자로 찍어낸 서책들이 살아남아 그 유적을 보여주고 있다.

장영실이 만들어낸 또 하나의 회심의 작품이 바로 측우기(測雨器)이다.
농업국가인 조선에서는 농산물의 생산량이 곧 국력의 바로미터가 된다.
때문에 정밀한 강우량의 측정은 농사의 질과 양을 좌우할 수 있는 중요
한 자료였다. 그때까지 조선에서는 비가 땅속에 스며든 깊이를 재서 강
우량을 측정하는 원시적인 방법을 쓰고 있었다. 그런데 1436년 전후에
한발과 폭우로 인한 흉년이 거듭되자 세종은 장영실에게 측우기 개발을
명했다.

"주먹구구식으로는 이제 안 되겠다. 역시 과학이 필요해."

그리하여 세자 향과 장영실 등이 아이디어를 짜낸 끝에 1441년 높이

41.2센티미터, 직경 16.5센티미터 크기의 원통형 쇠그릇을 만들었는데, 이것이 바로 세계 최초의 측우기[86]이다. 이 측우기는 이듬해 높이 30.9센티미터, 직경 14.1센티미터로 규격이 통일되었다. 그런데 측우기는 정밀한 만큼 대량 제작이 어려웠다.

"좀 더 대중성 있는 측우기를 만들어야겠다."

그렇게 해서 만들어진 것이 수표(水標)로, 청계천의 마전교 서쪽과 한강변에 설치했다. 수표교(水標橋)란 수표가 설치된 다리를 말한다. 이것은 쉽게 강우량을 알아볼 수 있다는 점에서 매우 실용적이었다.

장영실은 이처럼 조선의 과학 발전에 이바지한 공으로 종3품인 대호군까지 승진했다. 천민의 지위에서 일약 당하관의 지위에까지 오른 것이다. 하지만 그의 말년은 쓸쓸했다.

1442년 세종이 어가(御駕)에 올랐다가 부서지는 사고가 일어났다. 어가는 장영실이 설계하고 장인 임효돈이 제작한 것이었다. 그 일로 인해 대간의 탄핵을 받은 장영실은 졸지에 죄인의 몸이 되고 말았다.

"임금의 옥체를 상하게 한 죄 죽어 마땅합니다. 파직과 함께 곤장 100대에 처해야 합니다."

"저간의 공이 있으니 80대로 감해주어라."

천재 발명가 장영실을 내내 아끼고 중용했던 세종은 그렇게 냉정한 조치를 취했다. 그 후 장영실의 자취는 역사의 기록에서 사라졌다. 사생활은 물론이고 말년의 행적조차 깨끗하게 묻혀버렸다.

대체 장영실과 세종 사이에 무슨 일이 있었던 것일까. 그는 천민이라는 출신성분 때문에 사가들로부터 외면당한 것은 아닐까? 어쩌면 갑작스런 지위 상승으로 인해 오만하고 나태해져서 완벽주의자 세종에게 버

림받은 것은 아닐까. 단초는 있다. 한때 그가 대사성 황현 등과 함께 뇌물수수죄로 태형 20대를 맞은 적이 있었기 때문이다. 하지만 그는 과학입국을 지향하던 세종의 대표선수가 아니었던가.

장영실, 귀천이 엄연했던 전제정치시대에 강고한 신분의 벽을 뚫고 조선 최고의 과학자가 되었던 인물, 매 순간마다 뜨겁게 열정을 불살랐던 그는 아직도 조선 최고의 발명가로서 성공을 꿈꾸는 모든 이의 표상으로 남아 있다.

아홉 켤레의 구두로 남은 사내

- 일그러진 천재 신숙주 -

작가 윤흥길의 〈아홉 켤레의 구두로 남은 사내〉란 소설이 있다. 여기에서 구두는 주인공 권씨의 마지막 자존심이다. 그는 열 켤레의 구두를 가지고 있는데, 그 가운데 일곱 개를 윤이 나게 닦아놓고는 매일 새로운 구두로 갈아 신으며 일주일을 보낸다. 복장은 초라해도 구두만은 반짝이고 싶은 것, 가난한 데다 별다른 직업 없이 살아가지만, 인간으로서의 자존심만은 지키며 살고 싶기 때문이다. 소설의 끝머리에 권씨는 사라지고 집에는 아홉 켤레의 구두만 남았다.

"에이, 금방 쉬어버리는 숙주나물 같은 작자."

오늘날 신숙주에 대한 평가를 생각해보면 역설적으로 그 사내 권씨가 떠오른다. 세종의 유시를 외면하고 수양대군을 선택하면서 역사에 변절자라는 오명을 올린 신숙주, 그렇게 단종의 역신에서 세조의 충신으로 자리매김하면서 이루어낸 공(功)이 그의 과(過)를 얼마나 덮어줄 수 있을까.

신숙주는 당시 7개 국어를 구사하는 대학자로서 세종의 음운 연구에 크게 기여했고, 걸출한 외교관으로서 일본과의 교린외교의 전례를 확립했으며, 북정에 나서 여진족 토벌에 성공했다. 이런 공은 수양대군의 왕위찬탈에 동조했으며 섬기던 임금을 죽이라고 상주하는 등의 정치적인 행보로 인해 모래성이 되고 말았다. 진짜 신숙주는 사라지고 더러운 아홉 켤레의 구두만 남은 것이다.

세종시대의 인물들 가운데 신숙주만큼 후세의 평가가 엇갈리는 사람도 드물다. 대개는 추악한 변절

신숙주 영정 신숙주는 훈민정음 창제에 부정적이었던 집현전에서 세종의 뜻을 받든 몇 안 되는 인물이었다. 세조의 계유정난에 동조했고, 이후 다섯 차례에 걸쳐 공신으로 책봉되었다.

자라고 맹공을 퍼붓지만, 한쪽에서는 '일세를 풍미한 명신'이라고 추앙하기도 한다. 과연 그의 진면목은 무엇일까?

집현전의 기린아

신숙주는 1417년 6월 전라도 나주에서 공조 참판 신장의 아들로 태어났다. 그의 조부 신포시(申包翅)는 고려의 충신들이 은둔했던 두문동에 들어갔다가 뛰쳐나와 조선 조정에 복무한 사람이다. 암울한 고려 말

의 분위기에서 허울뿐인 충절보다는 정도전이 이끄는 개혁 진영에 합류한 것이었다. 이런 조상의 혁신적인 심성이 그의 피에 배어 있을 것은 분명했다.

"고려는 더 이상 백성을 행복하게 해줄 수 없다. 나는 희망에 한 표를 던지련다."

신숙주는 일곱 살 때부터 당대의 걸출한 유학자 윤회(尹淮)에게 학문을 배웠다. 그리고 16세 때 스승의 아들인 윤경연의 딸과 결혼했다. 1438년 생진과에 합격하고 이듬해 친시문과 을과에 급제한 그는 23세 때부터 종7품직인 전농 직장으로 관료생활을 시작했으며, 곧 세종의 눈에 띄어 집현전 학사가 되었다. 《연려실기술(燃藜室記述)》에는 당시 세종과 신숙주의 일화가 담겨 있다.

어느 날 세종은 밤이 깊도록 책을 읽다가 내관을 불렀다.

"지금 집현전에 누가 있는지 알아보고 오라."

잠시 후 내관이 돌아와 보고했다.

"부수찬 신숙주가 아직 불을 밝히고 책을 보고 있습니다."

"그가 잠들면 내게 알리도록 해라."

그런데 삼경이 지나고 사경이 지나도 감감무소식이었다. 새벽 첫닭이 울자 내관이 말했다.

"이제야 집현전에 불이 꺼졌습니다."

그러자 세종은 내관에게 자신의 돈피갖옷을 벗어주며 말했다.

"과연 신숙주로다. 그가 깊이 잠들면 이 옷을 덮어주도록 하라."

이처럼 세종은 신숙주의 학문적 재능을 아꼈고, 신숙주 역시 임금의 기대에 부응해 자신의 재능을 마음껏 펼쳤다. 그는 문장이 뛰어난 데다 예술적 안목까지 갖추어 주변의 부러움을 샀다. 명필로 이름난 안평대군의 그림에 '화기(畵記)'를 적기도 하고, 222축 두루마리 그림을 평했다는 기록이 전한다.

집현전 학사로 성삼문과 양성지 등 당대의 재사들과 사귀면서 그의 자질은 더욱 연마되었다. 언젠가 중국의 문장가 예겸이 사신으로 오자 세종은 일부러 신숙주와 성삼문을 보내 영접하게 했다. 이때 예겸은 그와 시담을 나눈 후 감탄해 마지않았다.

"내가 오늘 해동의 굴원을 만났습니다."

그는 또 7개 국어에 정통한 어학의 귀재였다. 그러므로 불세출의 음운 전문가였던 세종의 파트너로서 음운 연구에 몰두했고, 성삼문과 함께 심양에 유배 중이던 명나라의 한림학사 황찬을 무려 13차례나 찾아가 조언을 받았다.

"아무래도 외교문서는 네가 맡아야겠다. 따로 번역자가 필요 없으니 일도 쉽겠지?"

1443년, 27세 때 신숙주는 통신정사인 변효문과 함께 서장관으로서 일본으로 건너갔다. 당시 조선은 대마도 정벌 이후에도 왜구의 침탈이 계속되어 근심이 많았다. 이때 일본에서 문호를 개방해달라고 간청하고 있었다.

신숙주의 명성은 이미 일본 땅에까지 널리 퍼져 있었다. 때문에 그가 당도하자 수많은 사람들이 시와 글씨를 얻으러 몰려들었다. 그 덕에 통신사 일행은 일본에 머무는 7개월 동안 편안하게 대일외교를 수행할 수

있었다. 그때 신숙주는 일본 각처를 여행했고, 그 결과는 저서 《해동제
국기(海東諸國記)》에 고스란히 담겼다.

"역시 조선의 문장이라면 신숙주가 아닌가."

세종은 신숙주을 크게 신뢰했다. 그리하여 하루는 신숙주, 성삼문,
이개, 하위지 등 집현전 학사들과 함께 있는 자리에서 강보에 싸인 왕
세손 홍위를 선보이며 이렇게 말했던 것이다.

"훗날 경들이 이 아이를 보위하라."

"망극하옵니다. 신 등이 충성을 다하겠습니다."

당시 신숙주는 이렇게 맹세했지만 1450년 2월 세종이 붕어하고 병약
한 임금 문종이 즉위하면서 그 빛은 시들어갔다. 결국 문종이 즉위 2년
만에 세상을 떠나고 열두 살 먹은 세자 홍위가 즉위하니 그가 단종이다.
그때부터 종실의 호랑이 수양대군을 비롯해 안평대군, 금성대군 등 세
종의 자식들이 날카로운 이를 드러내기 시작했다.

변절인가, 충군인가

혼돈의 시절, 당대의 천재 신숙주를 얻은 사람은 야심가 수양대군이
었다. 신숙주와 동갑이었던 수양대군은 훈민정음 창제에도 참여했고,
어머니 소헌왕후가 승하하자 세종의 명으로 《석보상절》을 썼으며, 각종
서적을 언해하는 등 학문에 일가견이 있었다. 한편 군사 부문에도 뛰어
나서 1452년(단종 즉위년)에는 《역대병요(歷代兵要)》라는 병서를 썼다.

수양대군은 조정의 이목이 자신에게 집중되자 이를 분산시키기 위해
명나라 고명사신을 자청했다. 이때 그는 신숙주를 서장관으로 데려가
면서 자신의 포부를 밝혔고, 신숙주는 그의 미래에 동참했다.

"왕권이 바로 선 나라를 만듭시다. 그것은 태종과 세종의 뜻이기도 합니다."

"좋습니다. 저도 황표정사(黃標政事)의 폐단은 고쳐져야 한다고 생각합니다."

황표정사란 대신들이 임금에게 재가를 받아야 할 문건이 있을 때 의정부에서 의결한 내용에 노란 점(黃標)을 표시하는 방법이었다. 그것은 당시 김종서와 황보인 등 고명대신들이 철없는 임금을 보좌하는 어쩔 수 없는 방법이었다. 하지만 종친들과 집현전의 신진 학자들은 이를 왕권에 대한 중대한 도전으로 받아들인 것이었다.

그 결과 계유정난이라는 일대 정변이 성립되었고, 정권을 장악한 수양대군 일파는 왕권은 얻었을지언정 찬탈이라는 오명을 뒤집어쓰고 말았다. 이때 신숙주는 외직에 나가 있다 소환되어 도승지에 제수되고 수충협책정난공신(輸忠協策靖難功臣) 2등에 오름으로써 동조자라는 시선을 피할 수 없게 되었다.

그 후 신숙주는 대제학, 병조 판서, 판중추원사, 우찬성, 좌찬성을 지냈고, 43세인 1459년에 좌의정, 3년 후에 영의정에 오르는 등 출세 가도를 달렸다. 세조 사후에는 예종과 성종을 보좌하면서 조선의 중심 인물로 활약했다. 그러나 후세의 평가는 냉혹했다. 16세기 이후 조선 유학을 대표하는 사림파 학자들은 사육신은 추앙하면서 신숙주를 변절자로 몰아 그의 업적까지 쓰레기통에 던져버렸다.

그의 진면목을 보다

《연려실기술》에 따르면 신숙주는 중국어 · 일본어 · 몽골어 · 여진어

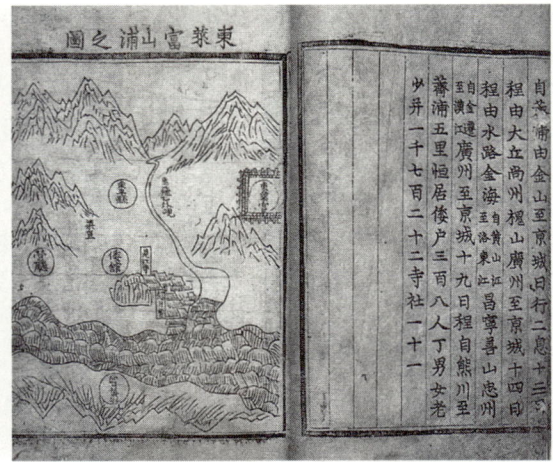

《해동제국기》 조선 전기 한일 관계사 연구의 귀중한 사료이자 일본의 역사 · 지리를 연구하는 데 중요한 자료로 평가받고 있다. 규장각 소장.

등에 두루 능통해 통역이 없이도 뜻을 통할 수 있는 외교 전문가였다. 그는 《동국통감》이나 《국조오례의》 《경국대전》 등 국가적인 편찬사업의 핵심인물이었고, 그가 쓴 《해동제국기》는 당시 한일외교의 교과서였다.

《해동제국기》[87]는 신숙주가 일본 사행의 경험을 바탕으로 당시의 외교관례 등을 체계적으로 정리해 완성된 것으로, 조선 전기 대일외교의 축적된 경험이 모아져 편찬됐다. 이 책이 완성된 것은 1471년 겨울이었다.

동해에 있는 나라가 하나만은 아니나, 일본은 가장 오래되고 가장 큰 나라다. 그 땅은 흑룡강의 북쪽에서 시작하여 제주의 남쪽에 이른다. 유구국과 서로 접해 있으며, 그 세력이 심히 크다.

이 책의 서문에 씌어 있는 일본에 대한 묘사이다. 1402년에 제작된 〈혼일강리역대국도지도〉보다 현실에 근접하는 표현이다. 이는 신숙주의 일본 사행 경험과 함께 조선 초기 동북지역 개척을 통해 습득한 지리적 지식이 바탕이 되었을 것이다. 이 책에 첨부된 일본 지도는 현전하는 가장 오랜 목판본 지도로서 조선식의 독특한 파도무늬가 바다에 그려져 있다. 섬과 섬들의 상대적인 거리와 방위는 정확하지 않으나 모양이나 위치 비정에서는 매우 높은 수준인 점이 주목된다.

신숙주는 이 책에서 강대하고 광폭한 일본에 대해 경계하면서 교린외교의 중요성을 강조하는 한편, 미구에 발생할지 모를 전란을 막기 위해서는 조정의 기강을 바로잡아야 한다고 주장했다. 이미 그는 임진왜란 발발 100여 년 전에 일본의 호전성을 간파했던 것이다. 때문에 그가 죽기 전에 성종에게 남긴 유언은 이것이었다.

"부디 일본과 화평을 잃지 마십시오."

《해동제국기》에는 당시 일본의 형식상 실권자인 천황과 국왕으로 칭하는 막부 실권자들의 세계(世系)를 먼저 기록한 다음 그들의 풍속과 물산에 대해 자세히 기록했다. 그 몇 장을 들춰보면 오늘날의 일본 풍속과 크게 다르지 않음을 알 수 있다.

무기는 창과 칼 쓰기를 좋아한다. …… 젓가락만 있고 숟가락은 없다. 남자는 머리카락을 짤막하게 자르고 묶으며, 사람마다 단검을 차고 다닌다. 부인은 눈썹을 뽑고 이마에 눈썹을 그렸으며, 등에 머리카락을 드리워 그 길이가 땅까지 닿았다. 남녀가 얼굴을 꾸미는 자는 모두 그 이를 검게 물들였다. …… 사람마다 차 마시기를 좋아하므로 길가에 다점(茶店)을 두어 차를 팔게 되니, 길 가는 사람이 돈을 내고 차 한 주발을 마신다. …… 남녀의 의복은 모두 아롱진 무늬로 물들이며, 푸른 바탕에 흰 무늬로 한다. 남자의 상의는 무릎까지 내려오고 하의는 길어서 땅에 끌린다.

세종 그 이후

- 문종에서 세조까지 -

세종은 아버지 태종이 만들어놓은 정치적 안정 기반 위에서 황희, 김종서 등 당대의 훌륭한 신하와 학자들의 보필을 받으면서 우리 역사상 최고의 황금기를 이끌었다. 즉위 이후 세종은 뛰어난 리더십을 발휘해 각계각층의 인재들을 적재적소에 배치 · 활용함으로써 그들의 역량을 최고조로 끌어올렸다.

더불어 세종은 깊은 성취를 이룬 학자로서 신료들과 백성에게 실천하는 지식인의 전형을 보여주었다. 그 과정에서 역사와 문화에 대한 깊은 통찰력을 보여주었으며, 문제가 생기면 반드시 심도 깊은 토론을 통해 합리적으로 국정을 풀어나갔다.

세종은 또 당시 선진적인 중국 문화에 일방적으로 몰입되지 않고, 자주적이며 독창적인 조선의 역량을 키우는 데 혼신의 노력을 다했다. 국력의 바탕인 농업을 진흥하기 위한 다방면의 시도나 국가 안보에 대한 냉철한 결단이 바로 그것이었다.

만년에 벌어진 훈민정음 논쟁이나 내불당 문제로 불거진 신하들과의 불협화음은 옥에 티일 수도 있다. 그 대가로 세종은 고독한 최후를 맞았지만, 우리 겨레는 한글이라는 지고의 선물을 받았다. 그렇기에 우리는 조선의 모든 것을 만들어낸 대왕 세종보다도 자신의 신념을 관철시킨 인간이도에게 더욱 애착을 갖게 되는 것이다.

세종 이후 조선은 자꾸만 뒤로 물러섰다. 문종의 짧은 치세와 단종의 안타까운 시간 속에서 조선은 한 발짝도 앞으로 나아가지 못했다. 찬탈자 세조는 통치 기간 내내 아버지 세종이 갖지 못했던 철퇴를 휘두르며 본궤도에 올라선 조선을 이끌었지만, 그 결과는 오히려 태종의 차가운 신념에도 미치지 못했다.

문종(文宗), 짧은 성군의 날개를 접다

"나는 몸이 안 좋으니 세자가 정무를 보도록 해라. 나는 쉬면서 운서나 연구하겠다."

세종은 1442년, 신하들이 반대했지만 건강상의 이유를 들어 세자 향(珦)에게 대리청정을 맡기기 위해 첨사원(詹事院)을 설치했다. 그곳에서 세자가 신하들에게 조회를 받고, 국가의 중대한 서무를 모두 처결하게 했다. 본격적인 세자의 대리청정은 계조당(繼照堂)을 마련하고 나서 2년이 지난 1447년부터였다.

"내가 오래전부터 국사를 돌보았으니 뭐 별다를 것이 있겠습니까."

세종이 세상을 뜬 1450년, 37세의 나이로 보위에 오른 문종의 치세는 세종과 다를 바 없었다. 그는 학문을 좋아하고 집현전 학사들을 존중하면서 부왕의 치세를 이어갔다. 그의 시대에도 문풍은 여전해서《동국병감》《고려사》《고려사절요》《대학연의주석》등이 발간되었다. 문종은 특히 군사제도에 관심이 많아서 스스로 진법을 편찬했고, 1445년에 10사(司)에서 12사로 개정되었던 것을 1451년에 5사로 개편하기도 했다.

문종은 유학뿐만 아니라 천문과 역법, 산술에 정통했고, 서도에도 능했다. 과거 할아버지 태종이 충녕대군을 세자로 봉하면서 아들 가운데 장대한 자가 있다는 것은 바로 문종을 보고 한 말이었다. 관운장처럼 고상한 풍모에 세종 못잖은 학문적 자질과 성군의 기질을 가졌던 문종은 세종의 업적을 계승하고 발전시킬 적임자였다.

그렇지만 하늘은 더 이상 조선에 세종과 같은 성군을 허락하지 않았다. 세자 때부터 병약했던 문종이 재위 2년 4개월 만에 39세의 젊은 나이로 세상을 떠났던 것이다. 임종 당시 문종은 경복궁 천추전으로 영의정 황보인과 좌의정 남지, 우의정 김종서 등을 불러 어린 단종을 보필해달라는 유언을 남겼다. 할아버지 태종을 닮은 아우 수양대군의 야심을 알고 있었던 것일까.

단종(端宗), 청령포에서 지다

세종이 특히 사랑했던 맏손자 홍위는 1448년 8세 때 세손이 되었고, 1450년(문종 즉위년) 세자로 책봉되었다. 문종이 세상을 떠나자 불과 12세의 어린 나이로 경복궁 근정전에서 즉위한 단종은 교서를 통해 모든 정사를 의정부와 육조가 의논해 시행하도록 했다.

"저는 섭정을 맡아주실 할머니나 어머니가 안 계시니 여러 정승들께서 도와주셔야 해요."

이때부터 황보인과 남지, 김종서 등이 정치의 중심에 서고, 집현전 학사 출신인 성삼문과 박팽년, 하위지, 신숙주, 이개, 유성원 등이 전력으로 단종을 보필했다. 당시 단종은 박팽년의 학문에 감명을 받아 그를 집현전 부제학으로 삼고 통정대부로 높여주기까지 했다.

1453년(단종 1년) 4월, 단종은 경회루에서 과거를 살펴보고 모화관에서 무과를 베풀었다. 또 온성과 함흥에 성을 쌓고, 나난·무산에 두 성보를 설치했다. 악학제조 박연의 제안으로 세종의 《어제악보》를 인쇄, 반포했다. 그해 10월 숙부 수양대군이 측근인 권람과 한명회의 계책에 따라 좌의정 김종서와 영의정 황보인, 병조 판서 조극관, 이조 판서 민신, 우찬성 이양 등을 주살했다. 거사의 빌미는 어린 임금을 끌어내리고 안평대군을 보위에 올리려 했다는 것이었다.

"임금을 제쳐두고 신하들이 정사를 좌지우지하는 꼴은 더 이상 좌시할 수 없다."

이때부터 조정을 장악하고 영의정이 된 수양대군은 자신의 심복들을 정난공신으로 삼아 요직에 배치한 다음 눈엣가시인 안평대군을 죽이고 그의 아들 우직을 진도에 귀양 보냈다. 얼마 뒤 이징옥의 난까지 제압한 수양대군은 무소불위의 권력을 갖게 되었다.

1454년 정월, 어수선한 정국 속에서 단종은 송현수의 딸을 왕비로 삼았다. 그달에 양성지가 〈황극치평도〉를 바쳤고, 3월에는 춘추관에서 《세종실록》을 완성했다. 단종은 세종의 유업을 이어받아 8월에는 각 도의 관찰사에게 효자·순손·의부·절부와 공평, 청렴하고 현저히 공적이 있는 수령을 상세히 기록하여 알리도록 했다. 또 궐내의 보루각을 수리하게 했으며, 《고려사》를 인쇄, 반포했다.

"어린 임금은 조상들이 세운 이 나라를 반석 위에 올려놓을 수가 없다."

1455년 윤 6월, 수양대군은 단종을 보호하려던 금성대군 등 여러 종친과 궁인, 신하들을 모두 지방으로 귀양 보냈다. 이런 숙부의 압력에 굴복한 단종은 결국 수양대군에게 왕위를 넘기고 상왕이 되어 수강궁으로 거처를 옮겼다.

1456년 6월, 성삼문과 이개, 하위지 등 집현전 출신의 문신들과 성승, 유응부 등 무신들이 주동하여 상왕을 복위시키려 했다. 이들은 과거 세종에게서 원손을 보호해달라는 부탁을 받은 인물들이었다. 명나라 사신을 환영하는 창덕궁 연회에서 세조를 비롯해 심복들을 일거에 제거하고 단종을 복위시키려 했지만, 함께 모의했던 김질의 밀고로 모조리 체포되어 국문을 받고 형장의 이슬이 되었다.

"아아, 충신들의 피가 대궐을 적셨으니 나는 머무를 데가 없게 되었구나."

이 일로 인해 상왕은 1457년 6월 노산군(魯山君)으로 강봉되어 강원도 영월 청령포에 유배되었다. 그해 6월 경상도 순흥에서 귀양살이하던 금성대군이 재차 상왕 복위를 도모하다 발각되었다. 이로 인해 노산군은 폐서인되었고, 그해 10월 비참한 죽음을 당하고 말았다.

세조(世祖), 찬탈의 역사를 남기다

조선의 제7대 임금 세조는 세종의 둘째아들이다. 문무를 겸비했던 그는 처음 진양대군에 봉해졌다가 1445년 수양대군(首陽大君)으로 고쳐졌다. 대군 시절 부왕 세종의 뜻을 받들어 훈민정음 창제에도 깊이 간여했고, 불교에도 조예가 깊어 《석보상절》을 지었으며, 내불당 설치에도 적극

적이었다. 또 승려 신미의 아우인 김수온과 함께 불경 언해를 관장하기도
했다.

"보아라, 나야말로 아버지 세종의 진정한 후계자이다."

1452년(문종 2년) 수양대군은 관습도감 도제조로서 국가의 실무를 맡았
다. 이때부터 그는 옥좌를 꿈꾸었고, 그의 야심을 알아챈 김종서와 황보
인 등 조정 중신들은 다방면으로 그를 견제했다. 하지만 그는 권람, 한명
회 등과 함께 1453년 10월, 일거에 정변을 일으켜 중신들을 제거하고 정
권을 거머쥐었으니 이른바 계유정난이었다. 이후 조정에서 반대세력을
남김없이 제거한 수양대군은 함길도 도절제사 이징옥의 난까지 평정한 다
음, 1455년 마침내 조카 단종으로부터 왕위를 빼앗았다.

1456년 6월, 단종 복위사건을 적발한 세조는 성삼문과 이개, 하위지,
박팽년 등 거사의 주동인물들을 모조리 사형에 처한 다음, 1457년 6월에
는 단종을 노산군으로 강봉해 강원도 영월에 유배시켰다. 얼마 뒤 세조는
신숙주와 정인지의 주청에 따라 재차 단종 복위를 꾀한 금성대군을 제거
한 뒤 10월에는 노산군마저 죽이고 말았다.

"명분이야 어쨌든 내 자리를 위태롭게 하는 자들은 살려둘 수 없다. 그
래야 마음 편히 나라를 다스릴 게 아닌가."

세종 대의 탄탄한 업적을 이어받은 세조는 강력한 왕권을 바탕으로 자
신의 능력을 한껏 발휘했다. 1457년 정월, 세조는 원구단(圓丘壇)을 만들
어 하늘에 제사 지내고 조선 태조를 배향했다. 1458년(세조 4년), 호패법을
시행하고 태조부터 문종까지 4대의 정치를 집대성한《국조보감》을 완성
했으며, 전대의 역사를 재조명한《동국통감》을 편찬했다. 또 최항으로 하
여금《경제육전》을 정비하게 함으로써 조선의 법전《경국대전》의 편찬을

개시했다. 이는 세종 대의 법령을 가일층 정비하는 작업이었다. 1466년(세조 12년)에는 관제 정비에 나서 영의정부사를 영의정으로, 사간대부는 대사간으로, 도관찰출척사는 관찰사로, 오위진무소는 오위도총관으로, 병마도절제사는 병마절도사 등으로 명칭을 간소화했다.

1467년(세조 13년), 세조가 지방의 병마절도사를 중앙의 문신으로 대체하자 함길도 회령 출신 이시애가 길주에서 반란을 일으켰다. 세조는 이 반란을 평정하면서 중앙집권체제를 더욱 공고히 다졌다.

"역시 아버지는 현명하셨어. 백성을 다독여야 풍파가 없는 법이야."

이때부터 세조는 민정에 관심을 기울여 많은 문화 사업을 펼쳤다. 《잠서(蠶書)》의 언해, 윤리 교과서인《오륜록》을 비롯해《역학계몽도해》《주역구결》《대명률강해》 등의 대중적인 서적을 발간하고,《금강경언해》《대장경》을 인쇄, 배포함으로써 불교를 진흥시켰다. 또 세종의 대외정책을 이어받아 남쪽의 왜인에게는 물자를 주어 회유하는 한편, 북쪽의 야인들에게는 단호한 태도를 취했다. 세조는 명나라의 요청에 따라 건주위의 이만주를 죽이는 쾌거를 올리기도 했다. 이만주는 과거 세종이 4군을 세우는 데 가장 두통거리였던 우랑카이족의 추장이었다.

"이제야 북방의 오랑캐 문제가 깨끗이 정리되었다. 내가 아니면 누가 이 일을 했겠는가."

이렇듯 세조는 일면 아버지 세종의 업적을 지켜나갔지만 퇴보한 부분도 많았다. 즉위 직후 왕권 강화를 목적으로 의정부 서사제를 폐지하고 육조 직계제를 시행한 것은 단종을 보위하는 신권에 대한 반감 때문이었다. 또 학문 연구의 중심지였던 집현전을 사육신의 본거지란 이유로 폐지하고 정치토론장인 경연을 중지함으로써 언론기관인 대간의 기능이 대폭 약화되었다. 이로 인해 왕명 출납기관인 승정원의 기능이 강화되었다. 당시 승정원은 신숙주, 한명회, 박원형, 구치관 등 정난공신들이 장악하고 있었다. 세조는 모든 정사를 공신들과 협의했고, 이들이 현직에서 물러나면 부원군에 임명하여 조정에 나오게 했다.

1468년(세조14년), 세조는 원상제(院相制)를 시행했다. 이는 승정원에 세 명의 중신인 신숙주와 한명회, 구치관을 상시 출근시켜 세자와 함께 모든 국정을 상의하고 결정하게 한 제도였다. 말년에 세조가 육조 직계제로 인한 체력의 한계를 느꼈기 때문이다. 여기에는 또 세자의 장래를 그들에게 맡기려는 뜻도 있었다. 그해 9월, 병이 깊어진 세조는 세자에게 전위하자마자 이튿날 숨을 거두었다. 그는 죽기 전까지 왕권을 틀어쥐고 있었던 것이다.

"임금이 약한 모습을 보이면 벌 떼들이 달려들게 마련이야."

세조는 일찍이 폐세자된 큰아버지 양녕의 누추한 모습을 보았다. 또 아버지 세종의 탁월한 통치가 만년에 신하들의 거센 벽에 부딪치는 것을 보았다. 더군다나 불교문제로 왕권이 바닥까지 떨어지는 것을 보고 그는 입술을 깨물었을 것이다. 때문에 세조는 순명이 아니라 무력을 통해 자신의 뜻을 관철했고, 자신의 의지대로 세상을 움직이려 했다. 실로 그는 할아버지 태종과 아버지 세종의 피를 반반씩 이어받은 인물이었다. 하지만 후세인들은 결코 그를 세종대왕의 업적을 이어받은 존재로 인정하지 않는다. 다만 어린 조카로부터 왕위를 빼앗고 목숨까지 빼앗은 포악한 숙부 수양대군으로 기억할 뿐이다.

대왕 세종

대왕의 휘는 도(裪), 자는 원정(元正), 시호는 장헌(莊憲)이다. 1397년 4월 10일 태종과 원경왕후 민씨의 셋째아들로 태어났다. 비(妃)는 청천부원군 심온의 딸 소헌왕후이다. 자녀는 장남 향을 비롯해 모두 18남 4녀를 얻었다.

1408년 충녕군에 봉해졌고, 1413년에 대군이 되었으며, 1418년 세자로 책봉되었다. 그해 8월 10일, 22세 때 태종의 양위를 받아 조선의 제4대 임금으로 즉위했다. 그 후 31년 6개월 동안 재위하면서 각종 제도를 정비하는 등 정치·경제·사회·문화 전반에 치적을 쌓아 조선왕조의 기틀을 튼튼히 다지고 드높은 민족문화를 창달했다.

정치적으로는 중앙집권체제를 운영하기 위해 의정부 서사제를 확립하고 황희·맹사성·허조 등 경륜 높은 재상들과 함께 왕권과 신권의 조화를 이루었다. 1420년에는 집현전을 설치한 다음 이를 왕립 학술기관으로 확장하여 변계량·최만리·정인지·성삼문·신숙주 등의 학자로 하여

금 학술 연구에 전념케 함으로써 정치 자문, 왕실 교육, 서적 편찬 등 이
상적 유교정치를 구현했다. 1443년 훈민정음을 창제하고 1446년 이를
반포했으며, 또한 이천으로 하여금 금속활자인 경인자 · 갑인자 · 병진자
등을 제작하게 했다.

초기에는 유교를 진흥하기 위해 억불책을 써서 5교 양종(천태종 · 조계종)
을 선종(禪宗)과 교종(敎宗)으로 통합하여 각 18개 사찰만 인정하고 경행
(經行)을 금지했다. 그러나 말년에는 궁중에 내불당을 짓고 승과제도, 경
행을 인정하는 등 왕실 불교를 장려했다.

음악에도 관심을 기울여 1425년 관습도감을 설치하고 박연으로 하여금
아악(雅樂)을 정리하게 했으며, 악기도감을 설치하여 많은 아악기들을 제
조했고, 편경과 편종을 대량생산할 수 있게 했다. 또한《실록》보관을 위
하여 춘추관 · 충주 · 전주 · 성주에 4대 사고(史庫)를 설치했는데, 임진왜
란 때 전주 사고만 남고 모두 불타버렸다.

과학기술 정책으로는 1442년 이천과 장영실로 하여금 측우기를 제작하
게 했고, 궁중에 흠경각을 설치하여 과학기구를 비치했으며, 혼천의 · 해
시계 · 물시계 등의 과학기구를 발명했다. 이론천문학자인 정인지와 김
담, 이순지로 하여금 우리나라 최초의 역법서인《칠정산 내외편》을 편찬
케 했다. 또 이순지로 하여금 천문 · 역법 · 의상 등에 관한 지식을 종합
한《제가역상집》을 편찬케 했다.

경제 · 사회 정책으로는 1436년 공법상정소를 설치하고 각 도의 토지
를 비옥도에 따라 3등급으로 나누어 세율을 달리하는 안을 실시했지만 결
함이 많았으므로 1443년 다시 전제상정소를 설치하고 풍흉에 따라 연분
9등법과 토지의 비옥도에 따라 전분 6등법에 의한 수등이척법(隨等異尺法)

으로 조세의 공평화를 도모했다. 또 전국의 토지를 20년마다 측량하여 양안을 작성케 했다. 한편 의창(義倉), 의료제도, 금부삼복법(禁府三覆法)을 제정했고, 노비의 지위 등을 개선해 사형(私刑)을 금하도록 했다.

대외정책으로는 국가의 주권 확립과 영토 확장에 진력했다. 명나라에 처녀진헌(處女進獻)을 폐지하는 한편, 명나라에 보내던 금은의 조공물을 폐지하고 마(馬)와 포(布)로 대신하게 했다. 여진과의 관계는 화전 양면책을 썼다. 압록강 유역의 여진은 최윤덕과 이천을 시켜 토벌한 다음 4군을 설치했으며, 두만강 유역은 김종서로 하여금 6진을 개척케 해 북방의 경계를 확실히 했다. 이때부터 우리나라의 국경은 압록강으로부터 두만강까지 확보되었다.

1419년 이종무를 시켜 대마도를 정벌하게 하고, 이후 대마도주 종정성이 사죄하고 통상을 간청해오자 1426년 삼포(三浦)를 개항했다. 이후 왜인의 출입이 증가하자 1443년 왜인의 출입을 통제하기 위하여 신숙주의 교섭으로 변효문과 종정성 사이에 계해조약(癸亥條約)을 체결하게 하여 1년 동안에 입항할 수 있는 세견선을 50척, 세사미를 200섬으로 제한하고 허가받은 자에 한해 왕래하도록 무역과 출입을 통제했다. 1450년 2월 17일 영응대군 사저에서 54세를 일기로 세상을 떠났다. 능은 경기도 여주군 능서면 왕대리에 있는 영릉(英陵)이다.

:: 참고자료 ::

사료

《세종장헌대왕실록》

연구 논문

강신항, 〈세종조의 어문정책〉, 《세종조문화연구》 2, 한국정신문화연구원, 1984

이기문, 〈한글의 창제〉, 《한국사》 11, 국사편찬위원회, 1974

전상운, 〈과학기술의 발달〉, 《한국사》 11, 국사편찬위원회, 1974

최승, 〈집현전 연구〉, 《역사학보》 제32집

허선도, 〈세종조의 화기발달〉, 《세종조문화연구》 2, 한국정신문화연구원, 1984

한영우, 〈조선왕조의 정치경제기반〉, 《한국사》 9, 국사편찬위원회, 1974

단행본

강호성 외, 《조선의 정승》, 스타북스, 2006

김문식 외, 《조선의 왕세자 교육》, 김영사, 2003

김영진 외, 《조선시대 농업과학기술사》, 서울대학교출판부, 2000

남경태, 《종횡무진 한국사》 상·하, 그린비, 2001

박영규, 《한권으로 읽는 조선왕조실록》, 들녘, 1997

박영규, 《세종대왕과 그의 인재들》, 들녘, 2002

박영규, 《조선의 왕실과 외척》, 김영사, 2003

박병호, 《세종시대의 법률》, 세종대왕기념사업회, 1986

박현모, 《세종의 수성 리더십》, 삼성경제연구소, 2006

박현모, 《세종, 실록 밖으로 행차하다》, 푸른역사, 2007

성기옥, 《용비어천가의 서사적 짜임》, 새문사, 1984

손보기, 《세종대왕과 집현전》, 세종대왕기념사업회, 1984

신명호, 《조선의 왕》, 가람기획, 1998

신명호, 《조선왕실의 의례와 생활, 궁중문화》, 돌베개, 2002

신명호, 《조선왕실의 자녀교육법》, 시공사, 2005
신복룡, 《한국사 새로 보기》, 풀빛, 2001
이성무 외, 《세종시대의 문화》, 태학사, 2001
이성무, 《조선왕조사》, 동방미디어, 1998
이숭녕, 《세종대왕》, 박우사, 1965
이영춘, 《조선의 청백리》, 가람기획, 2003
이이화, 《한국사 이야기》 9, 한길사, 2006
이정수 외, 《조선시대 노비와 토지소유방식》, 경북대학교출판부, 2006
임용한, 《조선국왕 이야기》, 혜안, 1998
임홍빈, 《우리 겨레의 황금시대》, 민족문화추진회, 1981
정윤재, 《세종의 국가경영》, 지식산업사, 2006
조동일, 《한국문학통사》, 지식산업사, 1982
홍이섭, 《세종대왕》, 세종대왕기념사업회, 1973

1 천(天)·지(地)·인(人)

2 칠음(七音). 곧 궁(宮)·상(商)·각(角)·치(徵)·우(羽)의 다섯 음과 반치(半徵)·반상(半商)과의 일곱 음계

3 천(天)·지(地)·인(人)

4 음양(陰陽)

5 고려 왕조의 비주류였던 신진 사대부들의 개혁 열망에 힘입어 역성혁명을 성공시킨 이성계는 정도전, 남은 등 창업공신들과 함께 거사를 합리화시키려 애썼다. 하지만 고려의 유신들과 백성의 반감은 신생국 조선의 국기를 흔들기에 충분했다. 이에 혁명세력은 내부질서 조율을 통해 위기를 타개하고자 했는데, 그 결과 제1차 왕자의 난이 일어났고, 승자는 이방원이었다. 이 승리는 조선 초기 강력한 왕권통치의 기반이 되었다.

6 후한의 허신이 펴낸 《설문해자》는 '王'에 대한 동중서의 해석을 담고 있다. 여기에 따르면 왕(王)은 석 삼(三) 자와 뚫을 곤(丨)을 조합한 형태이다. 이는 천지인을 관통하는 존재로서 우주의 덕을 매개로 천하를 일통하는 사제이며 최고 권력자란 뜻이다.

7 변계량은 정몽주와 이색의 영향을 받은 대학자이다. 태종 대에 정치와 학문의 주역으로 활동했는데, 예문관 대제학으로 《태조실록》과 《고려사》를 편찬했다. 20여 년 동안 국가문헌과 외교문서 등을 도맡았고, 세종 12년에는 흥덕사에서 《국조보감》을 편찬했다.

8 고대 중국의 책은 대쪽에 글자를 써서 몇십 장을 끈으로 묶은 죽간(竹簡)이었다. 위편삼절(韋編三絶)은 공자가 《주역》에 심취하여 죽간의 끈이 여러 차례 끊어질 만큼 되풀이해서 읽었다는 뜻이다.

9 왕위의 장자승계원칙은 중국 고대 주(周)나라 때부터 성립된 왕권 세습의 율법이었다. 하지만 태종은 적통 세자인 방석을 죽인 원죄가 있었다. 따지고 보면 태조가 이방원 등 즉위 전에 죽은 한씨 소생의 자식들을 젖혀놓고 즉위 이후 정비인 강씨 소생의 방석을 세자로 삼은 것은 성리학적 명분에 맞는 일이었다. 그 원칙을 무력으로 뒤엎어버린 태종은 자신의 대에서 장자 이제에게 보위를 물려줌으로써 그 원칙을 정상화시키고 싶었을 것이다.

10 세자가 책봉되면 곧 세자시강원과 세자익위사가 설치된다. 세자시강원의 교육은 영의정이 사(師), 좌·우의정 중에 한 사람이 부(傅), 종1품의 찬성이 이사(二師)로서 전체를 관장한다. 하지만 이것은 당연직일 뿐이고, 실제 교육을 담당한 관리는 보덕(輔德) 이하의 전임관료들이다. 종3품의 보덕, 정4품의 필선(弼善), 정5품 문학(文學), 정6품 사서(司書), 정7품 설서(設書) 등 다섯 명으로 이루어져 있다. 이들은 장래가 보장된 젊은 엘리트들로 세자에게 각종 유교경전을 강의한다. 한편 세자익위사는 일종의 경호무사들이다. 정5품의 좌익위와 우익위, 종5품의 좌사어와 우사어, 정6품의 좌익찬과 우익찬, 종6품의 좌위솔과 우위솔, 정

7품의 좌부솔과 우부솔, 정8품의 좌시직과 우시직, 정9품의 좌세마와 우세마 등 총 14명이 배속된다.

11 태종은 후궁 권씨 문제로 민씨와 다툰 이후 후궁제도를 법제화했다. 정1품 빈으로부터 귀인, 소의, 숙의, 소용, 숙용, 소원의 순이다.

12 당시 명나라의 황제는 영락제로 태조 홍무제의 넷째아들이다. 묘호는 태종(太宗)이었는데 후에 성조(成祖)로 개칭했다. 처음에는 연왕으로 베이징(北京)에 분봉되었으나 홍무제가 죽은 뒤 적손인 건문제가 즉위해 삭봉책을 취하자 1399년에 거병하여 3년 동안의 격전 끝에 수도 난징(南京)을 함락시키고 건문제를 죽인 다음 제위에 올랐다.

13 영락제가 세자 이제에게 써준 시는 다음과 같다. '浿水東邊舊封域 / 八敎疇能遵古式 / 簡篇自足鑑安危 / 淵藪何須更藏匿 / 乾坤覆載靡不容 / 裁培躄拔皆天工 / 時來難得苦易失 / 三韓揮霍空遺蹤 / 右渠肆誘逞憸譎 / 過眼相看曾一瞥 / 溝婁樹綠草靑靑 / 雲擁玄菟漢封埒 / 爾家擴悃事朝廷 / 男耕女織疆域寧 / 吹蘆撾鼓日爲樂 / 曠野應無佩犢行 / 鴨綠江流似巵酒 / 馬邑諸山連培塿 / 試看往迹已荒涼 / 名譽光華可長久 / 秉心安得如金石 / 堅確惟當愼朝夕 / 驕盈只患鮮永終 / 孰解沈潛到幽頤 / 昔年王子來朝享 / 車騎蕭蕭出平壤 / 淸霜殺柳水凝氷 / 回首寒郊連莽蒼 / 爾禔修貢萬里來 / 年過十五堪成才 / 讀書學道勿自棄 / 勉旆毋使家聲隤 / 從來禍福無扃鑰 / 倚伏之幾乘善惡 / 高山可礪海可移 / 萬古忠誠是郛郭' (번역) 패수 동쪽의 옛 봉역, 8조로 가르침에 누가 능히 옛 법식을 따를까. 간편하게 자족하여 위태로움을 거울 삼으니, 연수(淵藪)가 되어 어찌 다시 감추고 숨기랴. 건곤은 뒤덮고 받아 실어 용납하지 않음이 없으니, 재배하고 축발(躄拔)하는 것이 모두 하늘의 일이다. 때가 와도 얻기 어렵고 잃기는 쉬우니, 삼한에 휘곽(揮霍)한 것이 부질없는 자취만 남았다. 우거(右渠)가 방자하게 꾀어 간사한 휼궤(憸譎)를 다하였으니, 지나는 눈으로 잠깐 한 번 보았다. 구루(溝婁)의 나무는 푸르고 풀은 청청하니, 구름이 현토의 한나라 봉역을 감싸고 있다. 너의 집이 정성을 펴서 조정을 섬겨, 남자는 밭 갈고 여자는 베 짜서 강역이 편안하다. 갈대 피리를 불고 북을 쳐서 날마다 즐거우니, 넓은 들에는 송아지를 모는 사람이 없으리라. 압록강 물은 잔술과 같고, 마읍의 여러 산은 조그만 구릉에 연이었다. 시험 삼아 지나간 자취를 보라 이미 황량하구나. 명예는 빛나서 장구할 수 있다. 어찌하면 마음을 금석과 같이 하랴? 굳고 단단하게 하여 아침저녁으로 삼가야 한다. 교만이 차오르면 영종(永終)이 적음을 근심하라. 누가 침잠하여 그윽한 지경에 이르는 것을 알까. 옛날에 왕자가 와서 조회하여, 거기(車騎)가 소소하게 평양을 나왔다. 맑은 서리는 버들을 죽이고 물은 얼음이 엉겼다. 머리를 찬 들에 돌이키니 아득한 들빛이 연하였다. 너 제(禔)가 수공(修貢)하여 만 리를 왔고, 나이 15세가 지났으니 재주를 이룰 만하다. 글을 읽고 도를 배워 스스로 버리지 말고, 힘써서 가성(家聲)을 무너뜨리지 말라. 전부터 화와 복은 문과 자물쇠가 없고, 의복(倚伏)의 기틀은 선과 악에 따른다. 높은 산은 숫돌같이 될 수 있고 바다는 옮길 수 있어도, 만고의 충성은 성곽이니라. (원문 및 번역. 국사편찬위원회. 조선왕조실록. http://sillok.history.go.kr/)

14 강무(講武)란 임금이 참가한 가운데 거행되는 군사훈련 겸 사냥대회이다. 《국조오례의》군례에 절차가 기록되어 있다. 서울에서는 사계절 끝 무렵, 지방에서는 봄가을에 시행하는데 임금을 비롯해서 대군과 왕자, 무관 등이 모두 참석한다. 병조에서 사냥터를 정비하고 군사를 동원하여 사냥이 시작되면 장수들이 북을 치고 행진하며, 몰이하는 기병이 출동한다. 세 번째 몰이 때부터 왕이 세 짐승을 먼저 쏘고, 이어 왕자들과 장수, 군사들이 차례로 쏜다. 몰이하는 기병들이 철수하면 백성의 사냥이 허락되며, 잡은 짐승은 병조에서 꽂은 기 밑에 모아 왼쪽 귀를 벤다. 여기에 모인 큰 짐승은 관에서 처분하여 좋은 고기는 종묘에 보내 제사를 지내고 남은 고기로 그 자리에서 잔치를 베풀며, 작은 고기는 개인이 가지고 간다. 세종 초기의 강무장은 경기의 광주·양근 등지, 철원·안협 등지, 강원의 평강·이천 등지, 횡성·진보 등지였다.

15 박은(朴訔)은 고려 말의 대학자 목은 이색의 사위로 경사와 문장에 뛰어난 유학자였다. 태종보다 세 살 아래로 일찍이 재상의 자리에 올라 태종을 보좌했다. 몹시 청렴결백했는데 언젠가는 조밥을 먹다가 체해 입궐이 늦은 적도 있었다. 세종이 처음 실시한 경연을 관장하면서 학문과 정신 면에서 많은 영향을 끼쳤다. 하지만 세종의 장인 심온 일가의 멸문지화에 동조했던 원죄를 가지고 있었는데, 다행히 태종이 죽기 1년 전에 세상을 떠났다.

16 조선시대에 적장자로서 왕위에 오른 사람은 고작 열 명에 불과했다. 나머지 17명의 면면을 살펴보면, 형제간에 왕위를 이어받은 왕은 정종과 태종, 인종과 명종, 경종과 영조이다. 적자를 물리치고 차남이 왕위를 이어받은 경우는 예종, 성종, 효종이다. 물리적으로 실력 행사를 통해 등극한 왕은 세조, 중종, 인조가 있다. 태종도 여기에 포함될 수 있다. 방계 혈족으로 등극한 왕은 선조, 철종, 고종이며, 서자로서 왕이 된 사람은 광해군, 세자가 폐위되어 교체된 경우는 세종과 정조이다.

17 《국조오례의》에 실려 있는 책봉례 의식에 따르면, 임금은 정전 앞에서 만조백관이 도열한 가운데 세자에게 죽책문과 교명문, 세자인을 전해준다. 죽책문은 임명장, 교명문은 세자에게 당부하는 훈계문이고, 세자인은 세자를 상징하는 도장이다. 이날 주상은 구장복, 세자는 칠장복을 입는다. 구장(九章)은 왕의 의복에 들어가는 아홉 가지 문양으로, 《주례도설》에 따르면 상의에 다섯 가지 문양, 곧 산(山)·용(龍)·화충(華蟲, 꿩)·종이(宗彝, 호랑이)·조(藻, 수초)를, 하의에 화(火)·분미(粉米, 쌀)·보(黼, 도끼무늬)·불(黻, '弓'이 서로 등을 대고 있는 형태의 문양) 등 네 가지 문양이 들어간다. 상의는 양을 상징하므로 양수인 홀수 문양에 하늘을 뜻하는 검은색 바탕이다. 하의는 음을 상징하므로 짝수 문양에 땅인 황색 바탕이다. 용은 자유자재로 변화하는 능력, 산은 사람들이 우러러보는 것, 꿩은 화려한 문양, 불꽃무늬는 광명을, 호랑이는 용맹, 원숭이는 지혜를 상징한다. 이것은 왕 자체를 상징하기도 하고 왕이 갖추어야 할 덕성을 의미하기도 한다. 하의에 그려진 수초는 화려한 문양, 쌀은 사람을 기르는 속성, 도끼무늬인 보는 물건을 잘라내는 군왕의 힘, 불은 백성이 악을 버리고 선을 향한다는 것을 의미한다. 세자는 이 가운데 용과 산의 무늬가 빠진 상의를 입기에 칠장복이다. 이 두 가지는 명실상부한 왕의 권능을 의미하기 때문이다.

18 항왜(降倭)는 조선에 귀화하거나 투항한 왜인들을 일컫는 말이다. 태조 6년에 降倭望沙門, 率三人來, 各賜衣', '항왜 망사문이 세 사람을 데려오니 각각 의복을 하사했다.' 라는 기록이 있다. 이로 미루어 항왜라는 단어가 임진왜란 전에도 쓰였음을 알 수 있다.

19 전곡의 손실을 조사하고 민정을 살피기 위해 지방에 임시로 보내던 관리를 말한다.

20 금부민고소법(禁部民告訴法)은 백성이 지방 수령을 고소할 수 없게 만든 악법이다. 세종 2년에 만들어진 이 법의 제정을 주도한 예조 판서 허조는 지방관이 죄가 있다 하더라도 종사의 안위나 불법 살인이 아니라면 일절 고소할 수 없게 해야 하고 고소한 부민은 더 큰 처벌을 받아야 한다고 주장했다. 대신 수령들의 감독은 어사나 내신(內臣 : 승지나 환관)을 통해 감독하면 된다는 것이었다. 이로 인해 백성의 반발이 거세지자 1447년에 세종은 이 법을 철폐하고 백성의 지방관 고소를 허용했다.

21 의정부 서사제는 왕이 직접 판서로부터 업무보고를 받고 명령을 내리는 육조 직계제와 달리, 재상들에게 1차 심사권을 주는 제도이다. 즉 육조에서 올라온 사안들 가운데 의정부의 심사를 거친 사안을 왕이 보고받는 형식으로, 왕의 업무는 줄어들지만 의정부의 힘이 강해지는 제도이다. 세종 대처럼 정치적으로 안정되고 왕권이 확립된 시기에는 왕권과 조화를 이루면서 유교적인 이상정치를 펼 수 있는 제도였다. 하지만 왕권이 약해지고 신권이 강성해지면 대신들이 정권을 농단할 여지가 많아진다. 그것이 바로 단종 대에 벌어진 계유정난의 단초가 되었다. 때문에 세조는 즉위하자마자 의정부 서사제를 폐지하고 육조 직계제로 전환한 것이다.

22 상피제(相避制)는 고려시대부터 성문화되었는데, 관료체계의 원활한 운영과 권력 집중의 전횡을 막기 위해

일정한 범위 안의 친족 간에는 같은 관청이나 통속관계에 있는 관청에 근무할 수 없게 하거나 연고가 있는 관직에 제수할 수 없게 한 제도이다. 가령 이방 승지와 이조 관원, 병방 승지와 병조 관원, 과거 응시자와 시관 등이 그 적용을 받았다. 지방관도 상하 통속관계에 따라 구체적으로 상피가 규정되었고, 특정 연고지역에 지방관이 제수되는 것도 금지되었다.

23 유향소(留鄕所)는 고려의 사심관 제도에서 유래되었는데, 조선시대에는 은퇴한 지방품관들을 우두머리로 뽑아 지방의 풍기를 단속하고 향리의 악폐를 막는 민간자치기구로 활동했다. 조선 태종 초에 지방 수령과 대립하여 중앙집권에 저해요소로 등장하자 1406년에 폐지되었다. 그래도 유향소가 사라지지 않자 1428년(세종 10년) 유향소를 다시 설치하고 이를 감독하는 경재소 제도를 강화했다. 이후 세조 때 이시애의 난으로 다시 폐지되었지만 그 뿌리가 깊어 근절되지 않았다.

24 수령육기법(守令六期法)은 수령구임법(守令久任法)이라고도 한다. 지방 수령들의 임기를 6년까지 늘린 법을 말한다. 조선시대 수령의 임기는 3년이었지만 평균 재임 기간은 1년 6개월 정도에 불과했다. 외관은 임무가 고되고 감찰이 심해 갖은 사유로 사직하는 경우도 많았고, 파직이나 승진 · 전보 · 상(喪) · 병(病) · 상피(相避) 등에 따른 이동으로 인해 임기를 지키는 수령은 10퍼센트 안팎에 불과했다. 이로 인해 수령이 지방 실정을 파악하지 못해 호구나 전결 등의 조사가 어려웠고, 실무를 관장하는 향리세력을 제압하지도 못했다. 수령육기법은 이런 폐단을 막기 위해 제정된 법이다.

25 결(結)이란 조세(租稅)를 계산하기 위한 토지 면적의 단위이다. 10줌이 1뭇, 10뭇이 1짐, 10짐이 1총, 10총이 1결이다.

26 이랑. 전답의 면적 단위. 6척(尺) 사방을 보(步), 100척 사방을 무(畝)라고 한다.

27 물시계는 삼국시대 때부터 사용된 기록이 전한다. 백제에서는 6세기에 누각전(漏刻典)을 설치하고 누각박사(漏刻博士)를 두어 물시계로 시각을 관측했으며, 통일신라에서도 천문박사(天文博士), 누각박사라는 기술관을 두었다. 천문박사는 '사천박사(司天博士)'라고도 하여 천상에 관한 일을 보았고, 누각박사는 물시계 관측을 주요 임무로 했다. 고려시대 역시 태사국(太史局)이라는 기관이 있어서 역법과 누각의 일을 맡았다.

28 이직은 고려 말 예문관 제학이었고, 조선이 개국하자 지신사로 활약했다. 태종이 실권을 장악했던 정종 대에는 서북지방에서 왜구를 막았고, 태종이 육조제도를 마련하자 첫 이조 판서가 되었다. 그는 태종을 도와 국가 제도 정비에 힘쓰다가 태종의 세자 교체에 반대한 죄로 성주에 유배되었다. 이후 세종 때 복권되어 육전수찬색 도제조로 법령 정비에 커다란 공을 세웠다.

29 북한의 학자들은 고조선이 청동기시대에 요동지역에서 건국한 부족국가로, 후에 평양으로 도읍을 옮겼으며, 단군은 당시의 군장(君長)이라고 주장한다. 반면 남한에서는 단군이 성읍국가(城邑國家) 단계의 군장들 가운데 가장 강력한 지배자였을 것이라고 추측하고 있다. 그러던 중 1993년 북한의 사회과학원은 평양시 강동군 대박산 기슭의 무덤에서 단군과 왕비의 유골을 출토했다. 탄소 측정 결과 유골의 연대는 5,000여 년 전의 것이었고, 금동왕관과 나무판을 고정하는 데 쓰인 쇠못 6개 등 86점의 유물이 발견되었다. 그로부터 단군은 실존 인물이요, 초기에 평양에 도읍했다는 주장이 힘을 얻게 되었다.

30 《세종실록지리지》에는 당시 단군과 기자의 묘는 평양부 북쪽 토산에 있고, 사당은 평양성 안 의리방에 있으며, 단군사당은 기자사당보다 좀 더 남쪽에 있다고 기록되어 있다.

31 《용비어천가》22장은 이때의 일을 다음과 같이 찬양하고 있다. '흑룡이 화살 한 살에 죽어 백룡을 살려내시니 자손의 경사를 신물이 여쭈니……'

32 세종의 대외정책은 크게 두 가지였다. 명나라에 대한 사대의 외교는 성(誠), 왜인과 야인에 대한 교린의 외

교는 신(信)으로써 한다는 것이었다.

33 토벌군의 구성을 살펴보면 평안도 도절제사 최윤덕을 필두로 중군 절제사 이순몽, 우군 절제사 이각, 좌군 절제사 최해산, 조전 절제사 이징석, 김효성, 홍사석 등이 출전했다. 이때 최해산의 전과는 생포 한 명, 사살 세명에 불과했다. 당시 사헌부에서는 그가 머뭇거리다 기회를 놓쳐 토벌에 실패했다 하여 직첩을 거두라고 상소했다. 이에 세종은 그가 20여 년 동안 화포를 맡은 공이 있다 하여 용서해주었다.

34 두 차례의 야인 정벌로 크게 세력이 꺾인 이만주는 남은 무리와 함께 요동지역으로 도망쳤다. 훗날 세조는 강순, 남이 등에게 1만의 대군을 주어 명나라 군대와 연합작전을 펼쳐 오미부에서 이만주를 척살하고 그 일대의 여진세력을 완전히 뿌리 뽑았다.

35 4군 지역은 이후에도 여진족의 출몰이 잦고 방어가 어려워 문종 때부터 폐지 논의가 줄을 이었다. 결국 1455년(단종 3년)에 여연, 무창, 우예 3군이 폐지되었고, 1459년(세조 5년)에는 자성군마저 폐지되었다. 그 후 이 지역은 폐4군이라 하여 오랫동안 비워졌다가 19세기 후반부터 개발되었다.

36 김종서는 1405년 문과에 급제한 후 세종 연간에 사간원 우정언을 거쳐 지평 · 집의 · 우부대언 등의 직책을 역임하고 1433년 함길도 관찰사에 임명돼 여진족의 침입을 격퇴하고 6진을 설치하면서부터 무인의 길을 걸었다. 그는 7년여의 노력 끝에 1449년 마지막으로 석막지역에 부령부를 설치함으로써 6진 개척을 일단락지어 오늘날까지 두만강을 경계로 하는 현재의 국경선을 확정하는 역사적 과업을 성취했다. 하지만 노년에 단종을 옹호하다가 수양대군 일파에게 피살당하고 만다.

37 4군과 6진의 설치는 군왕 이도가 훗날 세종(世宗)이란 시호를 갖는 계기가 되었다. 《실록》에 따르면 문종 즉위년 3월 13일, 허후와 정인지 등이 임금에게 세종의 시호를 고치자고 제안했다. "역대에 세종이라고 일컬었던 군주는 중흥이나 창업에 공이 있었는데 대행대왕(大行大王)은 그렇지 않습니다. 그러니 문종(文宗)이라고 고치는 것이 어떻겠습니까?" 그러자 문종이 말했다. "비록 칭호는 세종이지만, 선왕의 덕행은 누가 모르겠는가. 더구나 북방에서 공훈이 있었으니 세종이라고 칭하는 것이 옳다."

38 삭풍(朔風)은 나무 끝에 불고 명월은 눈 속에 찬데 / 만리변성(萬里邊城)에 일장검 짚고 서서 / 긴 파람 큰 한소리에 거칠 것이 없어라. (김종서의 시)

39 화기의 3요소는 폭발물인 화약과 총통, 발사물인 화살, 탄환이다. 그 가운데 가장 중요한 것이 화약이다. 화약은 염초, 유황, 목탄으로 만들어지는데, 유황과 목탄은 쉽게 구할 수 있었지만 가장 중요한 염초는 쉽게 구하기 힘들었다. 염초는 오래된 건물 지붕 밑에 있는 소금기가 많은 묵은 흙을 구워 채취하게 되었는데 이 기술은 최무선이 원나라 기술자인 이원으로부터 전수받았다. 고려는 이 기술을 통해 화포를 만들어 1380년(고려 우왕 6년) 진도 싸움에서 왜구를 격퇴했다. 이성계의 운봉대첩도 이 화포가 결정적인 역할을 했다. 하지만 이성계는 반대세력의 이용을 두려워해 화기 발달을 억제했다.

40 주화(走火)는 신기전(神機箭)이라고도 불리는데 대 · 중 · 소의 세 종류가 있었다. 신기전에는 발화통이 장착되어 있고, 주화는 그렇지 않다는 점만 다르다.

41 1396년 권근, 정총, 김약항 등이 태조의 명에 따라 명나라에 고명책인(誥命冊印)을 내려달라는 표전(表箋)을 보냈다. 그런데 명나라 조정에서는 글귀가 공손하지 않고 천박하다는 이유로 세 사람을 잡아들여 갖은 형벌과 고문을 가했다. 그 결과 정총과 김약항이 죽고 권근만 살아 돌아왔다. 이는 당시 대명강경파였던 정도전을 겨냥한 명나라의 조선 길들이기였다.

42 정초(鄭招)는 세종 때 예조 참판, 함길도 관찰사 등을 거쳐 1430년 공조 판서로 재직 당시 세종의 명으로 《농사직설》을 편찬했으며, 정인지와 함께 《칠정산 내편》을 만들었다. 1431년에는 천문 관측소인 간의대(簡儀臺) 제작의 기초 설계를 했고, 1433년에는 이천과 함께 혼천의(渾天儀)도 제작했다. 경서(經書)와 사기

(史記)・역산(曆算)・복서(卜書)에도 능통했던 그는 소간의(小簡儀)에 대한 서문을 남겼다. 이는 당시의 천문의기 및 천문학적 상황에 대하여 알 수 있는 귀중한 연구 자료이다.

43 문헌(文獻)은 문(文)과 헌(獻)의 합성어이다. 문은 전적(典籍)을 뜻하고 헌은 현자(賢者)를 말한다. 책과 책을 통해 연구하는 학자를 통틀어 문헌이라고 했다. 집현전에 소장된 수많은 책과 학사들이 바로 글자 그대로의 문헌이다.

44 집현전의 장서들은 특별한 경우 외부 대출이 허용되었다. 경연에 책을 내갈 때는 오매부(烏梅符), 동궁에서 책을 내갈 때는 황양목이라는 도서 대출증이 사용되었다. 각 관청에서 책이 필요하면 임금의 재가를 얻어야 할 만큼 엄격하게 통제되었다. 장서는 3년에 한 차례씩 정리하고 담당자가 바뀔 때마다 도서의 수량과 대출 현황을 문부에 적어 인계했다.

45 칠정산(七政算)이란 태양과 달, 수성・금성・화성・목성・토성을 합쳐 '칠정(七政)'의 위치를 계산한다는 뜻이다.

46 회회력(回回曆)은 아라비아 무치나 왕국의 무하마드가 만든 역법으로, 140년경 이집트 알렉산드리아의 천문학자 프톨레마이오스가 저술한 《알마게스트(Almagest)》를 기본으로 편찬된 것이다. 이 천체력은 몽고가 중동과 유럽을 일통하면서 중국에 들어왔다. 《칠정산 외편》은 《알마게스트》에 기록된 천동설을 기본 원리로 제작되었다.

47 유황(硫黃)을 말한다. 이 석류황이 음운 변화를 일으켜 오늘날 성냥이 되었다.

48 전옥서(典獄暑)는 고려와 조선시대의 감옥이다. 풍수지리로 볼 때 길지라는 중부 서린방에 설치되었는데, 죄수들이 병들어 죽지 않도록 배려했지만 불이 몇 차례 났고, 1430년에는 전소되기도 했다. 당시 전옥은 기결수가 아니라 피의자를 수감하는 감옥으로 공판이 있을 때 압송하고, 판결이 나면 사형・도형・장형・태형 등으로 구분해 처벌했다.

49 동서활인원(東西活人院)은 고려 때의 동서대비원을 고친 것으로 빈민들의 구제와 치료를 담당하는 관청이다. 동부 연희방의 동활인원과 용산의 서활인원이 있었다. 1709년(숙종 35년)에 혜민서(惠民署)로 합쳐졌다.

50 원문은 '出避之以圖離病'이다.

51 훈민정음은 사람의 발성기관 모양을 본떠 만들어졌다. 당시에 음운학에서는 이미 사람의 발성기관이 '어금니(牙)・혀(舌)・입술(脣)・이(齒)・목구멍(喉)'라는 사실을 알고 있었다. 한글을 자음과 모음으로 나눈 것도, 중국 음운학에서 성모와 운모로 나눈 것에 착안한 것이다.

52 《고금운회거요》는 1292년 원나라 황공소가 편찬한 《고금운회》를 1297년에 웅충이 간략하게 다시 정리한 책으로, 한자의 해석 없이 발음만 달아놓은 것이다. 그러나 15세기 조선의 한자음은 아주 많이 변해서 순수한 한자음대로 음을 붙이는 일이 무의미했으므로 중국의 한자음까지 고려하는 방향으로 선회했다. 그리하여 세종은 두 가지를 다 참작한 《동국정운》 편찬사업으로 궤도를 수정해 1447년 9월에 완성했다. 전자가 조선의 한자음을 바로잡기 위해서라면, 후자는 중국의 한자음을 바로잡기 위해서였다.

53 언문 창제 반대상소에 나선 집현전 학사들 가운데 가장 세종의 미움을 산 것은 최만리가 아니라 정창손이었다. 그는 처음에 언문 제작에 찬성하다가 반대하는 쪽으로 돌아선 김문을 제외하면 정음 반대파 중에서 유일하게 파직이라는 중벌을 받았다. 그는 세종의 가장 아픈 부분을 찔렀다. 세종이 "언문으로 《삼강행실》을 번역하여 민간에 반포하면 어리석은 남녀가 모두 쉽게 깨달아서 충신・효자・열녀가 반드시 무리로 나올 것"이라고 말하자, 정창손은 "《삼강행실》은 이미 반포했지만 충신과 효자 등이 나오지 않고 있는데, 이것은 사람의 자질의 문제이지 알고 모르고의 문제가 아닙니다."라고 반박했던 것이다.

54 최초에 훈민정음이 발음기호의 단계였을 때는 언문(諺文)이라고 불렀다. 그래서 담당 관청의 이름도 언문청(諺文廳)이었다가 훈민정음이라는 문자로 발전하면서 정음청(正音廳)으로 바뀐다.

55 반절(半切)이란 한자의 첫 글자 앞의 음과 뒷글의 뒤의 음을 조합하여 음을 표시하는 방법이다.

56 《홍무정운역훈》은 1455년(단종 3년)에 완성되었다. 이 책을 편찬하면서 성삼문과 신숙주는 중국어 발음을 분명히 알기 위해 여러 차례 요동을 다녀왔다. 따라서 세간에 알려진 것처럼 이들의 요동행이 훈민정음의 창제를 위한 것이라는 설은 잘못된 것이다.

57 '한글'이란 이름은 최남선과 주시경 선생의 발상이라고 한다. 1926년을 전후로 쓰이기 시작하다 1927년 잡지〈한글〉에서부터 본격적으로 쓰였다. 한글의 '한'은 하나 또는 크다는 뜻이다. 이전에는 언문, 반절, 암글 등으로 쓰인 것으로 보아 세종대왕의 위대한 뜻이 알려진 것은 최근의 일임을 알 수 있다.

58 이숭녕의 견해에 따르면, 백성이 쓸 문자를 만들기 위한 작업이 비밀리에 진행된 것으로 보인다고 한다. 실제로 《조선왕조실록》에서는 훈민정음의 창제, 언문청의 설치, 운서의 편찬에 관한 기록들이 대단히 적거나 빠져 있다.

59 1269년 원나라 세조가 티베트의 고승 팍 파에게 명하여 범어 계통의 음소문자인 위구르 문자를 바탕으로 음절문자인 파스파 문자를 만들어 공문서에 사용한 적이 있었다. 세종의 훈민정음 창제보다 170년 전의 일이다.

60 《훈민정음해례본》은 1940년 경상북도 안동에서 발견되어 그동안 한글에 관한 많은 의문을 풀어주었다. 이 책은 어제문, 해례, 정인지 서문으로 구분되어 있는데, 훈민정음의 제자원리를 밝힌 해례의 중요성으로 인해 '훈민정음해례본'으로 불렸다.

61 세종은 정비인 소헌왕후 심씨 외에 영빈 강씨, 신빈 김씨, 혜빈 양씨, 장의궁주 박씨, 명의궁주 최씨, 숙원 이씨, 상침 송씨 등 일곱 명의 후궁을 얻었고, 자식은 총 18남 4녀이다.

62 내자시(內資寺)는 궁중에서 쓰는 여러 식품과 직조 및 연회 등을 맡은 관청이다. 조선 개국 이래 운영된 내부시를 1401년에 내자시로 개칭했다.

63 신빈 김씨는 조선의 역대 후궁들 가운데 성종의 후궁인 숙의 홍씨에 이어 두 번째로 아들을 많이 낳은 여인이다. 그녀는 일찍이 내자시의 여종이었다가 궁녀로 선발되어 소헌왕후 심씨의 지밀상궁이 되었다. 그러다 세종의 눈에 띄어 후궁이 되었고, 소의를 거쳐 귀인(貴人)이 되었다. 그녀는 1427년부터 12년 동안 아들 여섯과 딸 둘을 낳았다. 그만큼 세종의 사랑을 받았다는 뜻이다. 그러나 빈(嬪)의 칭호를 받은 것은 세조 때였다.

64 단종의 어머니인 권씨는 훗날 현덕왕후에 추존되었다.

65 세종의 둘째딸 정의공주는 훈민정음 창제에 참여했다는 기록이 있지만 구체적인 내용은 전하지 않는다. 그녀의 시가인 죽산 안씨 족보에 따르면 그녀가 대왕의 명으로 한글의 변음과 토착을 풀어내 수백 명의 노비를 하사받았다고 한다. 아마 사투리에 대한 연구인 듯하다. 그녀의 남편 안맹담은 세조의 반정에 가담한 일등공신이었지만, 아들 안상계는 단종의 폐위를 못마땅하게 여기고 세조 때 조정에 나가지 않았다.

66 사마천의 《사기》에 나오는 말이다. '현자는 도에 따라 행동하고 잘못이 있으면 바르게 간하며, 세 번 간해도 듣지 않으면 물러나는 법이다. 또 남을 칭찬할 때는 그 대가를 바라지 않으며, 자신의 원한 때문에 남을 증오하지 않고 오직 국가의 편의와 백성의 이익을 위해 노력할 뿐이다. 그러므로 자기 능력에 맞지 않는 관직에는 나아가지 않고 공적에 어울리지 않는 봉록은 받지 않으며, 아무리 귀한 신분이라도 부정한 사람은 존경하지 않고, 또 아무리 높은 사람이라도 행실이 치사한 사람에게는 자신을 낮추지 않으며, 지위를 얻어도 기뻐하지 않고, 그것을 잃어도 원망하지 않으며, 죄가 없으면 비록 사슬에 묶이는 치욕을 당해도 부끄러워하지 않는다.'

67 문소전(文昭殿)은 태조의 비 신의왕후 한씨를 모신 사당이다.

68 소갈증은 오늘날의 당뇨병이다. 때문에 세종은 하루에 물을 한 동이씩 들이켰다고 한다.

69 당시의 임질(淋疾)은 성병이 아니라 소변이 잘 나오지 않는 증상으로 보아 요도결석으로 추측된다.

70 하연은 세종의 첫 경연에 참석한 인물로 세종 5년에 대사헌으로 있으면서 불교의 일곱 종파를 선종과 교종의 두 종파로 정리 통합한 다음 절을 줄이고 사전을 국가에서 회수하는 데 주력한 인물이었다. 그는 정통 유교 관료로서 배불을 직접 실천하고 개편했다. 내불당은 물론 궁중의 불사까지 반대했던 강경파이다.

71 최만리 등의 상소가 없었다면 1443년 12월조 말미의 훈민정음에 대한 기사처럼 초기의 창제 상황에 대해 극히 간단한 자료밖에 전해지지 않았을 것이다. 역설적으로 그들은 훈민정음 반대 상소를 통해 후대의 한글 연구에 귀중한 사료를 남겨주었다.

72 원문은 '孔雀尙食飛蛛絲以生有何患乎'이다.

73 세자우정자는 세자부(世子府)에 소속된 관직으로서, 세자와 일상생활을 같이하며 예의범절을 가르치는 등 모범을 보이는 가정교사 격이다. 이 당시의 세자부에는 정2품 벼슬인 좌·우사(左右師) 등 학문을 직접 세자에게 가르치는 스승이 있었고, 우정자 아래에 정8품 벼슬을 가진 좌·우시직(左右侍直) 각 한 명과 서리(書吏)가 네 명 있었다.

74 1403년, 태종은 "정치를 하려면 반드시 널리 책을 읽어 이치를 깨닫고 마음을 바로잡아야 수신제가치국평천하의 효과를 낼 수 있다. 그러나 우리나라는 중국의 바다 건너에 있어 중국 서적이 잘 들어오지 않을 뿐더러 판목은 부서지기 쉽고, 노동력이 많이 들며, 많은 서적을 인쇄하는 것이 어렵다. 이제부터 동활자를 만들어 책을 인쇄하고 널리 보급시키면 그 이득이 많을 것이다."라는 어명을 내렸다. 이에 따라 활자 제작 및 출판 인쇄 기관으로 주자소가 설치되었고 금속활자인 계미자가 제작되었다.

75 조선의 인쇄기술이 얼마나 뛰어났는지는 독일의 구텐베르크가 발행한 라틴어 성경과 비교해보면 금방 증명된다. 당시 성경은 총 1,200쪽인데, 이보다 20년 앞서 조선은 갑인자로 《자치통감강목》 500~600부를 인쇄했다. 이 책의 한 권은 76페이지로, 1부가 294권이므로 모두 합하면 2만 2,344쪽이 된다. 이것을 500부로 계산하면 총 1,117만 쪽이 넘는다. 이는 성경에 1만 배가 넘는 분량이다.

76 2001년에 발견된 세종 때의 의관 전순의가 쓴 《산가요록(山家要錄)》에 따르면 두 홉(合)이 한 잔(盞)이 되고, 두 잔이 한 작(爵)이 되고, 두 되(升)가 한 대야(鑑)가 되고, 세 대야(鑑)가 한 병(瓶)이 되고, 다섯 대야(鑑)가 한 동이(東海)가 된다고 기록했다. 이로 미루어 한 동이는 한 말(一斗)과 같은 분량이고, 한 병(瓶)은 6되(升)였음을 알 수 있다.

77 당시 규표는 13세기 원나라의 규표를 기본으로 삼아 높이 8.28미터의 청동 막대(表)를 세우고 땅에는 그림자가 드리워질 수 있도록 청석을 다듬어 길이가 26.8미터인 받침(圭)을 만들었다. 이것은 중국의 규표에 비해 다섯 배에 이르는 것으로 정밀도가 매우 높았음을 단적으로 알려준다. 규면에는 장, 척, 춘, 푼, 단위의 눈금을 새겨 청동 막대의 그림자 길이로 1년의 길이(365.2425)와 24절기를 재었는데, 푼(分)은 현재의 척도로 2밀리미터이다.

78 김담은 이순지와 쌍벽을 이루던 조선 최고의 천문역법가로, 19세인 1435년 문과에 급제하여 홍문관 정자로 임명되었다. 그 뒤 집현전 저작랑을 거쳐 집현전 박사로 있으면서 이순지와 함께 《칠정산 외편》을 완성했다.

79 학역제(學易齊) 정인지(鄭麟趾)는 태종이 세종에게 '대임을 맡길 만한 인물이니 중용하라.'고 일렀을 만큼 탁월한 인물이다. 1425년 집현전 직제학, 1429년 부제학과 시강관을 겸임했다. 1430년 우군 동지총제, 1431년 대제학 정초와 함께 《칠정산 내편》을 완성했다. 1455년, 세조 즉위 때 영의정이 되었다. 태종에서 성종에 이르기까지 일곱 임금을 섬긴 그는 천문, 역법, 아악에 통달했고 《용비어천가》 제작에도 참여했다.

80 상의원 별좌(尙衣院 別坐) 직은 임금의 의복을 만들고 대궐 안의 재물과 보물의 관리를 맡아 관리하던 관서

로서 태조 때 만들어졌다.

81 간의(簡儀)는 중국 원나라의 천문학자 곽수경이 만든 천문의기다. 현대 천문학에서 적경에 해당하는 천체의 '적도수도(赤道宿度)'와 적위에 해당하는 '거극도(去極度)'를 측정하는 데 쓰인 관측기기로, 혼천의를 구성하는 부품 가운데 적도환, 백각환, 사유환만 따로 떼어내 간략하게 만든 것이다. 혼천의가 천체의 위치뿐만 아니라 시각을 측정하고 태양이나 달의 운동을 측정할 수 있는 것에 반해, 간의는 주로 천체의 위치 측정에 쓰이도록 만든 것이다.

82 혼천의는 선기옥형(璇璣玉衡) 또는 기형(璣衡)이라고도 불리는 일종의 측각기이다. 천구의(天球儀)인 혼상(渾象 : 하늘의 별을 둥근 구형에 표시한 의기)과 함께 물레바퀴를 동력으로 해서 움직이는 시계장치와 연결되어 천체의 운행에 맞게 돌아가도록 되어 있으므로 혼천시계(渾天時計)라고도 불린다. 1437년 4월 15일의 《실록》에는 '규표의 서쪽에 작은 집을 세우고 혼의와 혼상을 놓았는데 혼의는 동쪽에 있고 혼상은 서쪽에 있다. 혼의는 물을 이용하여 기계가 움직이는 공교로움은 숨겨져서 보이지 않는다.'라고 씌어 있다.

83 현재 덕수궁에 있는 자격루(自擊漏)는 중종 대에 만들어진 것으로, 창경궁 안에 신설된 보루각 안에 설치되어 있었다. 그러다 고종 대에 시간을 알리는 방법이 바뀌자 일제가 보루각을 헐고 자격루만 장서각 앞에 방치해두었던 것을 덕수궁으로 옮겨놓은 것이다.

84 장영실의 회심의 작품인 옥루는 명종 대인 1553년에 화재로 소실되었다. 이듬해 다시 제작했지만 역시 임진왜란 때 불타버려 현재는 전하지 않는다.

85 당시 세계 최고 수준의 천문대로 건축된 대간의대는 임진왜란 때 파괴되어 흔적조차 알 수 없다. 다만 위치가 신무문(神武門) 서쪽 부근인 것으로 추정될 뿐이다.

86 이때 만들어진 측우기는 현재 남아 있지 않고, 1837년(헌종 3년)에 만들어진 금영(錦營) 측우기가 보물 제561호로 지정되어 기상청에 보관되어 있다.

87 《해동제국기》는 신숙주가 쓴 서문과 7장의 지도, 〈일본국기(日本國紀)〉〈유구국기(琉球國紀)〉〈조빙응접기(朝聘應接紀)〉로 구성돼 있다. 〈일본국기〉는 천황의 세계(世系), 국왕의 세계(世系), 나라의 풍속, 도로의 거리(里數), 8도 66주의 군현, 대마도, 일지도(壹岐島) 등의 내용이다. 〈유구국기〉는 국왕의 세계(世系), 국도(國都), 나라의 풍속, 도로의 거리(里數)의 세부항목으로 구성됐다. 7장의 지도는 〈해동제국총도〉〈일본본국지도〉〈일본국서해구주지도〉〈일본국일지도지도〉〈일본국대마도지도〉〈유구국지도〉등으로, 이 책의 제목 '해동제국'은 일본 본국을 포함한 부속 도서와 유구국임을 암시한다.

:: 도움 주신 분들 ::

- 규장각
- 한국학중앙연구원
- 국립중앙박물관
- 국립중앙도서관
- 세종대왕기념사업회
- 세종대왕유적관리소
- 운보문화재단
- 가천박물관

- 모덕천 님
- 이정근 님
- 김현수 님
- 최선경 님

지은이 ㅣ 이상각

충남 태안 출신으로 출판기획 '작업실'을 운영하면서 다양한 분야의 저술활동을 해왔다. 조선 역사상 가장 역동적인 시대를 살다 간 개혁군주 정조를 전면적으로 재구성한 《이산 정조대왕》으로 새로운 대중 역사 교양서의 가능성을 제시했던 그는 다시금 《이도 세종대왕》을 통해 위대한 군주 세종대왕의 업적과 그 이면에 감춰진 인간 이도의 내면을 다각도로 분석했다. 저서로는 삶의 지혜를 제시하는 베스트셀러 《인간관계를 열어주는 108가지 따뜻한 이야기》를 비롯해 《나를 찾아 떠나는 여행 1·2》《생각이 사람을 바꾼다》《화술123의 법칙》《동무생각》《천자문 서당을 뛰쳐나오다》《명심보감 갓끈을 풀어헤치다》 등이 있다.

조선의 크리에이터

이도 세종대왕

1판 1쇄 발행 2008년 1월 21일
1판 3쇄 발행 2008년 2월 20일

지은이 이상각
펴낸이 고영수
펴낸곳 추수밭

등록 제406-2006-00061호(2005.11.11)
주소 135-816 서울시 강남구 논현동 63번지 청림출판그룹 추수밭
       413-756 경기도 파주시 교하읍 문발리 파주출판도시 518-6번지 청림아트스페이스
전화 02) 546-4341
팩스 02) 546-8053

www.chungrim.com
cr2@chungrim.com

ⓒ 이상각 2008

ISBN 978-89-92355-23-0 (03900)

잘못된 책은 구입한 곳에서 바꿔드립니다.
도서출판 추수밭은 모든 도판의 저작권을 확인하기 위해 최선의 노력을 다하였습니다.
일부 오해가 있을 수 있는 경우 출간 이후라도 저작권자의 권리를 지키기 위한 조치를 다하겠습니다.